普通高等教育"十三五"规划教材

电工技术试题题型精选汇编

第 3 版

主编 高有华 袁 宏

参编 申永山 龚淑秋 李忠波

机 械 工 业 出 版 社

本书是根据教育部电工学课程指导小组拟定的非电类电工、电子技术系列课程教学基本要求和深化教学改革、培养素质型人才目标而编写的有典型性、系统性、实用性和覆盖面宽的特点。章末附有习题的参考答案，第13章有四套通用试题试卷、答案及评分标准供参考。

本书根据各章内容分别设有解题概要、例题解析、侧重基本概念和基本分析方法的选择题、以及基于基本定理和基本定律的计算题或分析题。

本书可供高等理工科院校本、专科机械类、材料类、化工类、建筑类、经贸管理类、计算机类等相关专业使用，也可作为夜大、函授、电大、职工大学及相关专业技术人员的培训教材和自修教材。

图书在版编目（CIP）数据

电工技术试题题型精选汇编/高有华，袁宏主编. —3 版.
—北京：机械工业出版社，2016.8（2025.8 重印）
普通高等教育"十三五"规划教材
ISBN 978-7-111-54228-5

Ⅰ.①电…　Ⅱ.①高…②袁…　Ⅲ.①电工技术-高等学校-习题集　Ⅳ.①TM-44

中国版本图书馆 CIP 数据核字（2016）第 155208 号

机械工业出版社（北京市百万庄大街22号　邮政编码100037）
策划编辑：贡克勤　责任编辑：贡克勤
责任印制：单爱军　责任校对：陈秀丽
保定市中画美凯印刷有限公司印刷
2025 年 8 月第 3 版·第 3 次印刷
184mm×260mm·10.75 印张·261 千字
标准书号：ISBN 978-7-111-54228-5
定价：33.00 元

电话服务

客服电话:010-88361066
　　　　　010-88379833
　　　　　010-68326294

封底无防伪标均为盗版

网络服务

机 工 官 网 www.cmpbook.com
机 工 官 博 weibo.com/cmp1952
金 书 网 www.golden-book.com
机工教育服务网：www.cmpedu.com

第3版前言

本书的第1版和第2版先后于2002年11月和2010年1月出版，此次出版的为第3版。本书自2002年出版发行以来，历时15年，深受广大读者的支持与厚爱。从十几年的用书效果和编者的教学经验来看，本书在取材深度和广度、内容组织安排方面，均对电工技术基础课程的学习起到很好的促进作用。

为进一步适应高等理工科院校对电工技术基础课程深化教学改革的要求，编者在广泛吸收读者意见和建议的基础上进行了修订再版，各章节的修订内容如下：

（1）删减了各章原理性内容的详细介绍，重点突出原理的应用；适量增加例题解析。

（2）将直流电动机由附录修订为第11章的内容。

（3）对章后的习题进行了增删，使其更具有典型性。

（4）修订了第13章的内容，通用试题的选择更注重教学方法和对学生能力的培养，具有基础性、应用性和反映科学技术发展的新成果的特点。

本书由沈阳工业大学高有华教授（编写第2、4、13章）和袁宏教授（编写第1、5、9章）担任主编。沈阳工业大学李忠波教授编写第3章，沈阳工业大学申永山编写第6、8、12章，沈阳工业大学龚淑秋编写第7、10、11章。书中带"＊号"的内容为拓宽内容，供学生自学用。

本书可供高等理工科院校本、专科机械类、材料类、化工类、建筑类、经贸管理类、计算机类等相关专业使用，也可作为夜大、函授、电大、职工大学及相关专业技术人员的培训教材和自修教材。本书修订再版，将深化电工技术课程的教学体系、教学内容、教学方法及教学手段等方面的改革，将更加方便广大读者的学习和使用。

由于编者水平有限，本书难免有不妥和错误之处，恳请读者批评指正。

编　者

第 2 版前言

本书是根据教育部"电工学"课程指导组拟定的"电工技术"课程教学基本要求，围绕教学内容和深化教学改革而编写的，是《电工技术》教材的配套参考书。本书初版于 2002 年 12 月出版发行，从近十年来使用本书的教学效果和编者的教学经验来看，本书在取材深度与广度、内容组织安排方面，都对学习"电工技术"课程起到了很好的促进作用。同时，编者也感到初版中有一些内容不能适应高等理工科院校深化教学改革和高等教育迅速发展的需要，因此进行了修订。

与初版相比，新版教材在内容上进行了一定的调整，具体修改内容如下：

（1）历练了每章的解题概要，重点突出原理应用的总结。

（2）将修订后的《电工技术》新内容加入本书中，使得本书更适合广大教师、科技工作者参考。

（3）增加了实际电路的仿真分析实例。

（4）保留了初版的部分习题，适当增加典型例题解析，补充了一些具有实际应用意义的习题。

本书每章开头是解题概要，接着是例题解析，然后是侧重于基本概念和基本分析方法的选择题，最后是基于基本定理和基本定律的计算题或分析题。题型力求做到具有典型性、系统性、实用性和覆盖面宽。章末都附有习题的参考答案，书末附有六套通用试题供参考。书中带"*"的内容为拓宽内容，供学生自学用。

修订再版的《电工技术试题题型精选汇编》由沈阳工业大学高有华教授（编写第2、4、12 章）和袁宏教授（编写第1、5、9 章）担任主编。沈阳工业大学李忠波教授编写第3 章，沈阳工业大学申永山编写第6、8、13 章，沈阳工业大学龚淑秋编写第7、10、11 章。

本书适用对象为高等理工科院校机械类、材料类、化工类、建筑类、经贸管理类、计算机类等相关本、专科专业学生，也可作为夜大、函授、电大、职工大学、相关专业技术人员及教师的教学参考书。

由于编者水平有限，本书难免有不妥和错误之处，恳请使用本书的广大读者批评指正。

编　者

第1版前言

本书是与《电工技术》教材配套的教学参考书。本书以注重基本概念、基本理论、基本方法和基本知识的灵活运用为出发点，旨在使学生掌握解答各类题型的思路、方法、规律和技巧，以培养学生分析、解决实际问题的能力。

本书是在教育部"电工学"课程指导组制定的"电工技术"课程教学基本要求的指导下，根据多年积累的教学经验，围绕教学基本内容编写而成的。题型力求做到具有典型性、系统性、实用性和覆盖面宽。本书在校内使用多年，深受学生欢迎，已成为学生学习"电工技术"必不可少的教学参考书。

本书每章开头简要介绍该章的主要内容和解题要点，接着是例题解析，然后是侧重于基本概念和基本分析方法的选择、填空题，最后是适量的典型计算题。章末都附有习题的参考答案。书末附有两套通用试题供参考。书中带"＊"的内容为拓宽内容，供学生自学用。

本书由沈阳工业大学高有华（编写第二、四章）和李忠波（编写第三、九、十、十二、十三章)担任主编。第一、五章由沈阳工业大学袁宏编写，第六、八章由沈阳工业大学申永山编写，第七、十一章由沈阳工业大学龚淑秋编写。

本书的适用对象为高等工科院校非电类大学本、专科机械类、材料类、经管类、化工类、建筑类、计算机类等有关专业学生和从事电工技术的自学、函授人员，也可作为有关教师的教学参考书。

由于编者水平有限，缺点和错误在所难免，恳请使用本书的教师和学生不吝指正。

编　者

目　　录

第 3 版前言

第 2 版前言

第 1 版前言

第 1 章　电路的基本概念与定律 ……………………………………………………… 1

第 2 章　电路分析方法 …………………………………………………………………… 15

第 3 章　正弦交流电路 …………………………………………………………………… 30

第 4 章　三相交流电路 …………………………………………………………………… 62

第 5 章　电路的时域分析 ………………………………………………………………… 78

第 6 章　电工测量与安全用电 …………………………………………………………… 97

*第 7 章　非正弦周期信号电路 …………………………………………………………… 100

第 8 章　铁心线圈与变压器 ……………………………………………………………… 107

第 9 章　异步电动机 ……………………………………………………………………… 115

第 10 章　电动机的继电器—接触器控制 ……………………………………………… 125

第 11 章　其他常用电动机 ……………………………………………………………… 135

*第 12 章　可编程序控制器 ……………………………………………………………… 138

第 13 章　通用试题试卷、答案及评分标准 …………………………………………… 147

参考文献 …………………………………………………………………………………… 166

第1章 电路的基本概念与定律

解 题 概 要

1. 明确电路、节点、支路、回路、网孔及电压、电流参考方向的定义。

2. 掌握电路分析中常用的基本变量如电流、电压、电位和功率等概念及计算方法。

3. 掌握理想电路元件即电阻、电感、电容、电压源、电流源及受控源的定义、电路符号及其主要特性。

4. 熟练掌握并能灵活运用电路的基本定律，即欧姆定律、基尔霍夫电流定律（KCL）和基尔霍夫电压定律（KVL）。

例 题 解 析

例1-1 试分别写出图1-1所示各元件的伏安关系表达式。

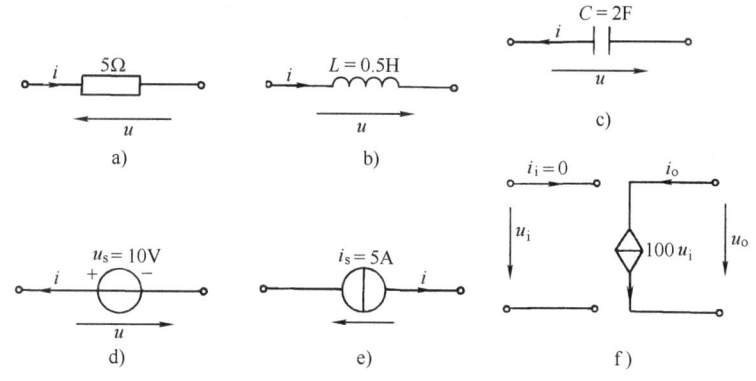

图1-1 例1-1图

解 通过本题练习，加深对理想电路元件伏安特性的理解，正确写出理想电路元件的伏安关系表达式。解题时应注意负载、电源的电压与电流的参考方向和实际方向。

a）$u = -5i$[⊖]

b）$u = L\dfrac{\mathrm{d}i}{\mathrm{d}t} = 0.5\dfrac{\mathrm{d}i}{\mathrm{d}t}$

c）$i = -C\dfrac{\mathrm{d}u}{\mathrm{d}t} = -2\dfrac{\mathrm{d}u}{\mathrm{d}t}$

⊖ 本书述及的方程在运算过程中，为使运算简洁便于阅读，如对量的单位无标注及特殊说明，此方程均为数值方程，而方程中的物理量均采用 SI 单位，如电压 $U(u)$ 的单位为 V；电流 $I(i)$ 的单位为 A；功率 P 的单位为 W；无功功率 Q 的单位为 var，视在功率 S 的单位为 V·A；电阻 R 的单位为 Ω；电导 G 的单位为 S；电感 L 的单位为 H；电容 C 的单位为 F；时间 t 的单位为 s 等。

d) $u = u_s = 10V$

e) $i = -i_s = -5A$

f) $i_o = 100u_i$

例 1-2 在图 1-2 中，5 个元件代表电源或负载。电流和电压的参考方向如图所示，已知：$I_1 = -4A$、$I_2 = 6A$、$I_3 = 10A$；$U_1 = 140V$、$U_2 = 90V$、$U_3 = 60V$、$U_4 = -80V$ 和 $U_5 = -30V$。1）计算各元件的功率；2）指出哪些元件是电源，哪些元件是负载；3）验证功率是否平衡。

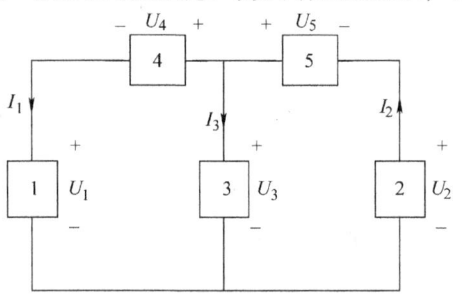

图 1-2　例 1-2 图

解 此题全面练习直流电阻电路中，根据电压、电流的参考方向，进行功率的计算及功率传输的判断，并建立电路中功率平衡的概念。

1）在关联参考方向下，元件功率的表达式 $P = UI$，非关联参考方向下，元件功率的表达式 $P = -UI$，因此各元件功率为

$$P_1 = U_1 I_1 = 140 \times (-4) W = -560W$$
$$P_2 = -U_2 I_2 = -90 \times 6W = -540W$$
$$P_3 = U_3 I_3 = 60 \times 10W = 600W$$
$$P_4 = U_4 I_1 = -80 \times (-4) W = 320W$$
$$P_5 = -U_5 I_2 = -(-30) \times 6W = 180W$$

2）由功率计算的结果可以判别元件是电源还是负载。按上述方法计算，若计算结果 $P > 0$，则元件为负载，吸收功率；若 $P < 0$，则元件为电源，发出功率。因此，本题中：

元件 1、2 是电源；元件 3、4、5 是负载。

3）由计算结果可知：

电源发出功率　　　　$\Sigma P_发 = (560 + 540) W = 1100W$

负载吸收功率　　　　$\Sigma P_吸 = (600 + 320 + 180) W = 1100W$

即　　　　　　　　　　　　$\Sigma P_吸 = P_发$

可见电路的功率是平衡的。

例 1-3 求图 1-3 所示电路中的电流 i_2。

解 本题练习应用 KCL 求解电路中的电流。在列写 KCL 电流方程时，应注意 KCL 既适用于单个节点，也适用于广义节点即任意一个假想的闭合面。

解法 1 根据 KCL 先对节点 1 列写节点电流方程 $4A - 6A - i_1 = 0$ 得 $i_1 = -2A$

再对节点 2 列写节点电流方程为

$$5 + 3 + i_1 - i_2 = 0$$

得

$$i_2 = 6A$$

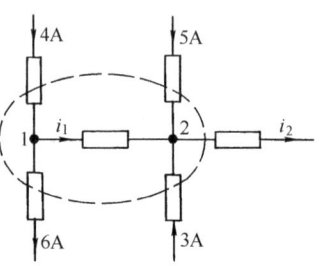

解法 2 将图 1-3 中虚线围成的闭合面视为一个节点，该节点电流方程为

$$4 + 5 + 3 - 6 - i_2 = 0$$

得　　　　　　　$i_2 = 6A$

图 1-3　例 1-3 图

例 1-4 求图 1-4 所示电路中的电压 U_{ab}。

解 本题练习应用 KVL 求解电路中的电压。在列写 KVL 电压方程时，应注意 KVL 既适用于闭合的回路，也适用于非闭合的回路。本题中的回路 II 即为非闭合回路，因此可应用 KVL 求解 U_{ab}。

根据 KVL，先对回路 I 列写回路电压方程：

$$6 - I(2 + 4) = 0$$

得

$$I = 1A$$

再对回路 II 列写回路电压方程：

$$+2I - U_{ab} - 4 = 0$$

得

$$U_{ab} = -2V$$

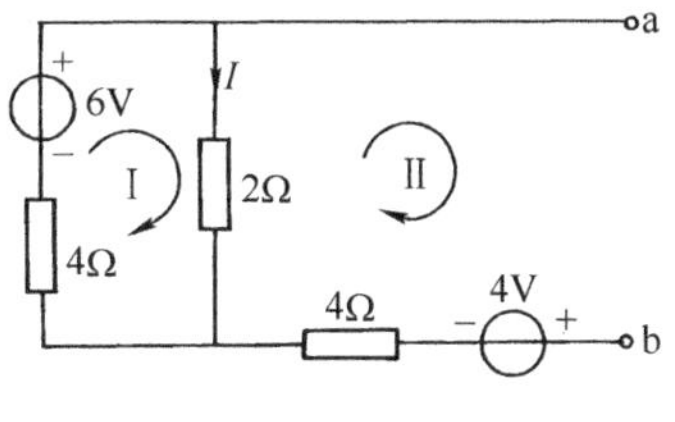

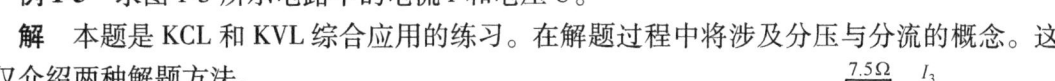

图 1-4　例 1-4 图

例 1-5 求图 1-5 所示电路中的电流 I 和电压 U。

解 本题是 KCL 和 KVL 综合应用的练习。在解题过程中将涉及分压与分流的概念。这里仅介绍两种解题方法。

解法 1 1）求各支路电流

$$I_1 = \frac{12}{16 + 8}A = 0.5A$$

$$I_3 = \frac{12}{7.5 + \dfrac{6 \times (9 + 9)}{6 + 9 + 9}}A = \frac{12}{7.5 + 4.5}A = 1A$$

$$I = \frac{9 + 9}{6 + 9 + 9} \times I_3 = \frac{18}{24} \times 1A = \frac{3}{4}A = 0.75A$$

$$I_2 = I_3 - I = (1 - 0.75)A = 0.25A$$

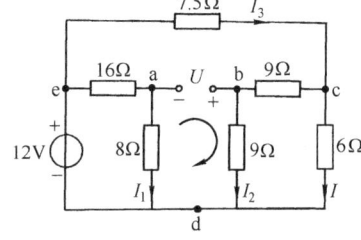

图 1-5　例 1-5 图

2）根据 KVL，对回路 abda 列写回路电压方程为

$$-U + 9I_2 - 8I_1 = 0$$

$$U = (9 \times 0.25 - 8 \times 0.5)V = -1.75V$$

解法 2 1）利用电位的概念求电压 U。

设 d 点为参考电位点，即 $V_d = 0$，则

$$V_a = U_{ad} = \frac{8}{8 + 16} \times 12V = 4V$$

$$V_c = U_{cd} = \frac{\dfrac{6 \times 18}{6 + 18}}{7.5 + \dfrac{6 \times 18}{6 + 18}} \times 12V = \frac{4.5}{7.5 + 4.5} \times 12V = 4.5V$$

$$V_b = U_{bd} = \frac{1}{2} \times 4.5V = 2.25V$$

$$U = U_{ba} = U_b - U_a = (2.25 - 4)V = -1.75V$$

2）求电流 I

$$I = \frac{V_c}{6\Omega} = \frac{4.5}{6}A = 0.75A$$

例 1-6 求图 1-6 所示电路中的电压 U 和电流 I，并求各电阻元件吸收的功率和各电源发出的功率。

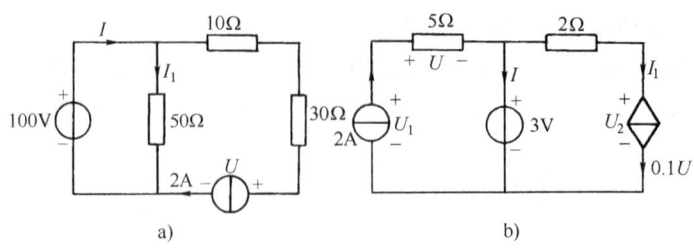

图1-6　例1-6图

解　通过本题练习掌握电路的功率的计算、功率传输判断及功率平衡概念的建立。

在电阻电路中，电阻元件吸收功率，电源通常是发出功率的，但在多电源场合，电源并非全都发出功率。如果元件的电压、电流实际方向相同，即是负载（吸收功率）；反之，即是电源（发出功率）。

a）

1）根据KCL、KVL求电流I和电压U

$$I_1 = \frac{100}{50}\text{A} = 2\text{A}$$

$$I = I_1 + 2 = 4\text{A}$$

$$100 - (10 + 30) \times 2 - U = 0$$

$$U = 20\text{V}$$

2）求各电阻吸收的功率

$$P_{50\Omega} = 50I_1^2 = 200\text{W}$$

$$P_{30\Omega} = 30 \times 2^2\text{W} = 120\text{W}$$

$$P_{10\Omega} = 10 \times 2^2\text{W} = 40\text{W}$$

3）求各电源发出的功率

$$P_{100\text{V}} = 100 \times 4\text{W} = 400\text{W}$$

$$P_{2\text{A}} = -20 \times 2\text{W} = -40\text{W}$$

100V电压源的电压和电流实际方向相反，应为电源，发出400W功率；2A电流源的电压和电流实际方向一致，应为负载，故加负号，表明发出-40W功率，或吸收40W功率。

4）功率平衡校验：

$$\Sigma P_{\text{吸}} = P_{50\Omega} + P_{30\Omega} + P_{10\Omega} + P_{2\text{A}} = 400\text{W}$$

显然，$\Sigma P_{\text{吸}} = \Sigma P_{\text{发}}$，即满足功率平衡关系。

b）

1）求各支路电流和各元件两端电压

$$U = 5 \times 2 = 10\text{V}$$

$$I_1 = 0.1U = 1\text{A}$$

$$I = 2 - I_1 = 1\text{A}$$

$$U_1 = U + 3 = 13\text{V}$$

$$U_2 = 3 - 2I_1 = 1\text{V}$$

2）求各电阻吸收的功率

$$P_{5\Omega} = 5I_s^2 = 20\text{W}$$

$$P_{2\Omega} = 2I_1^2 = 2\text{W}$$

3）求各电源发出的功率

$$P_{Is} = U_1 I_s = 13 \times 2\text{W} = 26\text{W}$$

2A 电流源的电压和电流实际方向相反，应为电源，发出 26W 功率。

$$P_{Us} = -U_s I = -3\text{W}$$

3V 电压源的电压和电流实际方向一致，应为负载，故加负号，表明发出 -3W 功率，或吸收 3W 功率。

$$P_{VCCS} = -U_2 I_1 = -1\text{W}$$

受控源的电压和电流的实际方向一致，应为负载，故加负号，表明发出 -1W 功率，或吸收 1W 功率。

4）功率平衡校验

$$\sum P_{吸} = P_{5\Omega} + P_{2\Omega} + P_{Us} + P_{VCCS} = 26\text{W}$$

$$\sum P_{吸} = \sum P_{发} = P_{Is}$$

即功率平衡。

例1-7　电路如图 1-7 所示，试求：1）A、B、C 各点电位；2）将 A、C 两点短接再求 A、B、C 各点电位。

解　本题练习电位的计算。电路中某点电位即是该点与参考电位点之间的电压。

1）图 1-7 中 A、C 两点悬空，未构成回路，故 2Ω、8Ω 电阻中电流为零，其两端电压也为零，则 $V_A = V_B$。由图 1-7b 可求得：

$$I_1 = \frac{12 - (-9)}{9 + 12}\text{A} = 1\text{A}$$

$$V_B = V_A = 12 - 9I_1 = 3\text{V}$$

或者

$$V_B = V_A = 12I_1 - 9 = 3\text{V}$$

$$V_C = 12I_1 - 9 - 10 = -7\text{V}$$

2）将 A、C 两点短接后，对 V_B 无影响，即 $V_B = 3\text{V}$，而 V_A 和 V_C 将随之改变，且两点电位相等。电路如图 1-8 所示。

$$I_2 = \frac{10}{2 + 8}\text{A} = 1\text{A}$$

$$V_A = V_C = 12I_1 - 9 - 2I_2 = 1\text{V}$$

或者

$$V_C = -10\text{V} + V_B = -7\text{V}$$

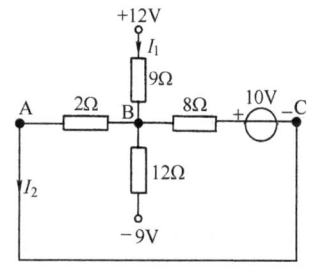

图 1-7　例 1-7 图　　　　　　图 1-8　例 1-7 图中 A、C 短接电路图

选 择 题

1-1　电阻元件是（　　　）。

a）耗能元件　　　　　　　　b）储能元件　　　　　　　　c）不耗能元件

1-2　电感元件是（　　　）。

a）耗能元件　　　　　　　　b）储存电场能量元件　　　　c）储存磁场能量元件

1-3　电容元件是（　　　）。

a）耗能元件　　　　　　　　b）储存电场能量元件　　　　c）储存磁场能量元件

1-4　电感和电容元件都是（　　　）。

a）储存电场能量元件　　　　b）储存磁场能量元件　　　　c）不耗能元件

1-5　非关联参考方向下电感元件的伏安关系为（　　　）。

a）$u = L\dfrac{\mathrm{d}i}{\mathrm{d}t}$　　　　　　b）$i = L\dfrac{\mathrm{d}u}{\mathrm{d}t}$　　　　　　c）$u = -L\dfrac{\mathrm{d}i}{\mathrm{d}t}$

1-6　非关联参考方向下电容元件的伏安关系为（　　　）。

a）$i = -C\dfrac{\mathrm{d}u}{\mathrm{d}t}$　　　　　b）$i = C\dfrac{\mathrm{d}u}{\mathrm{d}t}$　　　　　c）$u = -C\dfrac{\mathrm{d}i}{\mathrm{d}t}$

1-7　理想电压源外特性的正确描述是（　　　）。

a）电流和端电压均恒定　　　b）电流恒定，端电压由外电路决定

c）端电压恒定，电流由外电路决定

1-8　理想电流源外特性的正确描述是（　　　）。

a）电流和端电压均恒定　　　b）电流恒定，端电压由外电路决定

c）端电压恒定，电流由外电路决定

1-9　当电流源开路时，该电流源内部（　　　）。

a）有电流，有功率损耗　　　b）有电流，无功率损耗　　　c）无电流，无功率损耗

1-10　当元件的电压与电流取关联参考方向时，即假设该元件为（　　　）功率元件；当元件的电压与电流取非关联参考方向时，即假设该元件为（　　　）功率元件。

a）吸收　　　　　　　　　　b）发出　　　　　　　　　　c）既不发出也不吸收

1-11　KCL 反映了电路中（　　　）的约束关系，KVL 反映了电路中（　　　）的约束关系。

a）任一节点处各支路电流　　b）任一回路中各部分电压　　c）任一网孔中各支路电流

1-12　在图 1-9 所示电路中，A、B 两点间的电压 U_{AB} 值为（　　　）。

a）$-18\mathrm{V}$　　　　　　　b）$+18\mathrm{V}$　　　　　　　c）$-6\mathrm{V}$

1-13　将图 1-10a 所示电路改为图 1-10b 所示电路，其负载电流 I_1 和 I_2 将（　　　）。

a）增大　　　b）减小　　　c）不变

1-14　将图 1-10a 所示电路改为 1-10c 所示电路，其负载电流 I_1 和 I_2 将（　　　）。

a）增大　　　b）减小　　　c）不变

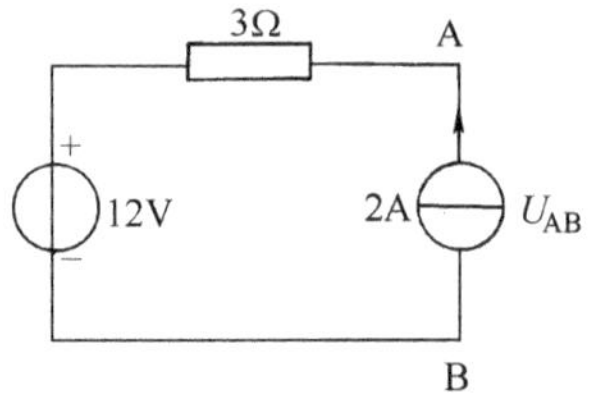

图 1-9　题 1-11 图

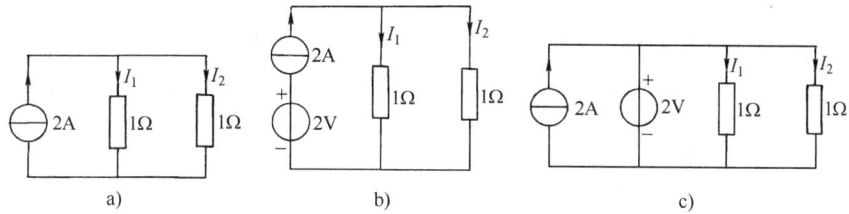

图 1-10　题 1-13、题 1-14 图

1-15　在图 1-11 所示电路中，U_s、I_s 均为正值，其工作状态是（　　）。

a）电压源发出功率　　　　　b）电流源发出功率　　　　　c）电压源和电流源都发出功率

1-16　在图 1-12 所示电路中，电动势 E 和 I_5 的值为（　　）。

a）1V，−3A　　　　　　　b）2V，3A　　　　　　　c）3V，−3A

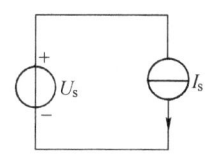

图 1-11　题 1-15 图

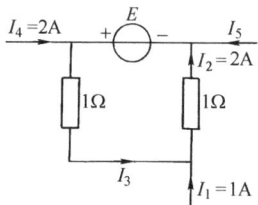

图 1-12　题 1-16 图

1-17　在图 1-13 所示电路中，A 点电位为（　　）。

a）4V　　　　　　　　　b）3V　　　　　　　　　c）1V

1-18　一个输出电压几乎不变的设备有载运行，当负载增大时，是指（　　）。

a）负载电阻增大　　b）电源内阻减小　　c）电源输出的电流增大

1-19　在图 1-14 所示电路中，电压 U_{ab} 的值为（　　）。

a）22V　　　　　　　　　b）16V　　　　　　　　　c）26V

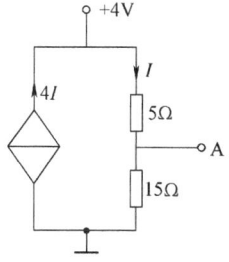

图 1-13　题 1-17 图

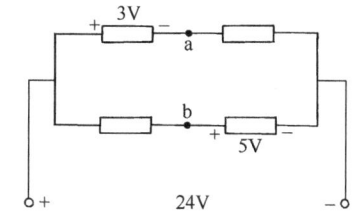

图 1-14　题 1-19 图

1-20　在图 1-15 所示电路中，$I_s =8A$ 时，电压 U 的值为（　　）。

a）24V　　　　　　　　　b）12V　　　　　　　　　c）0V

1-21　各元件的电压、电流参考方向及其大小如图 1-16 所示，其中（　　）。

a）（1）、（3）是负载，（2）是电源　　b）（1）、（3）是电源，（2）是负载

c）（2）、（3）是电源，（1）是负载

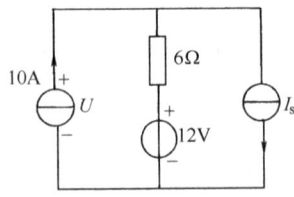

图 1-15　题 1-20 图

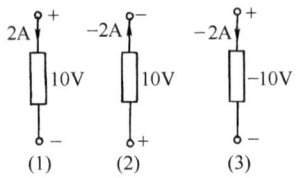

图 1-16　题 1-21 图

1-22　图 1-17 所示电路中电流源发出的功率为（　　　）。

a）－40W　　　　　　　　b）－20W　　　　　　　　c）20W

1-23　图 1-18 所示电路中 4A 电流源发出的功率为（　　　）。

a）88W　　　　　　　　b）72W　　　　　　　　c）44W

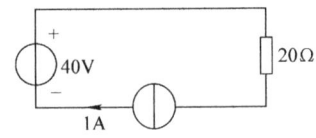

图 1-17　题 1-18 图

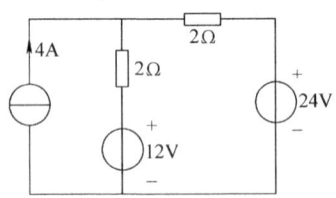

图 1-18　题 1-23 图

1-24　图 1-19 所示电路中受控源发出的功率为（　　　）。

a）－20W　　　　　　　　b）－16W　　　　　　　　c）14W

1-25　图 1-19 所示电路中 4V 电压源发出的功率为（　　　）。

a）－20W　　　　　　　　b）－12W　　　　　　　　c）8W

1-26　图 1-20 所示电路中的电流 I_1 和电阻 R 的值分别为（　　　）。

a）1A，－10Ω　　　　　　b）3A，5Ω　　　　　　c）2A，0

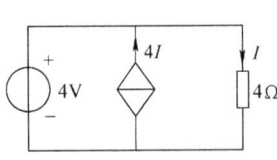

图 1-19　题 1-20 图

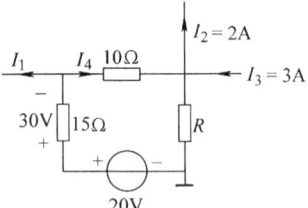

图 1-20　题 1-22 图

1-27　图 1-21 所示电路中电压 U_{ab} 的值为（　　　）。

a）－4V　　　　　　　　b）4V　　　　　　　　c）12V

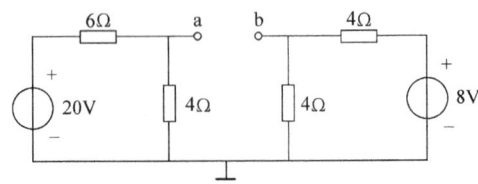

图 1-21　题 1-27 图

1-28　题 1-22 所示电路中电压 U 的值为（　　　）。

a）3V　　　　　　　　　　b）2V　　　　　　　　　c）1V

1-29　图 1-23 所示电路中 A 点电位为（　　　）。

a）3V　　　　　　　　　　b）5V　　　　　　　　　c）6V

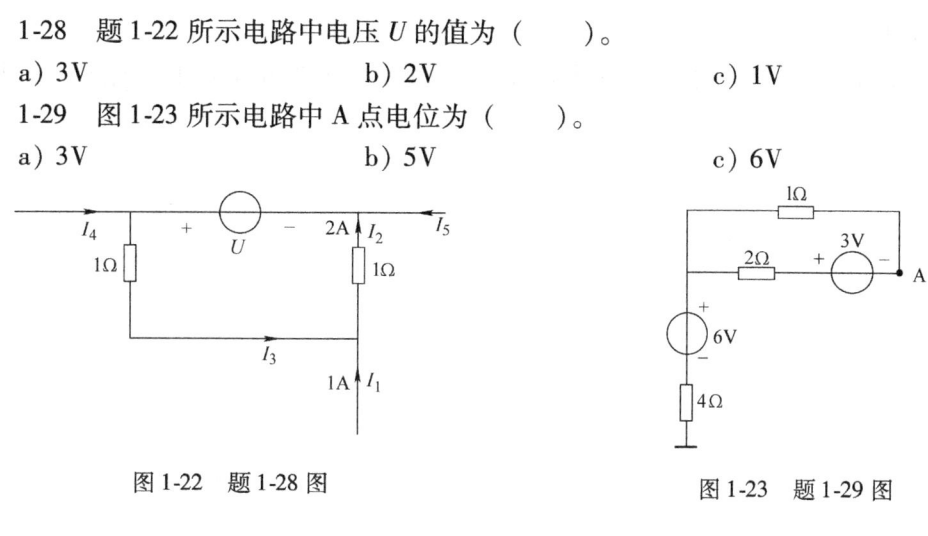

图 1-22　题 1-28 图

图 1-23　题 1-29 图

1-30　图 1-24 所示电路中 B 点的电位为（　　　）。

a）$-15V$　　　　　　　　b）$-3V$　　　　　　　　c）5V

1-31　图 1-25 所示电路中 S 断开时 d 点的电位为（　　　）。

a）0V　　　　　　　　　　b）6V　　　　　　　　　c）12V

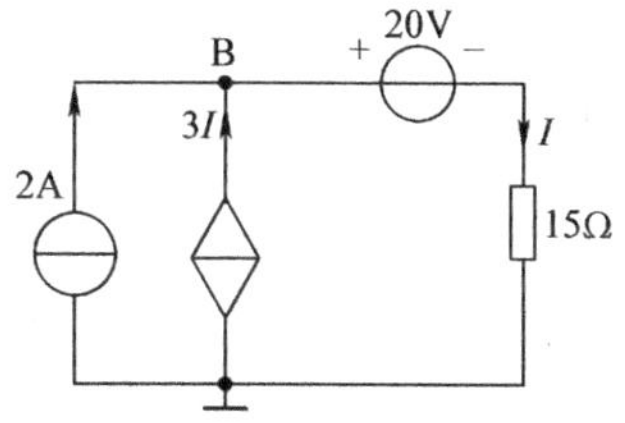

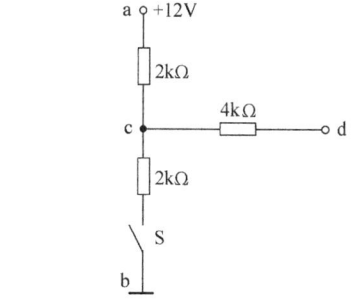

图 1-24　题 1-30 图

图 1-25　题 1-31 图

计　算　题

1-32　试写出图 1-26 所示电路中各元件的伏安关系式。

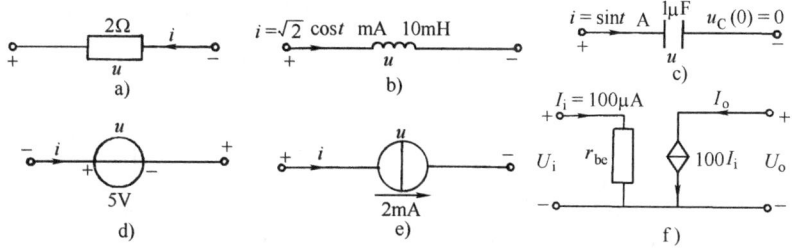

图 1-26　题 1-32 图

1-33　设电感 $L=1H$，电流 i_L 的波形如图 1-27 所示。试写出电感两端电压 u_L 的表达式，并画出波形图。

1-34　设电容 $C = 0.5F$，电压 u_C 的波形如图 1-28 所示。试写出电容中的电流 i_C 的表达式，并画出波形图。

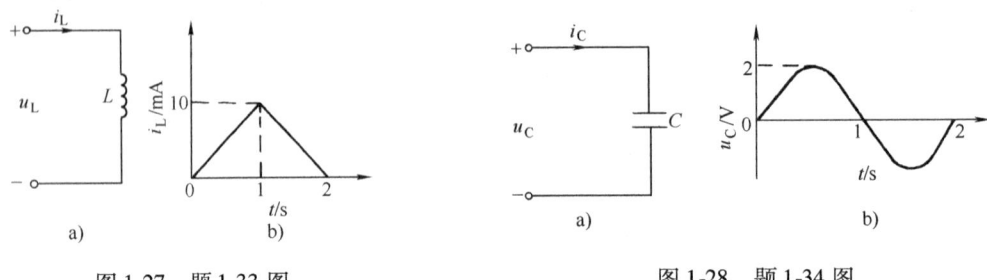

图 1-27　题 1-33 图　　　　　　　　　图 1-28　题 1-34 图

1-35　某电压源空载电压为 230V，内阻为 1Ω，满载时端电压下降 5%，求此时电源发出的电流。

1-36　求图 1-29 所示电路中的 U_s 和 I。

1-37　在图 1-30 所示电路中 U_3 的参考方向已选定，若该电路的 3 个 KVL 电压方程为

$$U_1 - U_2 - U_3 = 0$$
$$-U_2 - U_3 + U_5 - U_6 = 0$$
$$U_3 + U_4 - U_5 = 0$$

1）确定 U_1、U_2、U_4、U_5 和 U_6 的参考极性。

2）若 $U_2 = 10V$、$U_3 = 5V$、$U_6 = -4V$，试确定其余各电压。

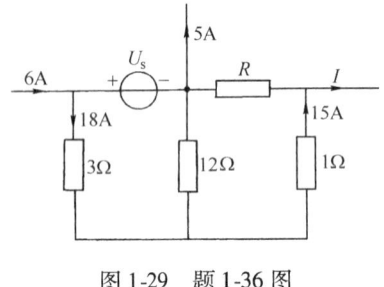

图 1-29　题 1-36 图　　　　　　　　　图 1-30　题 1-37 图

1-38　电路如图 1-31 所示，求 I、I_x、U、U_x 和 R_2。

1-39　在图 1-32 中，5 个元件代表电源或负载。电流和电压的参考方向如图所示，由实验测得：$I_1 = -4A$，$I_2 = 6A$，$I_3 = 10A$，$U_1 = 140V$，$U_2 = 90V$，$U_3 = 60V$，$U_4 = -80V$，$U_5 = 30V$。

1）判断哪些元件是电源？哪些元件是负载？2）计算各元件的功率；3）功率是否平衡？

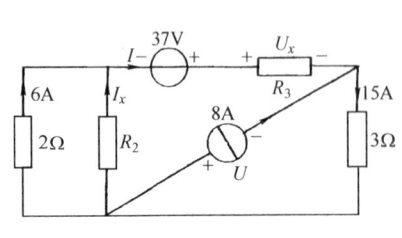

图 1-31　题 1-38 图

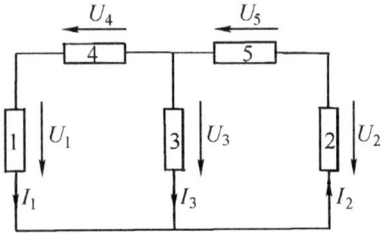

图 1-32　题 1-39 图

1-40　电路如图 1-33 所示。1）求电路中的 U 和 I；2）计算各元件的功率，并指出是发出功率还是吸收功率。

1-41　求图 1-34 所示电路中的电流 I 和受控源发出的功率 P。

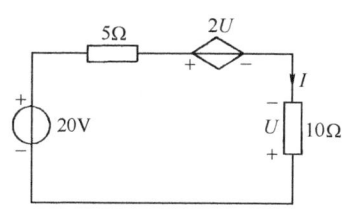

图 1-33　题 1-40 图

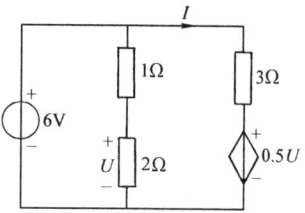

图 1-34　题 1-41 图

1-42　求图 1-35 所示电路中各元件吸收的功率。

1-43　求图 1-36 所示电路中电阻 R 值及其吸收的功率。

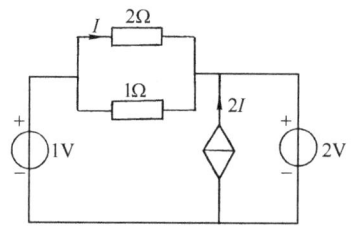

图 1-35　题 1-42 图

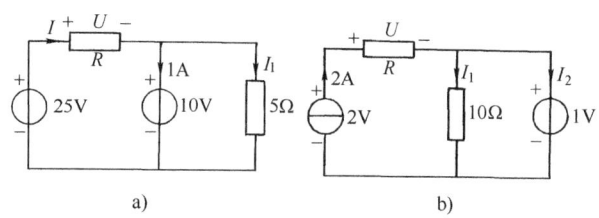

图 1-36　题 1-43 图

1-44　在图 1-37 所示电路中，$U_1 = 10V$、$E_1 = 4V$、$E_2 = 2V$、$R_1 = 4\Omega$、$R_2 = 2\Omega$、$R_3 = 5\Omega$，试求开路电压 U_2。

1-45　求图 1-38 所示电路中 A 点电位。

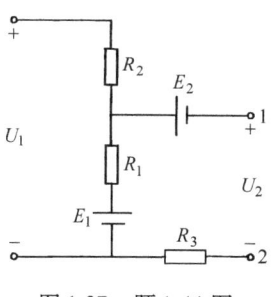

图 1-37　题 1-44 图

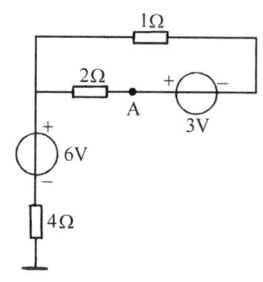

图 1-38　题 1-45 图

1-46　电路如图 1-39 所示，试求开关 S 在断开和闭合两种情况下 A 点的电位。

1-47　求图 1-40 所示电路中 B 点电位和电阻 R。

1-48　求图 1-41 所示电路中 A 点电位。

1-49　求图 1-42 所示电路中 A、B 两点的电位。如果将 A、B 两点短接，电路的工作状态是否改变？

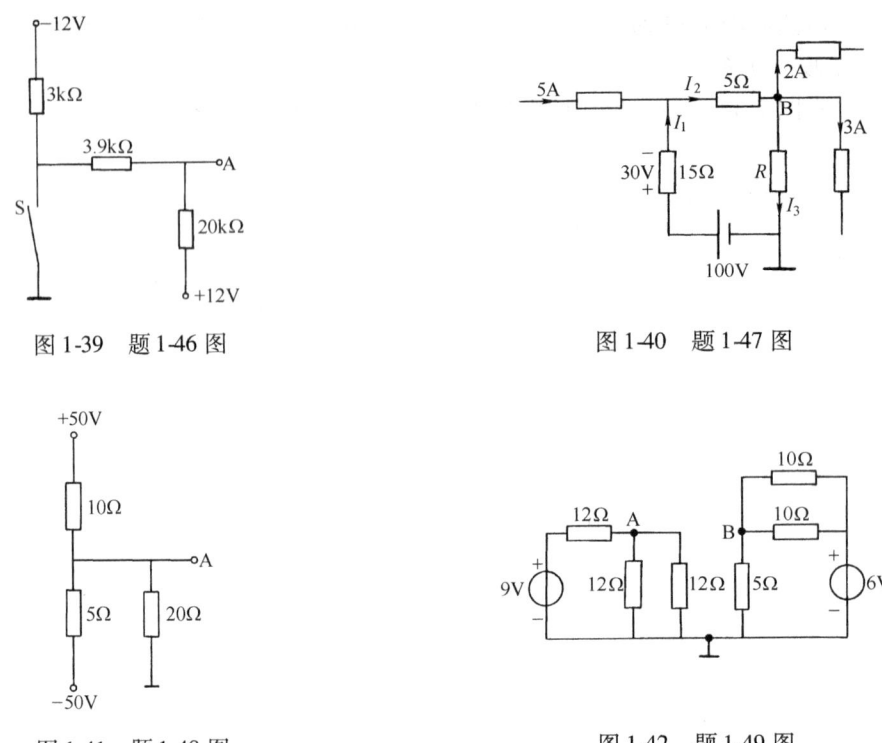

图 1-39　题 1-46 图　　　　　　　　　图 1-40　题 1-47 图

图 1-41　题 1-48 图　　　　　　　　图 1-42　题 1-49 图

1-50　试用图解法计算图 1-43a 中非线性电阻元件 R 中的电流 I 及其两端电压 U。电阻 R 的伏安特性曲线。如图 1-43b 所示。

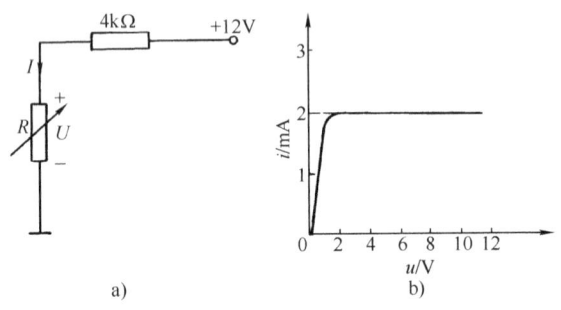

图 1-43　题 1-50 图

答　　案

1-1　a)　　1-2　c)　　1-3　b)　　1-4　c)

1-5　c)　　1-6　a)　　1-7　c)　　1-8　b)　　1-9　a)　　1-10　a) b)

1-11　a) b)　　1-12　b)　　1-13　c)　　1-14　a)　　1-15　a)　　1-16　c)　　1-17　b)　　1-18　c)

1-19　b)　　1-20　a)　　1-21　a)　　1-22　b)　　1-23　a)　　1-24　c)　　1-25　b)

1-26　a)　　1-27　b)

1-28　a)　　1-29　b)　　1-30　c)　　1-31　c)

1-32　a) $u = -2i$　b) $u = -\sqrt{2} \times 10^{-5}\sin t$ V　c) $u = 10^6[1 - \cos t]$

　　　　d) $u = -5$V　e) $i = 2$mA　f) $I_o = 100I_i = 10^{-2}$A

1-33　1) $i_L = \begin{cases} 10t \text{ mA} & 0 \leqslant t \leqslant 1\text{s} \\ -10t + 20\text{mA} & 1 \leqslant t \leqslant 2\text{s} \end{cases}$

　　　　　　$u_L = L\dfrac{di_L}{dt} = \begin{cases} 10\text{mV} & 0 \leqslant t \leqslant 1\text{s} \\ -10\text{mV} & 1 \leqslant t \leqslant 2\text{s} \end{cases}$

u_L 的波形如图 1-44 所示。

1-34　$u_C = 2\sin\pi t$ V

　　　　$i_C = \pi\cos\pi t$ A

i_C 的波形图如图 1-45 所示。

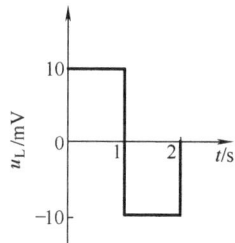

图 1-44　答案 1-33u_L 的波形

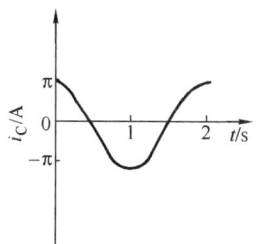

图 1-45　答案 1-34i_C 的波形

1-35　11.5A

1-36　$U_s = 90$V，$I = 1$A

1-37　1) U_1、U_2、U_4、U_5 和 U_6 的参考极性如图 1-46 所示。

　　　　2) $U_1 = 15$V，$U_4 = 6$V，$U_5 = 11$V

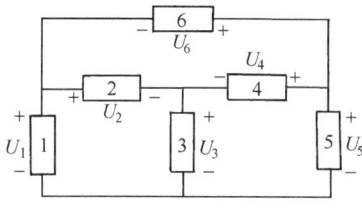

图 1-46　答案 1-37 图

1-38　$I = 7$A、$I_x = 1$A、$U = -45$V、$U_x = -20$V、$R_2 = 12\Omega$

1-39　$P_1 = 560$W（发出）　$P_2 = 540$W（发出）　$P_3 = 600$W（吸收）

　　　　$P_4 = 320$W（吸收）　$P_5 = 180$W（吸收）　$\Sigma P_{吸} = \Sigma P_{发}$ 功率平衡

1-40　$U = 40$V　$I = -4$A　$P_{5\Omega} = 80$W（吸收）　$P_{10\Omega} = 160$W（吸收）

　　　　$P_{20V} = 80$W（吸收）　$P_{2U} = -320$W（发出）

1-41　$I = 4/3$A　$P = -8/3$W

1-42　$I = -0.5$A　$P_{2\Omega} = 0.5$W　$P_{1\Omega} = 1$W　$P_{1V} = 1.5$W　$P_{2V} = -5$W　$P_{2I} = 2$W

1-43　a) $P = 45$W　$R = 15\Omega$　b) $P = 2$W　$R = 0.5\Omega$

1-44　$U_2 = 6$V

1-45　$V_A = 8$V

1-46　S 断开时，$V_A = -5.84$V

　　　　S 闭合时，$V_A = 1.96$V

1-47　$V_B = 35V$　$R = 17.5\Omega$

1-48　$V_A = -14.3V$

1-49　$V_A = 3V$　$V_B = 3V$，不改变

1-50　题 1-46 中图 1-43a 可变换为图 1-47a 的形式，则利用图解法求得 $I = 2mA$、$U = 4V$，如图 1-47b 所示。

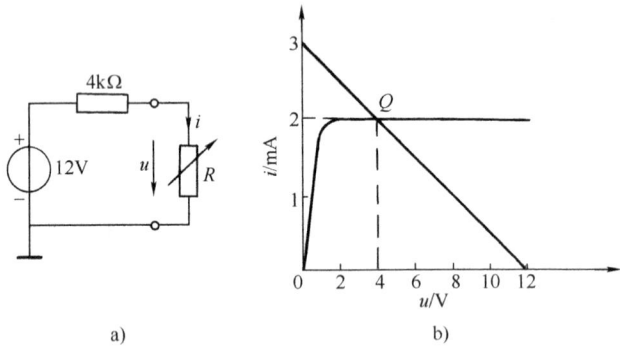

图 1-47　答案 1-50 图

第 2 章　电路分析方法

解 题 概 要

本章是电工技术的基础。在本章中需要明确的概念有电路、支路、回路、节点、参考方向、电位、理想电路模型等。在此基础上能熟练掌握、正确应用欧姆定律和基尔霍夫定律。

由基尔霍夫定律派生的各种电路分析方法，对解决具体电路有着独到的优点。常用的电路分析方法有：电压源与电流源的等效变换，复杂电路转换简单电路求解；支路电流法，以各支路电流为基本变量建立联立方程组，它是分析计算复杂电路的基本方法；网孔电流法，以各网孔电流为基本变量，所建立的方程组比支路电流法少 ($n-1$) 个节点电流方程，解题过程也相应简单；节点电压法是多支路少节点电路求解时的一种常用的方法；叠加原理，线性电路多个电源作用时，应用此方法较简便；戴维南定理，仅求某一个支路的电流或两端电压时，采用此方法往往带来很大方便。

解电路的方法较多，仅举以上几种，任何一个习题均可以用以上方法求解，要因题而异，找出简便、快捷的方法。

例 题 解 析

例 2-1　用电源等效变换求图 2-1 电路中的电流 I。

解　将图 2-1 进行如下等效变换，变换过程见图 2-2a、b、c、d。由图 2-2d 可求出电压 U_{ab}，进一步求得 I。

$$U_{ab} = \left(\frac{20 \times 5}{20 + 5} \times 0.5 \right) \text{V} = 2\text{V}$$

$$I = \frac{U_{ab}}{20\Omega} = \frac{2}{20}\text{A} = 0.1\text{A}$$

例 2-2　某有源二端网络 N 与外电路连接成图 2-3a 的形式时，其输出电流 $I = 0\text{A}$；连接成图 2-3b 的形式时，其输出电流 $I' = 0.5\text{A}$。试求网络 N 的戴维南等效电路。

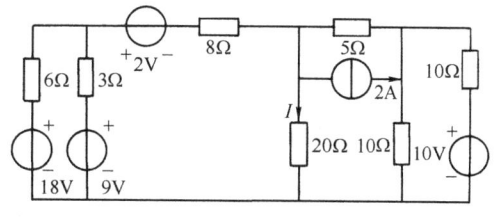

图 2-1　例 2-1 图

解　由图 2-3a 可知，当 $I = 0\text{A}$ 时，此时 A、B 两点间的电压 U_{AB} 等于戴维南等效电路的开路电压 U_{oc}，即

$$U_{oc} = U_{AB} = (1 \times 1 + 2 \times 1)\text{V} = 3\text{V}$$

求出 U_{oc} 后，戴维南等效电路的等效电阻 R 可由图 2-3b 求得：

$$U_{oc} = RI' + 1(I' + 2)$$

$$3 = 0.5R + 2.5$$

$$R = 1\Omega$$

N 网络的戴维南等效电路如图 2-3c 所示。

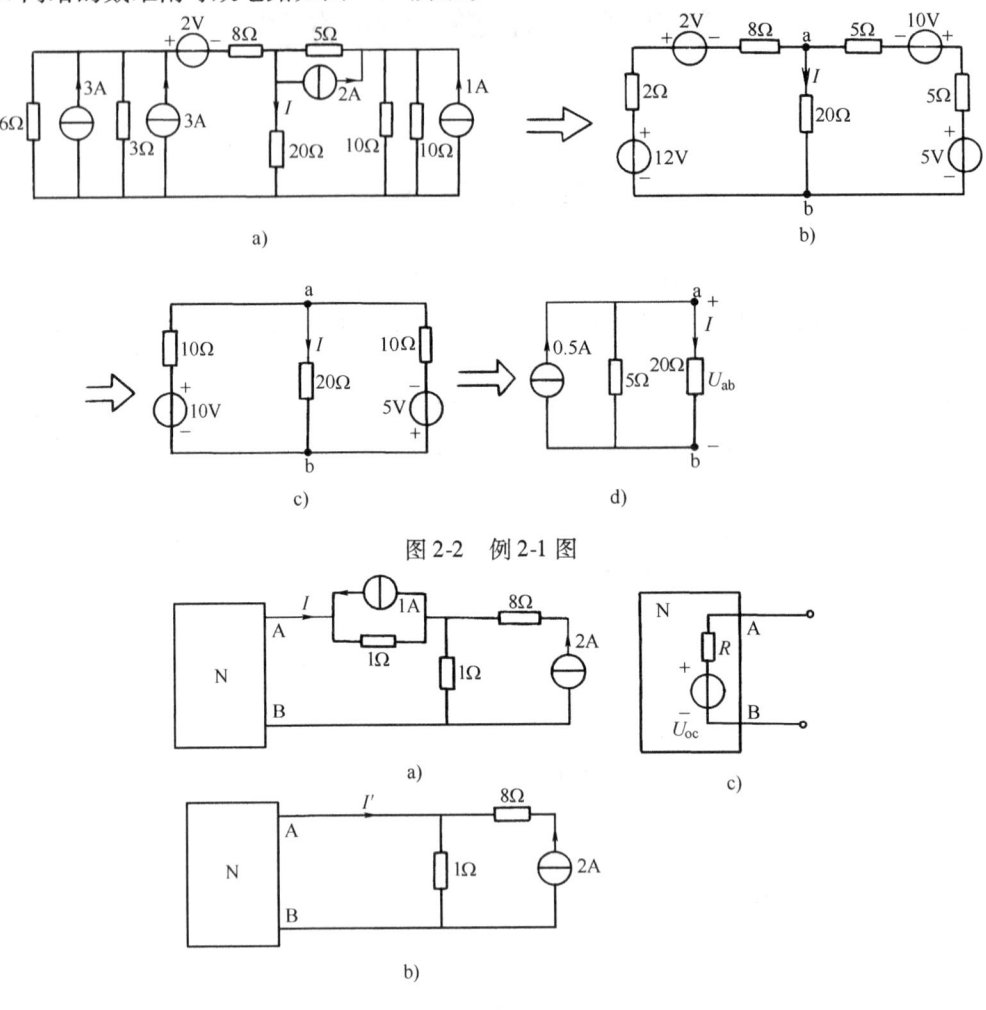

图 2-2　例 2-1 图

图 2-3　例 2-2 图

例 2-3　用戴维南定理求图 2-4a 电路中的 U_3。

解　在含有受控源电路中，用戴维南定理时应注意对受控源的处理。

首先计算图 2-4a 的开路电压 U_{oc}，此时将 R_3 支路断开，如图 2-4b 所示，则

$$U_{oc} = 10\text{V}$$

再计算等效电阻 R。这里采用求短路电流 I_{sc}，然后得：$R = U_{oc}/I_{sc}$。

在图 2-4c 中，列回路电压方程为

$$U_s = I_{sc}R_2 + (I_{sc} - 0.5I_{sc})R_1$$

$$10 = I_{sc} \times 1 + 0.5I_{sc} \times 1$$

$$I_{sc} = \frac{10}{1.5}\text{A}$$

$$R = \frac{U_{oc}}{I_{sc}} = 1.5\Omega$$

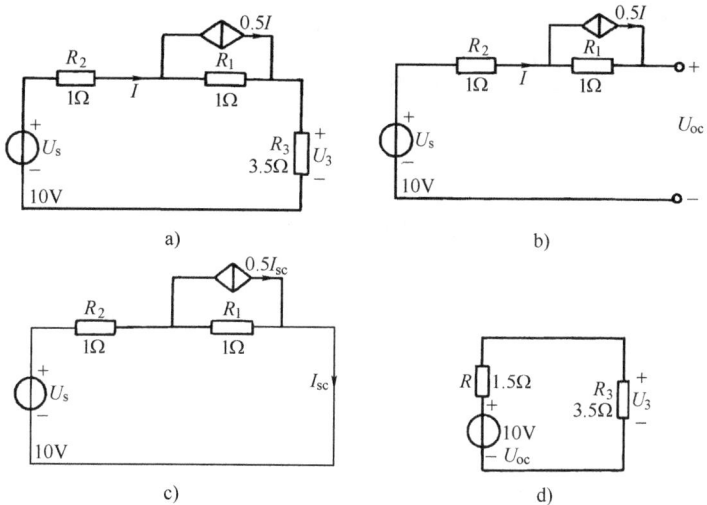

图 2-4 例 2-3 图

求出 U_{oc} 及 R 后，图 a 可化成图 2-4d 电路，则 R_3 上的电压 U_3 为

$$U_3 = \frac{R_3}{R + R_3} U_{oc} = \frac{3.5}{1.5 + 3.5} \times 10V = 7V$$

例 2-4 电路及参数如图 2-5 电路所示，试求各支路电流。

解 本题可用不同方法求解。

解法 1 支路电流法

对节点①、②列 KCL 方程：

$$I_{s1} + I_4 = I_1 + I_3 \qquad (1)$$

$$I_3 = I_2 + I_4 + I_{s2} \qquad (2)$$

对网孔 Ⅰ、Ⅱ列 KVL 数值方程：

$$3I_3 + 3I_4 = 30V \qquad (3)$$

$$3I_3 + 3I_2 - 3I_1 = 0 \qquad (4)$$

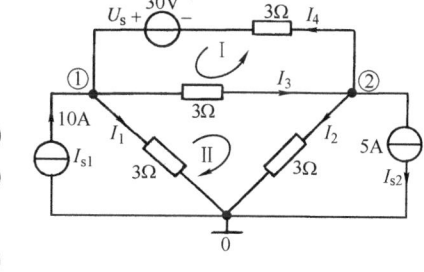

图 2-5 例 2-4 图

方程（1）、（2）、（3）、（4）联立解得：

$$\begin{cases} I_1 = 6A \\ I_2 = -1A \\ I_3 = 7A \\ I_4 = 3A \end{cases}$$

解法 2 节点电压法

对①、②两节点列节点电压数值方程：

$$\begin{cases} \left(\dfrac{1}{3} + \dfrac{1}{3} + \dfrac{1}{3} \right) U_{10} - \left(\dfrac{1}{3} + \dfrac{1}{3} \right) U_{20} = 10 + 10 \\ - \left(\dfrac{1}{3} + \dfrac{1}{3} \right) U_{10} + \left(\dfrac{1}{3} + \dfrac{1}{3} + \dfrac{1}{3} \right) U_{20} = -5 - \dfrac{30}{3} \end{cases}$$

联立求得：

$$\begin{cases} U_{10} = 18V \\ U_{20} = -3V \end{cases}$$

进一步求各支路电流：

$$\begin{cases} I_1 = \dfrac{U_{10}}{3} = \dfrac{18}{3}\text{A} = 6\text{A} \\[2mm] I_2 = \dfrac{U_{20}}{3} = \dfrac{-3}{3}\text{A} = -1\text{A} \\[2mm] I_3 = \dfrac{U_{10} - U_{20}}{3} = \dfrac{18 - (-3)}{3}\text{A} = 7\text{A} \\[2mm] I_4 = \dfrac{U_{20} + 30\text{V} - U_{10}}{3} = \dfrac{-3 + 30 - 18}{3}\text{A} = 3\text{A} \end{cases}$$

方法三　叠加原理法

I_{s1} 单独作用时，电路如图 2-6a 所示，则

$$I_1' = \frac{4.5}{3 + 4.5} \times 10\text{A} = 6\text{A}$$

$$I_2' = \frac{3}{3 + 4.5} \times 10\text{A} = 4\text{A}$$

$$I_3' = \frac{1}{2}I_2 = 2\text{A}$$

$$I_4' = -2\text{A}$$

I_{s2} 单独作用时，如图 2-6b 所示，则

$$I_1'' = -\frac{3}{3 + 4.5} \times 5\text{A} = -2\text{A}$$

$$I_2'' = -\frac{4.5}{3 + 4.5} \times 5\text{A} = -3\text{A}$$

$$I_3'' = -\frac{1}{2}I_1'' = 1\text{A}$$

$$I_4'' = -I_3'' = -1\text{A}$$

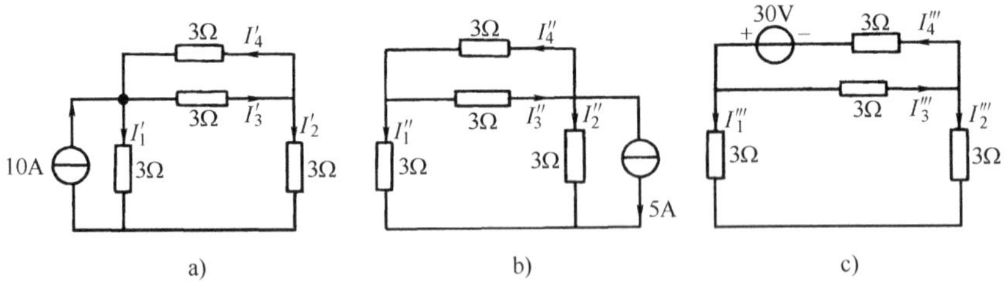

图 2-6　例 2-4 解图

U_s 单独作用时，如图 2-6c 所示，则

$$\begin{cases} I_1''' = \dfrac{3}{3 + 6} \times 6\text{A} = 2\text{A} \\[2mm] I_2''' = -I_1''' = -2\text{A} \\[2mm] I_3''' = \dfrac{6}{3 + 6} \times 6\text{A} = 4\text{A} \\[2mm] I_4''' = \dfrac{30}{3 + 2}\text{A} = 6\text{A} \end{cases}$$

叠加后

$$I_1 = I_1' + I_1'' + I_1''' = 6A$$
$$I_2 = I_2' + I_2'' + I_2''' = -1A$$
$$I_3 = I_3' + I_3'' + I_3''' = 7A$$
$$I_4 = I_4' + I_4'' + I_4''' = 3A$$

三种解法结果相同，但繁简程度不同，故读者可根据自己的实际情况及电路特点选择不同的解法。

例2-5 电路如图2-7所示，用EDA软件求各支路电流。

解 在EWB界面上首先画出电路原理图，如图2-8a所示，然后，将相应的电流表添加到各个支路中去，打开界面上的电源开关，电路开始仿真，电流表显示相应的值，如图2-8b所示。

例2-6 求图2-9电路的节点电压 U_1 和 U_2。

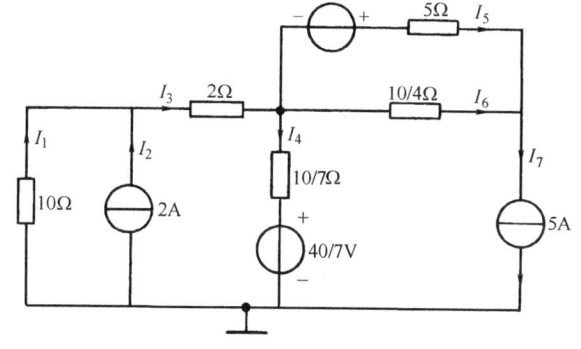

图2-7 例2-5图

解 在EWB界面上首先画电路原理图，如图2-10a所示，然后，将相应的电压表添加到电路图中，打开界面上的电源开关，电路开始仿真，电压表开始显示相应的值，如图2-10b所示。

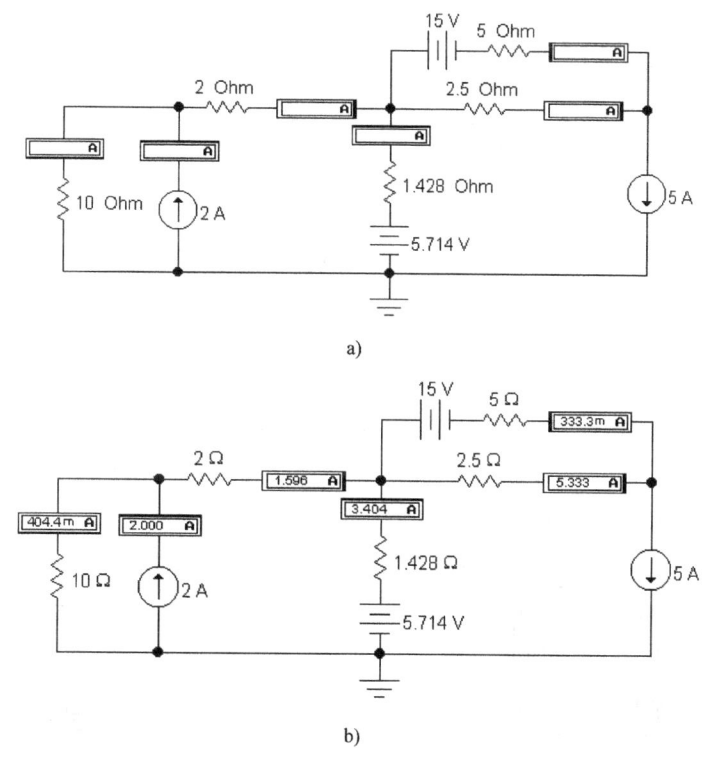

图2-8 例2-5仿真图

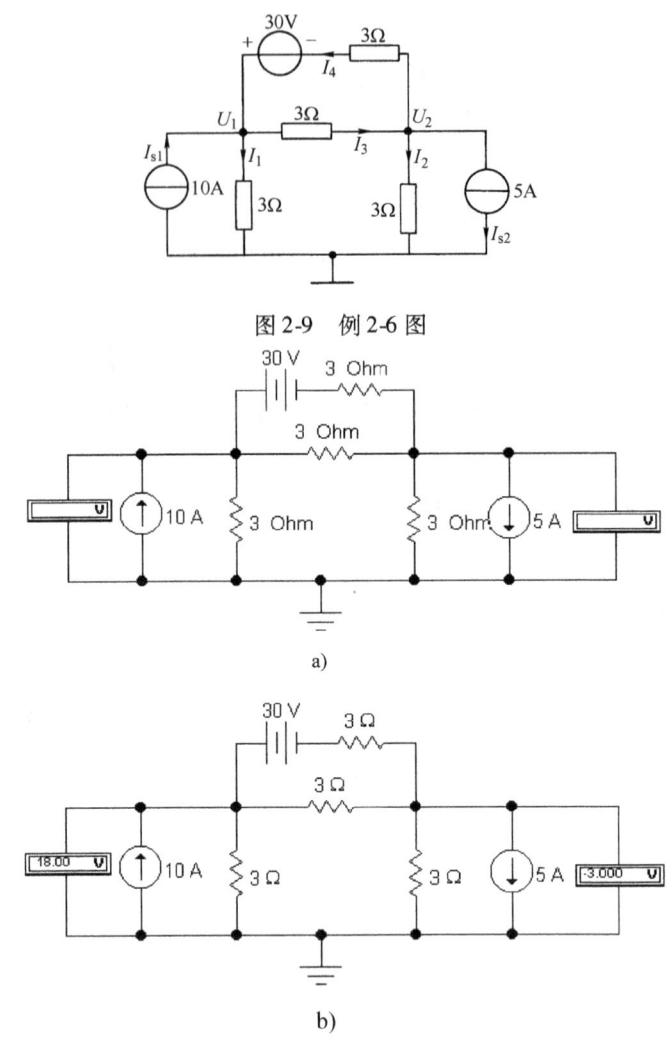

图 2-9　例 2-6 图

图 2-10　例 2-6 仿真图

选　择　题

2-1　在图 2-11 电路中，A、B 两点间的等效电阻 R_{AB} 为（　　）。

a）4Ω　　　　　　　　b）15Ω　　　　　　　　c）10Ω

2-2　在图 2-12 电路中，A、B 两点间的等效电阻 R_{AB} 为（　　）。

a）2Ω　　　　　　　　b）11Ω　　　　　　　　c）6Ω

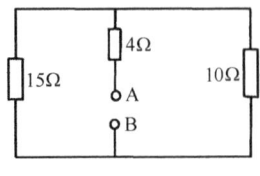

图 2-11　题 2-1 图

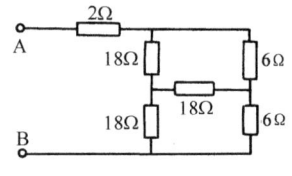

图 2-12　题 2-2 图

2-3　在图 2-13 电路中，A、B 两点间的电压 U_{AB} 为（　　）。

a）－18V　　　　　　　　b）+18V　　　　　　　c）－6V

2-4　图 2-14 中，A、B 两点间可等效为（　　）。

a）电压源　　　　　　　　b）电流源　　　　　　　c）电压源和电流源并联

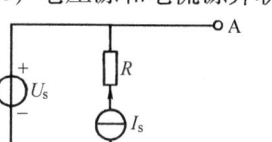

图 2-13　题 2-3 图　　　　　　　　　　　图 2-14　题 2-4 图

2-5　在图 2-15 中，当开关 S 闭合时，A 点的电位 V_A 为（　　）。

a）－3V　　　　　　　　　b）－6V　　　　　　　　c）0V

2-6　在图 2-15 中，若开关 S 断开，则此时 A 点的电位 V_A 为（　　）。

a）－3V　　　　　　　　　b）－6V　　　　　　　　c）0V

2-7　在图 2-16 中，A 点是电位器的滑动端，当滑动端从上向下滑动时，A 点电位的最大变化范围为（　　）。

a）（+10 ～ －10）V　　　　b）（－10 ～ +10）V　　　c）（－12 ～ +12）V

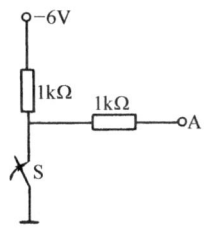

图 2-15　题 2-5 图

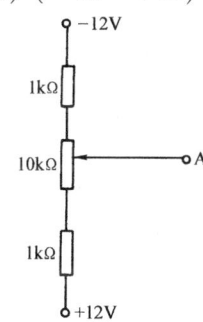

图 2-16　题 2-7 图

2-8　理想电压源和理想电流源间（　　）。

a）有等效变换关系　　　　b）没有等效变换关系　　　c）有条件下的等效关系

2-9　当电流源开路时，该电流源内部（　　）。

a）有电流，有功率损耗　　b）无电流，无功率损耗　　c）有电流，无功率损耗

2-10　图 2-17 所示电路中，对负载电阻 R_L 而言，点画线框中的电路可用一个等效电源代替，该等效电源是（　　）。

a）理想电压源　　　b）理想电流源　　　c）实际电流源

2-11　图 2-18 所示电路中，A、B 两端可等效为（　　）。

a）理想电流源　　　b）理想电压源　　　c）实际电压源

2-12　图 2-19 所示电路中的等效电流源模型为（　　）。

a）$I_s = 1A$，$R = 3\Omega$　　　　b）$I_s = 1A$，$R = 2\Omega$

c）$I_s = \dfrac{5}{3}A$，$R = 3\Omega$

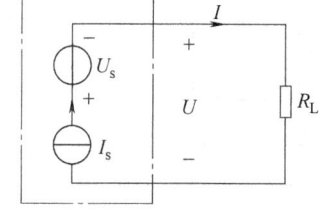

图 2-17　题 2-10 图

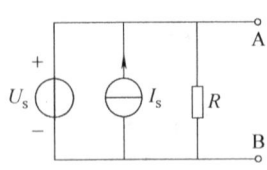

图 2-18　题 2-11 图

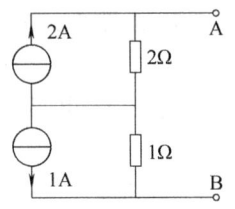

图 2-19　题 2-12 图

2-13　在图 2-20 中，电阻 $R_1 = R_2 = R_3 = R_4 = 40\Omega$，该电路的等效电阻 R_{AB} 为（　　　）。

a) 10Ω　　　　　　　　b) 20Ω　　　　　　　　c) 40Ω

2-14　某电路有 3 个节点和 6 条支路，采用支路电流法求解各支路电流时，应列出 KCL 方程数和 KVL 方程数为（　　　）。

a) 3 个 KCL 和 3 个 KVL 方程　　　　　b) 3 个 KCL 和 4 个 KVL 方程

c) 2 个 KCL 和 4 个 KVL 方程

2-15　用支路电流法求解图 2-21 所示电路时，应列写独立的完备的方程数是（　　　）

a) 3 个 KCL 方程，两个 KVL 方程　　　b) 3 个 KCL 方程，3 个 KVL 方程

c) 4 个 KCL 方程，两个 KVL 方程

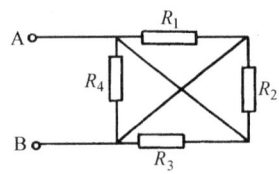

图 2-20　题 2-14 图

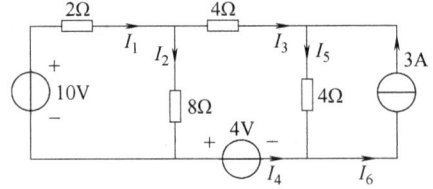

图 2-21　题 2-15 图

2-16　叠加原理适用于（　　　）。

a) 线性电阻电路　　　　　b) 线性电路　　　　　　　c) 非线性电路和线性电路

2-17　在计算线性电阻电路的电压和电流时，可用叠加原理，在计算线性电阻电路的功率时叠加原理（　　　）。

a) 可以用　　　　　　　　b) 不可以用　　　　　　　c) 有条件地使用

2-18　把图 2-22a 所示的电路用图 2-22b 所示的电流源代替，该等效电流源的参数为（　　　）。

a) $I_s = 1A$，$R = 3\Omega$　　b) $I_s = 1A$，$R = 2\Omega$　　c) $I_s = 2A$，$R = 1\Omega$

2-19　实验测得某有源二端线性网络在关联参考方向下的外特性曲线如图 2-23 所示，则戴维南等效电压源的参数为（　　　）。

a) $U_{oc} = 2V$，$R = 1\Omega$　　　b) $U_{oc} = 1V$，$R = 0.5\Omega$　　　c) $U_{oc} = -1V$，$R = 2\Omega$

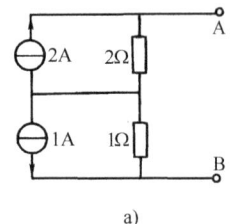

a)

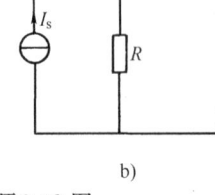

b)

图 2-22　题 2-18 图

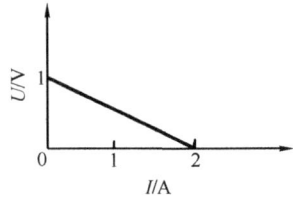

图 2-23　题 2-19 图

2-20　在有源二端线性网络中，实验测得该网络的开路电压为 U_{oc}，短路电流为 I_{sc}，则该网络的戴维南等效电压源的内阻 R_0 的值为（　　）。

a) U_{oc}/I_{sc}　　　　　　b) U_{oc}/I　　　　　　c) U/I_{sc}

2-21　实验测得某有源二端线性网络的开路电压 $U_{oc}=6\text{V}$，短路电流 $I_{sc}=2\text{A}$，当外接电阻为 3Ω 时，其端电压 U 值为（　　）。

a) 3V　　　　　　　　b) 4V　　　　　　　　c) 6V

2-22　实验测得某有源二端线性网络开路电压 $U_{oc}=8\text{V}$，短路电源 $I_{sc}=2\text{A}$，则该网络的戴维南等效电压源的参数为（　　）。

a) $U_{oc}=8\text{V}$，$R=2\Omega$　　b) $U_{oc}=4\text{V}$，$R=4\Omega$　　c) $U_{oc}=8\text{V}$，$R=4\Omega$

2-23　某个电路有 3 个节点和 9 条支路，采用支路电流法求解各支路电流时，应列写的独立 KCL 方程和 KVL 方程数为（　　）。

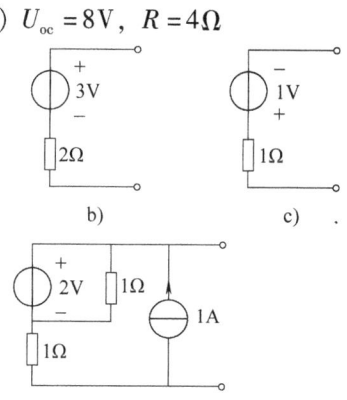

a) 2 个 KCL 方程和 7 个 KVL 方程

b) 3 个 KCL 方程和 6 个 KVL 方程

c) 4 个 KCL 方程和 5 个 KVL 方程

2-24　图 2-24 所示电路的最简等效电路（　　）。

2-25　图 2-25 电路中，U_s、I_s 均为正值，其工作状态是（　　）。

图 2-24　题 2-24 图

a) 电压源发出功率　　　b) 电流源发出功率　　　c) 两者均不发出功率

2-26　图 2-26a 所示电路的等效电流源模型为图 2-26b 所示，其中（　　）。

a) $I_s=1\text{A}$，$R=3\Omega$　　b) $I_s=1\text{A}$，$R=2\Omega$　　c) $I_s=\dfrac{5}{3}\text{A}$，$R=3\Omega$　　d) $I_s=\dfrac{5}{3}\text{A}$，$R=2\Omega$

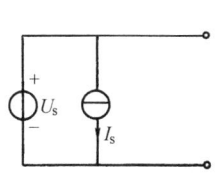

图 2-25　题 2-25 图

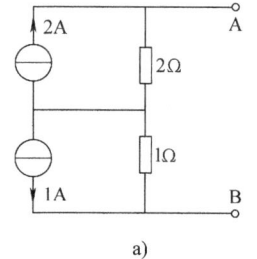

图 2-26　题 2-26 图

2-27　图 2-27 所示电路中，$U_s=0$ 时，$I=-6\text{A}$，则 $U_s=18\text{V}$ 时，电流 I 值为（　　）。

a) -4A　　　　　　b) -2A　　　　　　c) 4A　　　　　　d) 6A

2-28　已知图 2-28 所示电路中的电压表内阻为无穷大，电流表内阻为零，当开关 S 处于位置 1 时，电压表的读数为 10V，当开关 S 处于位置 2 时，电流表的读数为 5mA，则 S 处于位置 3 时电流表的读数为（　　）。

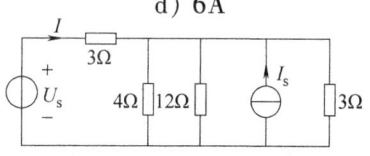

图 2-27　题 2-27 图

a) 4mA   b) 3.3mA   c) 2mA   d) 1mA

2-29 用支路电流法求解图2-27所示电路中各支路电流时，应列写（   ）。

a) 2个KCL和4个KVL方程   b) 3个KCL和3个KVL方程

c) 3个KCL和2个KVL方程   d) 4个KCL和2个KVL方程

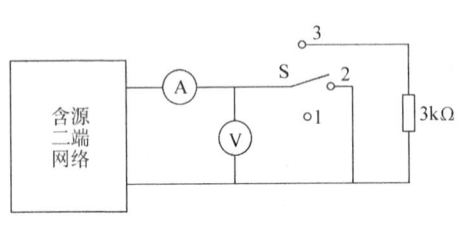

图2-28 题2-28图

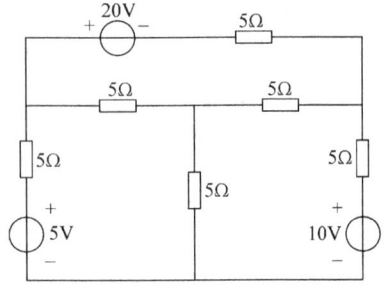

图2-29 题2-29图

计 算 题

2-30 试用电源等效变换的方法求图2-30所示电路中的电压 U。

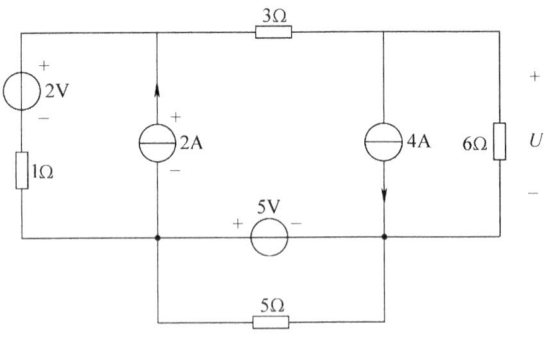

图2-30 题2-30图

2-31 利用电源的等效变换，求图2-31所示电路中的电流 I。

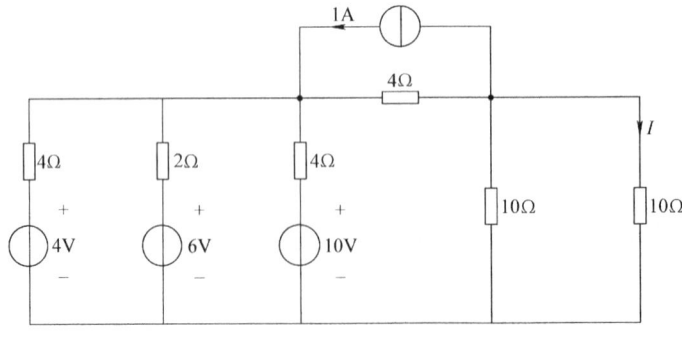

图2-31 题2-31图

2-32 电路如图2-32所示，其中 $E = 12V$、$R_1 = 14\Omega$、$R_2 = 10\Omega$、$R_3 = 27\Omega$、$R_4 = 20\Omega$、$R_5 = 16\Omega$、$R_6 = 12\Omega$。求电路中的电流 I 和电压 U。

2-33　电路如图 2-33 所示。已知 $E_1 = 10\text{V}$、$E_2 = 5\text{V}$、$I_{s1} = 4\text{A}$、$I_{s2} = 2\text{A}$、$R_1 = 30\Omega$、$R_2 = 20\Omega$、$R_3 = R_L = 10\Omega$、$R_4 = 5\Omega$。求通过 R_L 的电流 I。

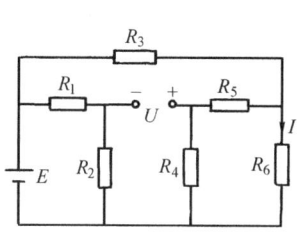

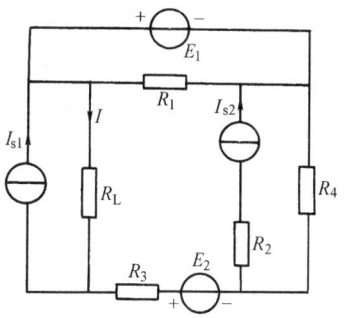

图 2-32　题 2-32 图　　　　　　图 2-33　题 2-33 图

2-34　用电源的等效变换法求图 2-34 中的电压 U_{AB}。

2-35　用电源等效变换法求图 2-35 中的电压 U_{AB}。

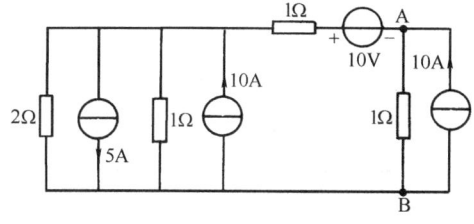

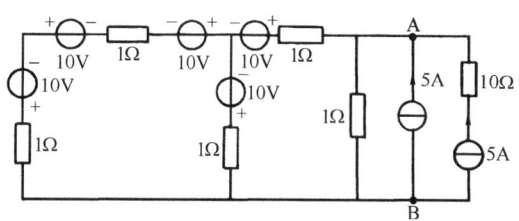

图 2-34　题 2-34 图　　　　　　图 2-35　题 2-35 图

2-36　用电源等效变换法求图 2-36 中的电流 I 的大小。

2-37　用电源等效变换法求图 2-37 中的电流 I 的大小。

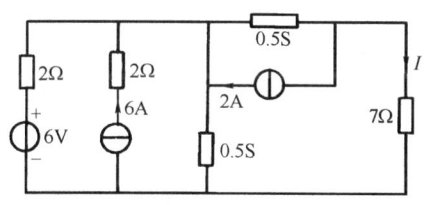

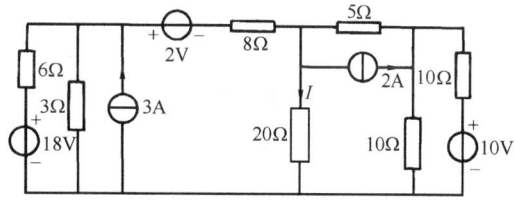

图 2-36　题 2-36 图　　　　　　图 2-37　题 2-37 图

2-38　用支路电流法求图 2-38 电路中各支路的电流。

2-39　用支路电流法求图 2-39 所标各未知电流和电压，并说明电压源和电流源是发出功率还是吸收功率。

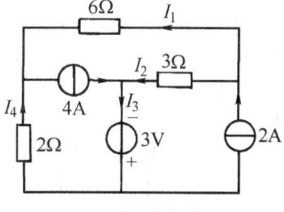

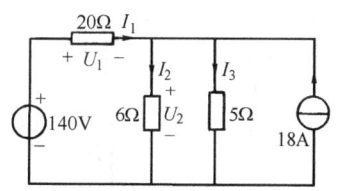

图 2-38　题 2-38 图　　　　　　图 2-39　题 2-39 图

2-40　图 2-40 电路中各支路电流的正方向已标出，试用支路电流法求各支路电流。

2-41　试用支路电流法求图 2-41 所示电路的电压 U。

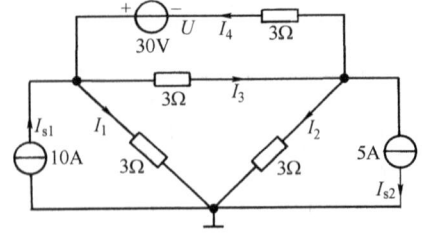 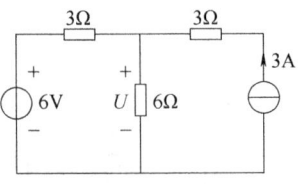

图 2-40　题 2-40 图　　　　　　　　　图 2-41　题 2-41 图

2-42　试用支路电流法求图 2-42 所示电路的电流 I。

2-43　用节点电压法求图 2-43 电路中的①点电位 V_1 及②点电位 V_2 的大小。

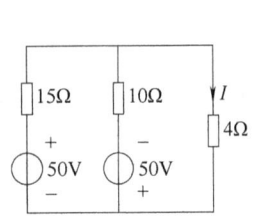 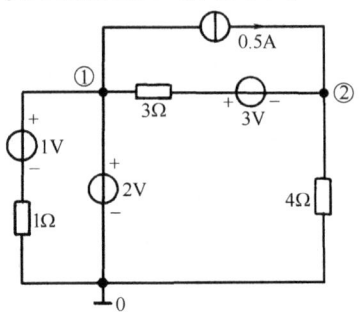

图 2-42　题 2-42 图　　　　　　　　　图 2-43　题 2-43 图

2-44　求图 2-44 电路的节点①电位 V_1、节点②电位 V_2、节点③电位 V_3。

2-45　图 2-45 电路中，已知 $E_1 = E_2 = E_3 = 10\text{V}$、$I_s = 1\text{A}$、$R_1 = R_3 = 4\Omega$、$R_2 = 2\Omega$、$R_4 = 5\Omega$。试用弥尔曼定理，求恒流源 I_s 两端的电压 U_s。

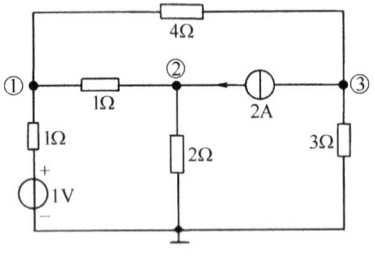 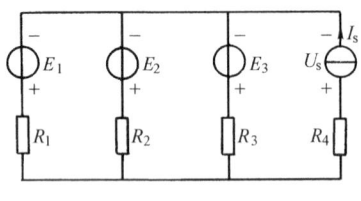

图 2-44　题 2-44 图　　　　　　　　　图 2-45　题 2-45 图

2-46　用叠加原理求图 2-46 电路中的 I_x。

2-47　用叠加原理计算图 2-47 所示电路中的 U_1，并求电流源的功率。

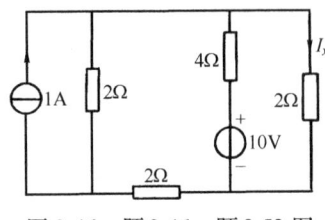 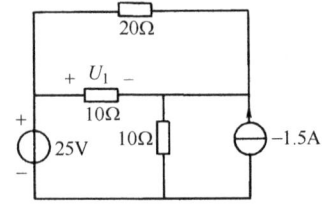

图 2-46　题 2-46、题 2-53 图　　　　　图 2-47　题 2-47、题 2-54 图

2-48 用叠加原理求图 2-48 中的电压 U_{AB} 和 U。

2-49 用叠加定理求图 2-49 中的电流 I。

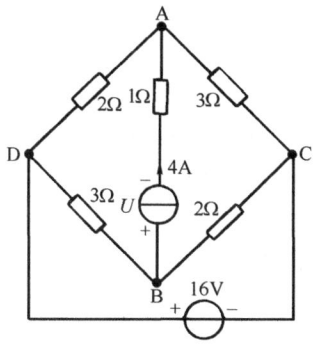

图 2-48 题 2-48 图

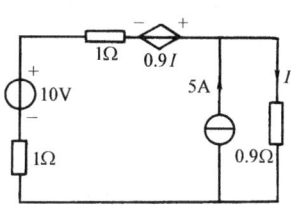

图 2-49 题 2-49、2-51 图

2-50 有一单口有源两端网络的开路电压为 15V，短路电流为 5A。试问：在端口接一个 $R=12\Omega$ 的电阻，求该电阻消耗的功率。

2-51 用戴维南定理求图 2-49 电路中的电流 I。

2-52 用戴维南定理求图 2-50 电路中的电压 U_{AB}。

2-53 用戴维南定理求图 2-46 电路中的 I_x。

2-54 用戴维南定理求图 2-47 电路中的电压 U_1。

2-55 用戴维南定理求图 2-51 中的 U_o。

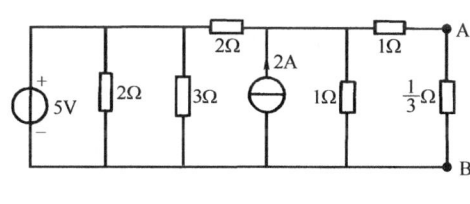

图 2-50 题 2-52

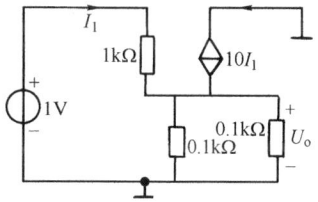

图 2-51 题 2-55 图

2-56 用戴维南定理求图 2-52 中的电流 I。

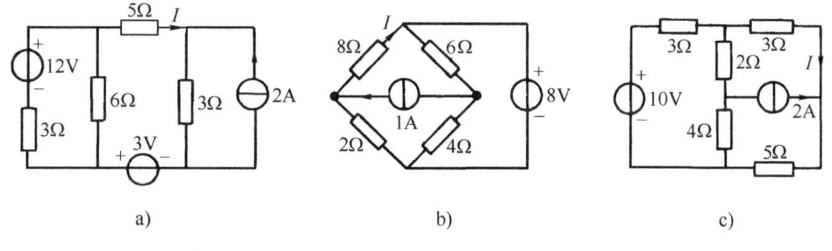

a)   b)   c)

图 2-52 题 2-56 图

2-57 在图 2-53 电路中，1) 用叠加原理求 U_o；2) 若使 $U_o=0$，试确定电流源的电流值。

2-58 用戴维南定理求图 2-54 电路中的 U_o。

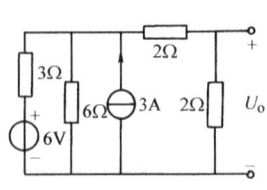

图 2-53　题 2-57 图

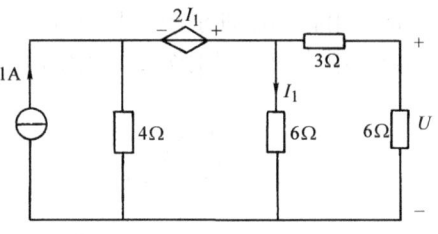

图 2-54　题 2-58 图

2-59　用戴维南定理求图 2-55 电路中 2Ω 电阻中的电流 I_1。

2-60　用戴维南定理求图 2-56 中的 I。

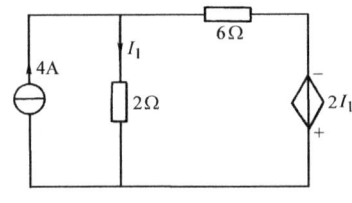

图 2-55　题 2-59 图

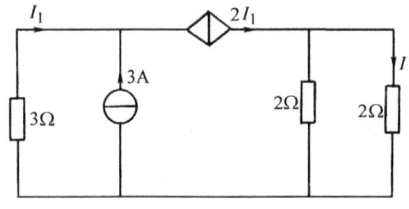

图 2-56　题 2-60 图

2-61　用诺顿定理求图 2-57 电路中的 I。

2-62　应用叠加定理求图 2-58 所示电路中的电压 u_2。

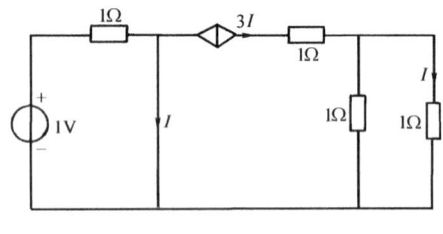

图 2-57　题 2-61 图

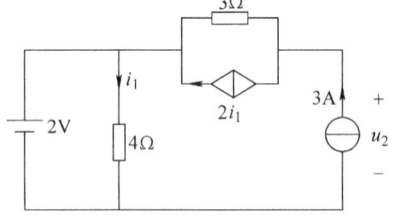

图 2-58　题 2-62 图

2-63　用叠加定理求图 2-59 所示电路中的电压 $U = ?$

2-64　试用叠加定理求图 2-60 所示电路中的电流 I。

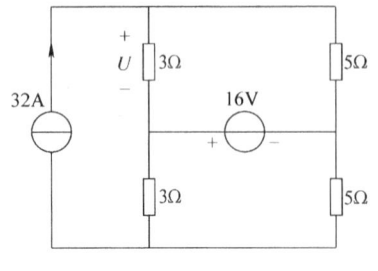

图 2-59　题 2-63 图

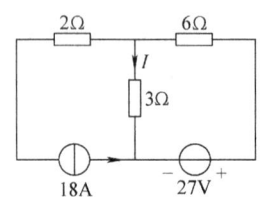

图 2-60　题 2-64 图

2-65　应用戴维南定理求图 2-61 所示各电路中的电流 I。

2-66　用戴维南定理求图 2-62 所示电路中的电压 U。

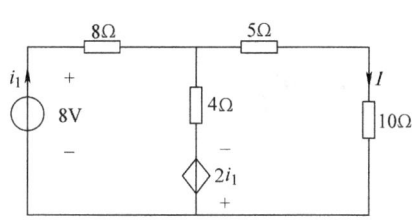

图 2-61 题 2-65 图

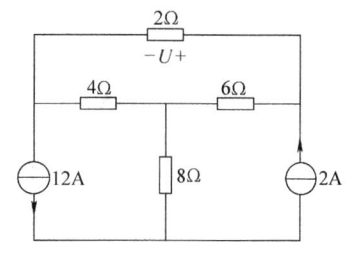

图 2-62 题 2-66 图

2-67 图 2-63 所示电路中，N_s 为线性含源二端网络，由图 2-63a 测得 A、B 两点间电压为 9V，若按图 2-63b 所示连接，测得电流 $I = 1A$，试求电路连接如图 2-63c 所示时的电流 I。

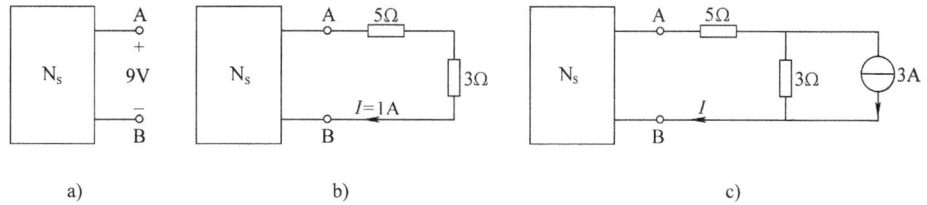

a) b) c)

图 2-63 题 2-67 图

2-68 用 EDA 求解题 2-35。
2-69 用 EDA 求解题 2-44。
2-70 用 EDA 求解题 2-49。
2-71 用 EDA 求解题 2-52。
2-72 用 EDA 求解题 2-53。

答　案

2-1 c) 2-2 b) 2-3 a) 2-4 a) 2-5 c) 2-6 b) 2-7 b) 2-8 b) 2-9 a) 2-10 b)
2-11 b) 2-12 a) 2-13 a) 2-14 c) 2-15 a) 2-16 b) 2-17 b) 2-18 a) 2-19 b)
2-20 a) 2-21 a) 2-22 c) 2-23 a) 2-24 a) 2-25 a) 2-26 a) 2-27 b) 2-28 c)
2-29 b) 2-30 $-\dfrac{21}{5}$V 2-31 0.125A 2-32 $U = -3.33$V, $I = 0.25$A 2-33 3A
2-34 $U_{AB} = 11.25$V 2-35 6.25V 2-36 0.5A 2-37 0.1A
2-38 $I_1 = 1A$ $I_2 = 1A$ $I_3 = 5A$ $I_4 = 3A$
2-39 $I_1 = 4A$ $I_2 = 10A$ $I_3 = 12A$ $U_1 = 80V$, $P_{U1} = 560W$ $U_2 = 60V$ $P_{IS} = 1080W$
2-40 $I_1 = 6A$ $I_2 = -1A$ $I_3 = 7A$ $I_4 = 3A$ 2-41 10V 2-42 $-1A$ 2-43 $V_1 = 2V$ $V_2 = \dfrac{2}{7}V$
2-44 $V_1 = 1V$, $V_2 = 2V$, $V_3 = -3V$ 2-45 1V 2-46 $I_x = 1.5A$ 2-47 $U_1 = 16V$ $P = 13.5W$
2-48 $U_{AB} = 12.8V$, $U = -16.8V$ 2-49 10A 2-50 12W 2-51 10A 2-52 0.5V
2-53 $I_x = 1.5A$ 2-54 16V 2-55 $\dfrac{11}{31}V$ 2-56 a) 0.5A b) $-0.6A$ c) $-0.6A$ 2-57 10/3V
2-58 $U = 1.5V$ 2-59 $I_1 = 2.4A$ 2-60 3A 2-61 $\dfrac{3}{8}A$ 2-62 8V 2-63 54V 2-64 $-9A$
2-65 0.064A 2-66 10V 2-67 2A

第3章 正弦交流电路

解 题 概 要

1. 正弦电压和电流是按正弦规律周期性变化的，其参考方向代表正半周时的方向。在负半周时，由于所标的参考方向与实际方向相反，故其值为负。

2. 正弦量的三要素是频率（f，T，ω）、幅值（最大值、有效值）和初相位。

3. 应熟练掌握正弦量的 6 种表示形式及其相互变换。这 6 种表示形式是瞬时值三角函数式、波形图、相量图、复代数式、复指数式和复极坐标式。复代数式适于正弦量的加、减运算，复指数式和复极坐标式适于正弦量的乘除运算，正弦量的相量图表示是相量图分析方法的基础。

4. 在正弦量激励下，电路元件 R、L、C 的伏安特性、功率损耗及能量转换关系是正弦稳态电路分析的基础。R、L、C 三元件的有效值和相量伏安关系为

$$U_{\mathrm{R}} = RI_{\mathrm{R}}$$

$$U_{\mathrm{L}} = X_{\mathrm{L}}I_{\mathrm{L}} = \omega L I_{\mathrm{L}} = 2\pi f L I_{\mathrm{L}}$$

$$U_{\mathrm{C}} = X_{\mathrm{C}}I_{\mathrm{C}} = \frac{1}{\omega C}I_{\mathrm{C}} = \frac{1}{2\pi f C}I_{\mathrm{C}}$$

$$\dot{U}_{\mathrm{R}} = R\,\dot{I}_{\mathrm{R}}$$

$$\dot{U}_{\mathrm{L}} = Z_{\mathrm{L}}\dot{I}_{\mathrm{L}} = \mathrm{j}X_{\mathrm{L}}\dot{I}_{\mathrm{L}} = \mathrm{j}\omega L\,\dot{I}_{\mathrm{L}} = \mathrm{j}2\pi f L\,\dot{I}_{\mathrm{L}}$$

$$\dot{U}_{\mathrm{C}} = Z_{\mathrm{C}}\dot{I}_{\mathrm{C}} = -\mathrm{j}X_{\mathrm{C}}\dot{I}_{\mathrm{C}} = -\mathrm{j}\frac{1}{\omega C}\dot{I}_{\mathrm{C}} = \frac{1}{\mathrm{j}2\pi f C}\dot{I}_{\mathrm{C}}$$

在正弦电路中，电阻 R 总是消耗功率，转换为热能散掉。其瞬时功率 $p = ui \geqslant 0$，其平均功率 $P = IU = I^2 R = U^2/R$。电感 L 和电容 C 的瞬时功率按正弦规律周期性变化，因而平均功率 $P = 0$，但它们与电源和它们相互间存在能量交换，其交换的规模用无功功率 Q 表示。对电感元件 $Q_{\mathrm{L}} = U_{\mathrm{L}}I_{\mathrm{L}} = I_{\mathrm{L}}^2 X_{\mathrm{L}} = U_{\mathrm{L}}^2/X_{\mathrm{L}}$，对电容元件 $Q_{\mathrm{C}} = -U_{\mathrm{C}}I_{\mathrm{C}} = -I_{\mathrm{C}}^2 X_{\mathrm{C}} = -U_{\mathrm{C}}^2/X_{\mathrm{C}}$。

5. 要熟练掌握正弦稳态电路分析的相量模型法和相量图法。相量模型法是把原电路模型变成相量模型，在保持原电路结构前提下，电路变量 U、u 用 $\dot{U}$ 代替，I、i 用 $\dot{I}$ 代替，E、e 用 $\dot{E}$ 代替；元件参数 R 保持不变，X_{L} 用 $\mathrm{j}X_{\mathrm{L}}$ 代替，X_{C} 用 $-\mathrm{j}X_{\mathrm{C}}$ 代替，即可得相量模型。求解相量模型中的电路变量 $\dot{U}$、$\dot{I}$、$\dot{E}$ 时可当作直流电阻电路去求解，所学过的定律、定理和电路分析方法皆可应用。

相量图法是用作图的方法分析求解正弦稳态电路，这种方法可直观地反映同频率正弦量间大小和相位关系，把正弦稳态电路的求解问题转化为平面几何的求解问题。作相量图时，对串联电路选电流 $\dot{I}$ 为参考正弦量，并联电路选电压 $\dot{U}$ 为参考正弦量。

6. 电气设备的功率因数 $\cos\varphi$ 用其有功功率与视在功率之比表示，即

$$\cos\varphi = \frac{P}{S}$$

提高功率因数的意义是可充分利用电源设备的视在功率并减小输电线路中的电能损耗，具有不可忽视的经济意义。对于感性负载可在其近端并联电容器进行功率因数补偿，在已知负载（R、L 串联电路）的额定功率 P、额定电压 U（包括角频率 ω）和额定功率因数 $\cos\varphi_{R_L}$ 的情况下，为使功率因数提高到 $\cos\varphi$ 应并联的电容 C 的值可按下式计算：

$$C = \frac{P}{\omega U^2}(\tan\varphi_{R_L} - \tan\varphi)$$

7. 含 R、L、C 的无源二端网络，当端口电压和电流相位相同时，该网络即发生谐振。对于 R、L、C 串联电路，调节激励源电压 U 的频率或改变 L（或 C）的值时，可使电路发生谐振，谐振频率为

$$f_0 = \frac{1}{2\pi\sqrt{LC}}$$

谐振时电路呈现最小的纯阻性阻抗 $|Z| = R$ 和最大的谐振电流 $I_0 = U/R$；电感 L 和电容 C 的两端产生高电压为

$$U_{L0} = U_{C0} = QU$$

因而又称串联谐振为电压谐振；电感和电容元件的无功功率是激励源提供的有功功率的 Q 倍，即 $I_0U_{L0} = I_0U_{C0} = I_0QU = QI_0^2R$。

R、L、C 并联电路发生谐振时，谐振频率与串联谐振相同 $f_0 = 1/(2\pi\sqrt{LC})$；电路呈现最大的纯阻性阻抗 $|Z| = R$ 和最小的谐振电流 $I_0 = U/R$，电感支路电流 I_{L0} 与电容支路电流 I_{C0} 相等，即 $I_{L0} = I_{C0} = U/X_{L0} = U/X_{C0}$，电路消耗的有功功率 $P = U^2/R$，电容和电感元件上的无功功率是 $U^2/X_{L0} = -U^2/X_{C0}$。

谐振电路是特殊条件下的正弦稳态电路，仍可用相量模型法和相量图法进行分析。

例 题 解 析

例 3-1　已知工频电源电压 $U = 220\text{V}$，电源频率为 50Hz，在瞬时值为 $+150\text{V}$ 时开始作用于电路，试写出该电压的瞬时表达式（两种可能），并画出波形图和相量图。

解　由已知条件知：

$$u(0) = 220\sqrt{2}\sin\psi \quad \text{V} = 150\text{V}$$

所以　$\psi = \arcsin\left(\dfrac{150}{220\sqrt{2}}\right) = 28.82°$

$\psi' = 180° - 28.82° = 151.18°$

故该电压表达式为

$$u = 220\sqrt{2}\sin(314t + 28.82°)\text{V}$$

$$u' = 220\sqrt{2}\sin(314t + 151.18°)\text{V}$$

其波形图和相量图如图 3-1a、b 所示。

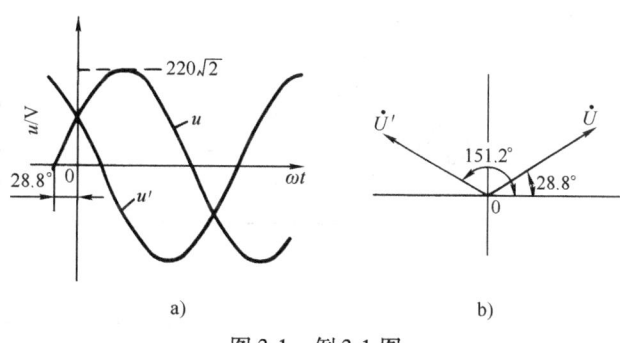

图 3-1　例 3-1 图

例3-2　在图3-2a所示电路中，已知$R_1 = 6\Omega$、$R_2 = 8\Omega$、$C_1 = 0.5 \times 10^{-3}$F、$C_2 = 1/6 \times 10^{-3}$F、$L = 8$mH、$u_s = 100\sqrt{2}\sin\omega t$　V。求电压u_{ab}。（$\omega = 10^3$rad/s）

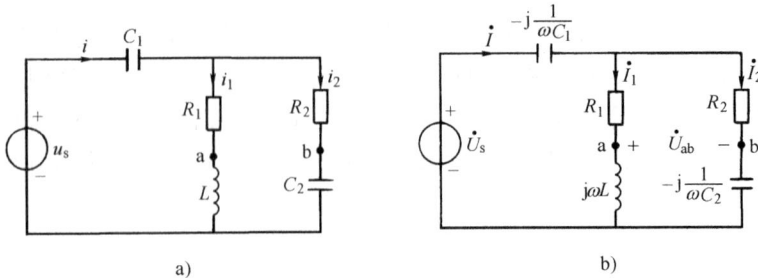

a)　　　　　　　　　　　　　b)

图3-2　例3-2图

解　作原电路的相量模型如图3-2b所示。

令 $Z_1 = R_1 + j\omega L = (6 + j \times 10^3 \times 8 \times 10^{-3})\Omega = (6 + j8)\Omega = 10\underline{/53.1°}\,\Omega$

$$Z_2 = R_2 - j\frac{1}{\omega C_2} = \left[8 - j\frac{1}{10^3 \times \frac{1}{6} \times 10^{-3}}\right]\Omega = (8 - j6)\Omega = 10\underline{/-36.9°}\,\Omega$$

$$Z_{C1} = -j\frac{1}{\omega C_1} = -j\frac{1}{10^3 \times 0.5 \times 10^{-3}}\Omega = (-j2)\Omega$$

则该电路的等效复阻抗为

$$Z = Z_{C1} + \frac{Z_1 Z_2}{Z_1 + Z_2} = \left[-j2 + \frac{(6 + j8)(8 - j6)}{6 + j8 + 8 - j6)}\right]\Omega = 5\sqrt{2}\underline{/-8.1°}\,\Omega$$

总电流　　　　　　　$\dot{I} = \dfrac{\dot{U}_s}{Z} = \dfrac{100\underline{/0°}}{5\sqrt{2}\underline{/-8.1°}}A = 10\sqrt{2}\underline{/8.1°}\,A$

支路电流　　　　　$\dot{I}_1 = \dfrac{Z_2}{Z_1 + Z_2}\dot{I} = \dfrac{8 - j6}{14 + j2} \times 10\sqrt{2}\underline{/8.1°}\,A = 10\underline{/-36.9°}\,A$

$$\dot{I}_2 = \frac{Z_1}{Z_1 + Z_2}\dot{I} = \frac{6 + j8}{14 + j2} \times 10\sqrt{2}\underline{/8.1°}\,A = 10\underline{/53.1°}\,A$$

所以　　　　$\dot{U}_{ab} = j\omega L\dot{I}_1 - \left(-j\dfrac{1}{\omega C_2}\right)\dot{I}_2 = (j8 \times 10\underline{/-36.9°} + j6 \times 10\underline{/53.1°})V = (j100)V$

$$u_{ab} = 100\sqrt{2}\sin(10^3 t + 90°)\,V$$

例3-3　求图3-3a所示电路的戴维南等效电路。

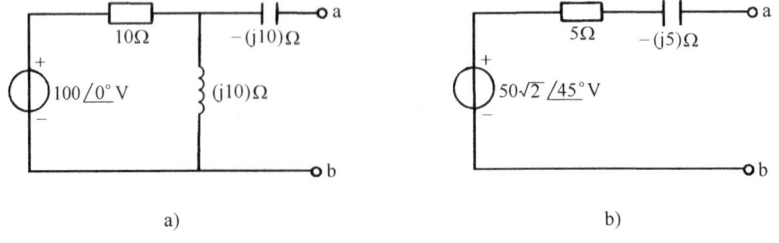

a)　　　　　　　　　　　　b)

图3-3　例3-3图

解　原电路已是相量模型的形式，先求开路电压。

$$\dot{U}_{ab} = \frac{j10}{10 + j10} \times 100\underline{/0°}\,V = 50\sqrt{2}\underline{/45°}\,V$$

再求入端复阻抗

$$Z_{ab} = \left(-j10 + \frac{10 \times j10}{10 + j10}\right)\Omega = 5\sqrt{2}\underline{/-45°}\,\Omega$$

戴维南等效电路如图 3-3b 所示。

例 3-4　用电压表测得图 3-4 中各电压为 $U = 100V$，$U_1 = 171V$，$U_2 = 240V$，已知 $Z_2 = (j60)\,\Omega$。求阻抗 Z_1，并说明其性质。

解　因是串联电路，设电流 $\dot{I}$ 为参考相量，依已知条件

$$\dot{I} = \frac{|\dot{U}_2|}{|Z_2|}\underline{/0°} = \frac{240}{60}\underline{/0°}\,A = 4\underline{/0°}\,A$$

则

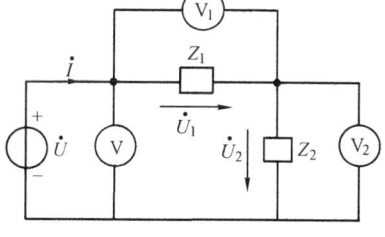

$$\dot{U}_2 = Z_2\dot{I} = (j60 \times 4\underline{/0°})\,V = 240\underline{/90°}\,V$$

$$\dot{U}_1 = 171\underline{/\varphi_1}\,V$$

$$\dot{U}_s = 100\underline{/\varphi}\,V$$

由 KVL 得

图 3-4　例 3-4 图

$$\dot{U}_s = \dot{U}_1 + \dot{U}_2$$

即

$$100\underline{/\varphi} = 171\underline{/\varphi_1} + 240\underline{/90°}$$

只要解得 φ_1，可知 $\dot{U}_1$，Z_1 就可求出。利用欧拉公式，由上式可得

$$100\cos\varphi = 171\cos\varphi_1$$

$$100\sin\varphi = 171\sin\varphi_1 + 240$$

解得

$$\varphi_1 = -69.42°$$

$$\varphi_1' = -180° - (-69.42°) = -110.58°$$

故得

$$Z_1 = \frac{\dot{U}_1}{\dot{I}} = \frac{171\underline{/-69.42°}}{4\underline{/0°}}\Omega = 42.75\underline{/-69.42°}\,\Omega$$

$$= (15.03 - j40.02)\,\Omega$$

阻抗 Z_1 为容性。

另一解答 $Z_1 = (-15.03 - j40.02)\,\Omega$，实部为负值，相当于负电阻，通常不考虑。

例 3-5　求图 3-5a 所示相量模型中 $\dot{U}_1$ 与 $\dot{U}_2$ 的相位关系。

解法 1

$$\dot{U}_1 = R\dot{I} = RI\underline{/\varphi_i} = U_1\underline{/\varphi_1}$$

$$\dot{U}_2 = -\left(-j\frac{1}{\omega C}\right)\dot{I} = j\frac{1}{\omega C}\dot{I} = \frac{1}{\omega C}\underline{/90°}I\underline{/\varphi_i} = \frac{1}{\omega C}\underline{/90° + \varphi_i} = U_2\underline{/\varphi_2}$$

则 u_2 与 u_1 的相位差为

$$\varphi = \varphi_2 - \varphi_1 = 90° + \varphi_i - \varphi_i = 90°$$

即 u_2 超前 u_1 90°。

解法 2　利用相量图求解，所示电路为 RC 串联电路，取电流 $\dot I$ 为参考相量，如图 3-5b 所示，电阻 R 上的电压 $\dot U_1$ 应与 $\dot I$ 同相，其长度表示为 IR；电容上的电压 $\dot U_2$ 因参考方向与电流 $\dot I$ 相反，故 $\dot U_2$ 超前 $\dot I$ 90°，其长度表示为 $I/(\omega C)$。由相量图可知 u_2 超前 u_1 90°。

例 3-6　在图 3-6a 所示电路中，已知 $L = 0.025\mathrm{H}$，$u = 100\sin 400t\ \mathrm{V}$，当 $t =$（π/800）s 瞬时，$u_\mathrm{L} = 35.4\mathrm{V}$。试求：

1）电阻 R；

2）电流 i；

3）$t =$（π/800）s 时电路的瞬时功率 p。

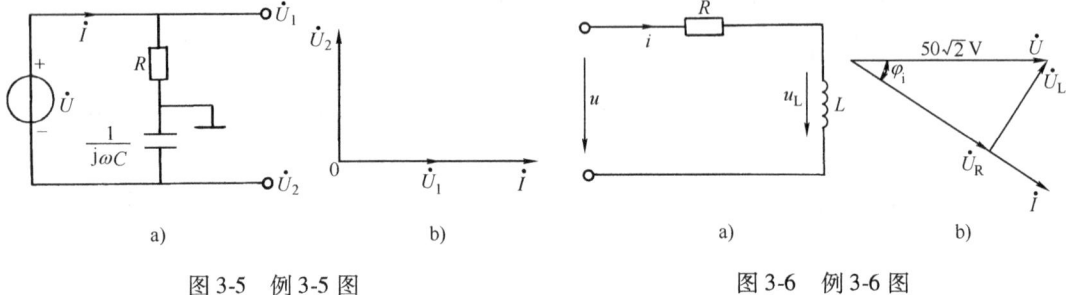

图 3-5　例 3-5 图　　　　　　　　图 3-6　例 3-6 图

解

1）电压 $\dot U = 50\sqrt2\underline{/0°}\ \mathrm V$ 为参考相量，可作该电路的相量图如图 3-6b 所示。由相量图知电感上电压有效值：

$$U_\mathrm{L} = 50\sqrt2\sin\varphi_\mathrm{i}\ \mathrm V$$

由已知条件知：

$$u_\mathrm{L}\left(\frac{\pi}{800}\right) = \sqrt2 U_\mathrm{L}\sin\left(400\frac{\pi}{800} + \frac{\pi}{2} - \varphi_\mathrm{i}\right)$$

$$= \sqrt2 U_\mathrm{L}\sin\varphi_\mathrm{i} = 35.4\mathrm V$$

即

$$U_\mathrm{L} = \frac{35.4\mathrm V}{\sqrt2\sin\varphi_\mathrm{i}}$$

可解得 　　　　　　　　　　$\varphi_\mathrm{i} = 36.5°$，$U_\mathrm{L} = 42.1\mathrm V$

由阻抗三角形可得

$$R = \frac{\omega L}{\tan36.5°} = \frac{400 \times 0.025}{0.74}\Omega = 13.5\Omega$$

2）电流 i 的有效值

$$I = \frac{U_\mathrm{L}}{\omega L} = \frac{42.1}{10}\mathrm A = 4.21\mathrm A$$

则：　　　　　$i = \sqrt2 \times 4.21\sin（400t - 36.5°）\ \mathrm A = 5.95\sin（400t - 36.5°）\ \mathrm A$

3）当 $t = \dfrac{\pi}{800}$ s 时

$$u\left(\frac{\pi}{800}\right) = 100\sin\left(400 \times \frac{\pi}{800}\right)\mathrm V = 100\mathrm V$$

$$i\left(\frac{\pi}{800}\right) = 5.95\sin 53.5°\mathrm{A} = 4.78\mathrm{A}$$

$$p\left(\frac{\pi}{800}\right) = u\left(\frac{\pi}{800}\right)i\left(\frac{\pi}{800}\right) = (100 \times 4.78)\mathrm{W} = 478\mathrm{W}$$

例 3-7　试求图 3-7a 所示电路入端阻抗。

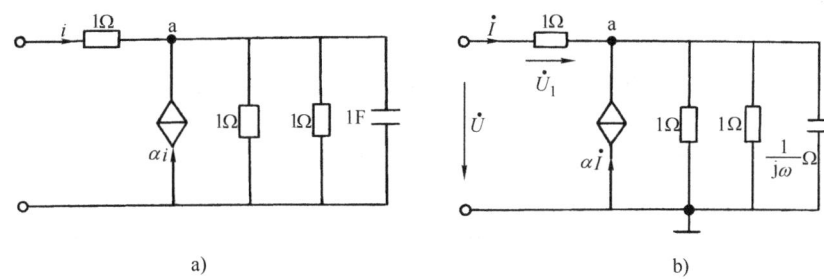

图 3-7　例 3-7 图

解法 1　作原电路的相量模型如图 3-7b 所示。设输入端外接电压 $\dot{U}$，则依节点电压法有

$$\dot{U}_{\mathrm{a}} = \frac{\dot{U} + \alpha\dot{I}}{(3 + \mathrm{j}\omega)\mathrm{S}}$$

又有

$$\dot{U}_{\mathrm{a}} = (\dot{U} - \dot{I} \times 1\Omega)$$

由上两式可求得输入端阻抗为

$$Z = \frac{\dot{U}}{\dot{I}} = \frac{3 + \alpha + \mathrm{j}\omega}{2 + \mathrm{j}\omega}\Omega$$

解法 2

设 $\dot{I} = 1\mathrm{A}$，则 $\dot{U}_1 = 1\mathrm{V}$。又因

$$\dot{U} = \dot{U}_1 + \frac{\dot{I}_1 + \alpha\dot{I}_1}{2 + \mathrm{j}\omega} = \left(1 + \frac{1 + \alpha}{2 + \mathrm{j}\omega}\right)\mathrm{V} = \frac{3 + \alpha + \mathrm{j}\omega}{2 + \mathrm{j}\omega}\mathrm{V}$$

所以

$$Z = \frac{\dot{U}}{\dot{I}} = \frac{3 + \alpha + \mathrm{j}\omega}{2 + \mathrm{j}\omega}\Omega$$

例 3-8　电路如图 3-8 所示，已知 $Z = (10 + \mathrm{j}50)\Omega$，$Z_1 = (400 + \mathrm{j}1000)\Omega$，如果要求 $\dot{I}_1$ 与 $\dot{U}_{\mathrm{s}}$ 的相位差为 90°。求受控电流源的控制系数 β 应为多大。

解　由 KCL 和 KVL 有

$$\dot{I} = \dot{I}_1 + \beta\dot{I}_1$$

$$\dot{U}_{\mathrm{s}} = Z\dot{I} + Z_1\dot{I}_1$$

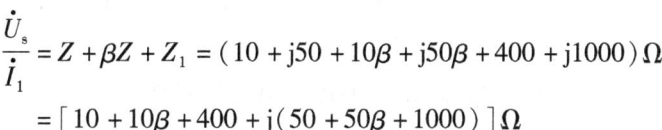

图 3-8　例 3-8 图

可得：

$$\frac{\dot{U}_{\mathrm{s}}}{\dot{I}_1} = Z + \beta Z + Z_1 = (10 + \mathrm{j}50 + 10\beta + \mathrm{j}50\beta + 400 + \mathrm{j}1000)\Omega$$

$$= [10 + 10\beta + 400 + \mathrm{j}(50 + 50\beta + 1000)]\Omega$$

要使 $\dot{I}_1$ 与 $\dot{U}_s$ 的相位差为 90°，必须使上式复数的实部为零（注：$\dot{U}_s / \dot{I}_1$ 本无意义，这里利用其比值仍为一复数确定二者相位关系，若其比值虚部为零，则二者同相），即得：$10 + 10\beta + 400 = 0$

所以

$$\beta = -41$$

最后有

$$\frac{\dot{U}_s}{\dot{I}_1} = \{ j[50 + 50 \times (-41) + 1000] \}\Omega = (-j1000)\Omega$$

电压 $\dot{U}_s$ 落后电流相位角 $\dot{I}$ 90°。

例 3-9 在图 3-9a 所示电路中，$u = \sqrt{2}\sin\omega t$ kV，Z_1、Z_2 两负载的功率及功率因数为：$P_1 = 10\text{kW}$、$\cos\varphi_1 = 0.8$（容性）和 $P_2 = 15\text{kW}$、$\cos\varphi_2 = 0.6$（感性）。1）求电流 i_1、i_2、i；2）说明该电路呈何性质；3）画出相量图（含电压及各电流）。

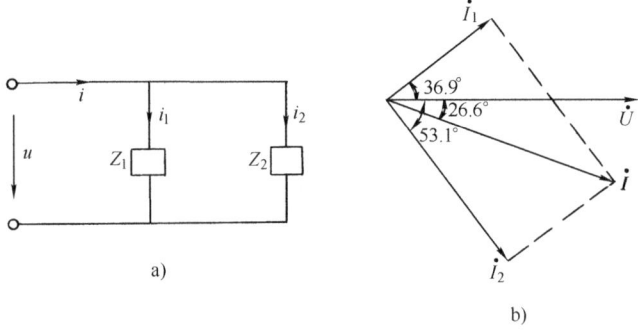

图 3-9 例 3-9 图

解

1）求电流 i_1、i_2 和 i。

由 $P = UI\cos\varphi$

则

$$I_1 = \frac{P_1}{U_1\cos\varphi_1} = \frac{10}{1 \times 0.8}\text{A} = 12.5\text{A}$$

由 $\cos\varphi_1 = 0.8$（容性）得 $\varphi_1 = 36.9°$，所以

$$i_1 = 12.5\sqrt{2}\sin(\omega t + 36.9°)\text{A}$$

$$\dot{I}_1 = (12.5\underline{/+36.9°})\text{A} = (10 + j7.5)\text{A}$$

同理可求

$$i_2 = 25\sqrt{2}\sin(\omega t - 53.1°)\text{A}$$

$$\dot{I}_2 = 25\underline{/-53.1°}\text{A} = (15 - j20)\text{A}$$

所以

$$\dot{I} = \dot{I}_1 + \dot{I}_2 = (10 + j7.5 + 15 - j20)\text{A} = 28\underline{/-26.6°}\text{A}$$

$$i = 28\sqrt{2}\sin(\omega t - 26.6°)\text{A}$$

2）因电流 i 滞后电压 u 相位角 26.6°，所以该电路呈感性。

3）相量图如图 3-9b 所示。

例 3-10　在图 3-10 所示电路中，已知 $i = 2.82\sqrt{2}\sin 314t$ A，$R = 60\Omega$，$L = 0.255\text{H}$。1）若在 R、L 串联电路两端并联 $C = 11.3\mu\text{F}$ 的电容器，求此时总电流有效值 I'；2）求并联电容器前、后电路的功率因数。

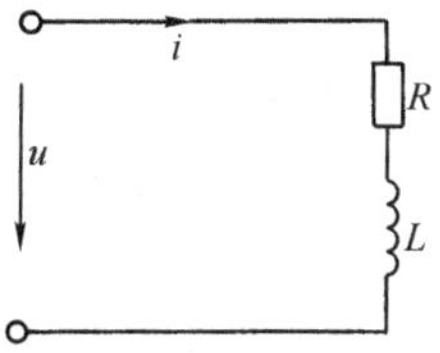

解

1）　$Z_{R_L} = R + j\omega L = (60 + j314 \times 0.255)\Omega = (60 + j80)\Omega$

$\qquad = 100\underline{/53°}\Omega$

图 3-10　例 3-10 图

$$Z_C = -j\frac{1}{\omega C} = -j\frac{1}{314 \times 11.3 \times 10^{-6}}\Omega = (-j282)\Omega = 282\underline{/-90°}\Omega$$

$$Z = \frac{Z_{R_L}Z_C}{Z_{R_L} + Z_C} = \frac{100\underline{/53°} \times 282\underline{/-90°}}{60 + j80 - j282}\Omega = \frac{28200\underline{/-37°}}{211\underline{/-73°}}\Omega$$

$$= 133.6\underline{/36°}\Omega$$

$$I' = \frac{U}{|Z|} = \frac{I|Z_{R_L}|}{|Z|} = \frac{28.2 \times 100}{133.6}\text{A} = 2.1\text{A}$$

2）并联电容 C 前、后的功率因数分别为

$$\cos 53° = 0.6$$

$$\cos 36° = 0.8$$

例 3-11　已知某感性负载施加电压 $u = 220\sqrt{2}\sin 314t$ V 时的有功功率 $P = 7.5\text{kW}$，无功功率 $Q = 5.5\text{kvar}$，试求该感性负载的功率因数及其串联和并联等效参数。

解

1）感性负载的功率因数为

$$\cos\varphi = \frac{P}{\sqrt{P^2 + Q^2}} = \frac{7.5}{\sqrt{7.5^2 + 5.5^2}} = 0.81$$

2）串联等效电路的电流为

$$I = \frac{P}{U\cos\varphi} = \frac{7.5 \times 10^3}{220 \times 0.81}\text{A} = 42.1\text{A}$$

则

$$R = \frac{P}{I^2} = \frac{7.5 \times 10^3}{42.1^2}\Omega = 4.2\Omega$$

由

$$\frac{U}{I} = \frac{220}{42.1}\Omega = \sqrt{R^2 + (\omega L)^2} = \sqrt{(4.2)^2 + (314L)^2}\Omega$$

得

$$L = 9.8\text{mH}$$

所以感性负载的串联等效参数为 $R = 4.2\Omega$，$L = 9.8\text{mH}$。

3）若感性负载为 R、L 并联形式，则

$$R = \frac{220^2}{7.5 \times 10^3}\Omega = 6.5\Omega$$

$$X_L = \omega L = \frac{U^2}{Q} = \frac{220^2}{5.5 \times 10^3}\Omega$$

$$L = \frac{220^2}{314 \times 5.5 \times 10^3}\text{H} = 28\text{mH}$$

例 3-12　已知有 100 只额定功率为 40W 功率因数为 0.5（感性）的荧光灯与 40 只额定功率为 100W 的白炽灯并联在 220V 的正弦交流电源上，试求该电路的总电流 I 及总功率因数 $\cos\varphi$。

解　100 只荧光灯中的电流

$$I_{R_L} = 100 I_{R_{L1}} = 100 \times \frac{P_{R_{L1}}}{220\cos\varphi_{R_{L1}}} = \frac{40 \times 100}{220 \times 0.5}\text{A} = 36.4\text{A}$$

40 只白炽灯中的电流

$$I_R = 40\frac{P_R}{U} = 40 \times \frac{100}{220}\text{A} = 18.2\text{A}$$

又知 $\varphi_{R_L} = \arccos 0.5 = 60°$，则

$$\dot{I}_{R_L} = 36.4\underline{/-60°} = (18.2 - j31.5)\text{A}$$

而

$$\dot{I} = \dot{I}_R + \dot{I}_{R_L} = (18.2 + 18.2 - j31.5)\text{A}$$
$$= 48.1\underline{/-40.9°}\text{A}$$

所以总电流 $I = 48.1$A，总功率因数 $\cos\varphi = \cos 40.9° = 0.76$。

例 3-13　在图 3-11a 所示电路中，$u = 100\sqrt{2}\sin 314t$ V，电流有效值 $I = I_C = I_L$，电路消耗功率 $P = 866$W，求 i_L、i_C、i。

解　以电压 u 为参考正弦量，作相量图，$\dot{I}_C$、$\dot{I}_L$ 和 $\dot{I}$ 组成等边三角形，如图 3-11b 所示。

由 $P = UI\cos\varphi = 866$W

得：
$$I = \frac{866}{100\cos 30°}\text{A} = 10\text{A}$$

所以
$$i = 10\sqrt{2}\sin(314t + 30°)\text{A}$$
$$i_L = 10\sqrt{2}\sin(314t - 30°)\text{A}$$
$$i_C = 10\sqrt{2}\sin(314t + 90°)\text{A}$$

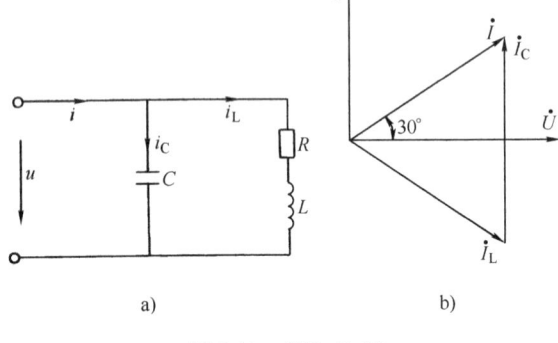

图 3-11　例 3-13 图

例 3-14　在图 3-12 所示电路中，若 $\omega L = 1/(\omega C)$，试证电阻支路的电流 I 与 R 无关。

证明　电路的总阻抗

$$Z = -jX_C + \frac{R \times jX_L}{R + jX_L} = \frac{-jX_C(R + jX_L) + jRX_L}{R + jX_L} = \frac{X_L X_C}{R + jX_L}$$

总电流为

$$\dot{I}_C = \frac{\dot{U}}{Z} = \frac{\dot{U}}{\dfrac{X_L X_C}{R + jX_L}} = \frac{R + jX_L}{X_L X_C}\dot{U}$$

电阻支路电流为

$$\dot{I} = \dot{I}_C\frac{jX_L}{R + jX_L} = \frac{R + jX_L}{X_L X_C}\frac{jX_L}{R + jX_L}\dot{U} = j\frac{\dot{U}}{X_C}$$

电阻支路电流有效值为

$$I = \frac{U}{X_C}$$

与 R 无关，证毕。

例 3-15　电路如图 3-13 所示，若无论电源频率为何值，电压 u 与电流 i 都保持同相，则电路参数应满足什么条件？

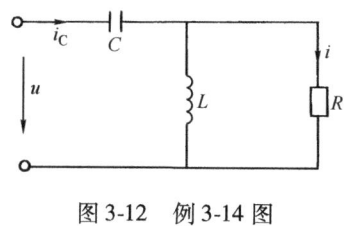

图 3-12　例 3-14 图

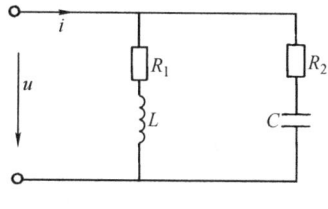

图 3-13　例 3-15 图

解　当电路的入端阻抗 Z 为纯电阻 R 时，在任意频率下 u 与 i 同相，即电路处于谐振状态。由此有

$$Z = \frac{(R_1 + j\omega L)\left(R_2 - j\dfrac{1}{\omega C}\right)}{R_1 + R_2 + j\omega L - j\dfrac{1}{\omega C}} = R$$

展开得

$$R_1 R_2 + \frac{L}{C} + j\left(R_2\omega L - \frac{R_1}{\omega C}\right) = R(R_1 + R_2) + jR\left(\omega L - \frac{1}{\omega C}\right)$$

要使上式成立，须使等号两边的实部与实部相等，虚部与虚部相等，即

$$R_1 R_2 + \frac{L}{C} = R(R_1 + R_2) \tag{1}$$

$$R_2\omega L - \frac{R_1}{\omega C} = R\omega L - \frac{R}{\omega C} \tag{2}$$

要使式（2）对任意频率均成立，需有

$$R_1 = R_2 = R$$

将其代入式（1）得

$$R = \sqrt{\frac{L}{C}}$$

可见当 $R_1 = R_2 = \sqrt{L/C}$ 时，并联电路的总阻抗即为纯电阻，与 ω 无关。这说明该网络对任意频率的信号都发生谐振，故称该电路为恒振电路。

例 3-16　图 3-14 所示电路中，$R = 10\Omega$，$L = 250\mu H$，C_1、C_2 为可调电容，先调节 C_1 使并联部分在 $f_1 = 10^4 Hz$ 时的阻抗达到最大，然后再调节 C_2，使整个电路在 $f_2 = 0.5 \times 10^4 Hz$ 时的阻抗最小。求：

1）电容 C_1 和 C_2 的值；

2）当外加电压 $U = 1V$，且 $f = 10^4 Hz$ 时，电流 $\dot{I}$、$\dot{I}_C$ 和 $\dot{I}_L$。

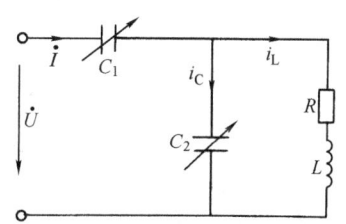

图 3-14　例 3-16 图

解

1）依题意，当 $f_1 = 10^4 \text{Hz}$ 时，电路发生并联谐振，并联部分的复导纳为

$$Y_1 = \frac{1}{R + \mathrm{j}\omega_1 L} + \mathrm{j}\omega_1 C_1 = \frac{R}{R^2 + (\omega_1 L)^2} - \mathrm{j}\left(\frac{\omega_1 L}{R^2 + (\omega_1 L)^2} - \omega_1 C_1\right)$$

谐振时有

$$\frac{\omega_1 L}{R^2 + (\omega_1 L)^2} - \omega_1 C_1 = 0$$

可求得

$$C_1 = \frac{L}{R^2 + (\omega_1 L)^2} = \frac{250 \times 10^{-6}}{10^2 + (2 \times 3.14 \times 10^4 \times 250 \times 10^{-6})^2} \text{F} = 0.722 \mu\text{F}$$

当 $f_2 = 0.5 \times 10^4 \text{Hz}$ 时，电路发生串联谐振，电路总阻抗为

$$Z = -\mathrm{j}\frac{1}{\omega_2 C_2} + \frac{1}{\mathrm{j}\omega_2 C_1 + \frac{1}{R + \mathrm{j}\omega_2 L}} = \left(-\mathrm{j}\frac{1}{\omega_2 C_2} + \frac{R + \mathrm{j}\omega_2 L}{\mathrm{j}\omega_2 C_1 \ (R + \mathrm{j}\omega_2 L) \ + 1}\right)$$

而

$$\omega_2 L = 2 \times 3.14 \times 0.5 \times 10^4 \times 250 \times 10^{-6} \Omega = 7.85 \Omega$$

$$\omega_2 C_1 = 2 \times 3.14 \times 0.5 \times 10^4 \times 0.722 \times 10^{-6} \text{S} = 0.023 \text{S}$$

代入上式得

$$Z = \left[13.81 + \mathrm{j}\left(5.693 - \frac{1}{\omega_2 C_2}\right)\right]$$

谐振时有

$$\left(5.693\Omega - \frac{1}{\omega_2 C_2}\right) = 0$$

可求得

$$C_2 = \frac{1}{5.693 \times 2 \times 3.14 \times 0.5 \times 10^4} \text{F} = 5.59 \mu\text{F}$$

2）设 $\dot{U} = 1\underline{/0°}\text{V}$，因 $f = f_1 = 10^4 \text{Hz}$，所以此时电路发生并联谐振，电路总阻抗为

$$Z = -\mathrm{j}\frac{1}{\omega C_2} + \frac{1}{Y_1} = -\mathrm{j}\frac{1}{\omega C_2} + \frac{R^2 + (\omega L)^2}{R}$$

$$= \left(-\mathrm{j}\frac{1}{2 \times 3.14 \times 10^4 \times 5.59 \times 10^{-6}} + \frac{10^2 + (2 \times 3.14 \times 10^4 \times 250 \times 10^{-6})^2}{10}\right)\Omega$$

$$= (34.649 - \mathrm{j}2.85)\Omega = 34.766\underline{/-4.7°}\Omega$$

所以

$$\dot{I} = \frac{\dot{U}}{Z} = \frac{1}{34.766\underline{/-4.7°}}\text{mA} = 28.8\underline{/4.7°}\text{mA}$$

$$\dot{U}_1 = \frac{R^2 + (\omega L)^2}{R}\dot{I} = 34.649 \times 28.8\underline{/4.7°} \times 10^{-3}\text{V} = 1\underline{/4.7°}\text{V}$$

$$\dot{I}_\mathrm{C} = \mathrm{j}\omega C_1 \dot{U}_1 = 2 \times 3.14 \times 10^4 \times 0.722 \times 10^{-6}\underline{/94.7°}\text{mA} = 45.3\underline{/94.7°}\text{mA}$$

$$\dot{I}_\mathrm{L} = \frac{\dot{U}_1}{R + \mathrm{j}\omega L} = \frac{1\underline{/4.7°}}{10 + \mathrm{j}2 \times 3.14 \times 10^4 \times 250 \times 10^{-6}}\text{mA} = \frac{1\underline{/4.7°}}{10 + \mathrm{j}15.7}\text{mA} = \frac{1\underline{/4.7°}}{18.614\underline{/57.5°}}\text{mA}$$

$$= 53.7\underline{/-52.8°}\text{mA}$$

例 3-17　试用 EDA 软件研究 R、L、C 串联谐振电路的特性。已知 $R = 0.1\text{k}\Omega$，$C = 0.1\mu\text{F}$，$L = 10\text{mH}$，信号源 $u_i = 100\sqrt{2}\sin10000\pi t\text{V}$。要求：1）用一只虚拟多用表和多个单刀双掷开关设计出能测量以下各量的仿真电路：回路电流 I，各点间电压 U_{12}、U_{13}、U_{14}、U_{23}、U_{24}、U_{34} 的值；2）通过改变单刀双掷开关测量上述各量的值，并列表（各测量值、理论计算式，计算值、绝对误差）与理论计算值相比较，分析误差原因；3）观测 u_i 与电容两端电压 u_C 的波形，并解释其大小和相位关系上的含义。

解　用 EDA 软件对正弦稳态电路进行机辅分析和设计的题目，要求学生对所作题目从题目要求、仿真电路、测量值、测量波形、仿真分析、理论分析和计算值、误差分析、心得体会以及班级、姓名、学号、日期等以 word 文件形式自行设计版面，存盘打印后交作业。按上述要求，下面对例 3-17 作出解题示范，供参考，希望学生作得更好。

沈 阳 工 业 大 学

电工技术机辅分析与设计作业题

班级　　　　姓名　　　　学号　　　　成绩

年　　　月　　　日

题目　试用 EWB 软件研究 RLC 串联谐振电路的特性。已知条件和要求如题目所选。

解　1）根据题目要求创建图 3-15 所示的仿真电路。图中用了单刀双掷开关共 5 个，分别命名（并由相应的键控制）为 F、G、H、J、K。通过这 5 个开关的组合，可测量题目要求的各量的值。

2）当开关 F 掷于空档，开关 G 掷于信号源上端，开关 H 掷于点 1，其他开关任意状态时，多用表将串入被测电路中，当选择测量交流电流后，按仿真开关，电流表显示测量值为 1A，如图 3-15 所示；当将开关 F 和 G 掷于信号源上端即点 1，开关 H 和 J 掷于点 2 时，多用表并联于点 1、2 两端，选择测量交流电压挡后按仿真开关，电压表显示 $U_{12} = 100\text{V}$。按此方法可测得其他电压值。按题目要求将仿真测量值与理论计算值相比较，列表如表 3-1 所示。表中各值由学生经测量和计算后填入。

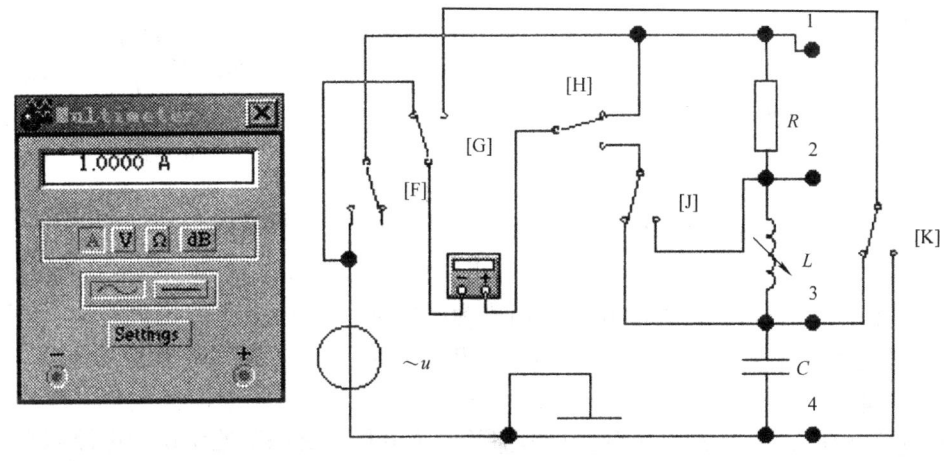

图 3-15　RLC 串联谐振仿真电路

表 3-1　RLC 串联谐振电路参量表

被测量	测量值	计算式	理论值	绝对误差
I		$I = U_i / R$		
U_{12}		$U_{12} = IR$		
U_{13}		$U_{13} = I\sqrt{R^2 + X_L^2}$		
U_{14}		$U_{14} = I\sqrt{R^2 + (X_L - X_C)^2}$		
U_{23}		$U_{23} = IX_L$		
U_{24}		$U_{24} = I(X_L - X_C)$		
U_{34}		$U_{34} = IX_C$		

误差分析：学生在填好上表后分析产生误差的原因，分析如下。

在确定该软件的仿真精度完全达到要求的前提下，测量值与理论值产生误差的原因在于给定参数并没有使电路达到理论上的谐振状态，由给定参数可得

$$\omega L = 2\pi f L = 314.2\Omega$$

$$1/(\omega C) = 1/(2\pi f C) = 318.3\Omega$$

两者并不相等。若信号源频率和电感 L 确定，根据谐振条件

$$2\pi f_0 L = \frac{1}{2\pi f_0 C}$$

可得电容 $C = 0.1013\mu F$，而电路中取 $0.1\mu F$，故各测量值与理论值产生误差，可通过改变电感或电容值的方法（如用一固定电感和一个可变电感相串联）使其工作在趋于理想的谐振状态。显然应使电感值减小或电容值增加才行。还可通过改变信号源频率的方法（频率增加，L、C 不变）使其趋于理想谐振状态。

3）用虚拟示波器可观测到信号源电压 u_i 与电容 C 两端电压 u_C 的波形，如图 3-16 所示。由图可知：

①u_C 与 u_i 的最大值或有效值与品质因数 Q 的关系是

$$\frac{U_{Cm}}{U_{im}} = \frac{U_C}{U_i} = Q$$

而

$$Q = \frac{\omega_0 L}{R}$$

因此可通过改变 R 值而改变 Q 值和电容端电压 U_C 的值。

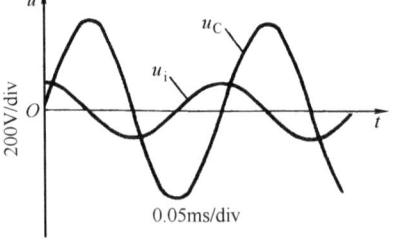

图 3-16　例题 3-17 波形图

②u_C 在相位上滞后 u_i 相位角 90°，这时因为谐振时，$u_R = u_i$，回路电流 $i = u_R/R$ 与 u_i 同相位，u_C 与 u_i 的相位关系即是与回路电流 i 的相位关系，故 u_C 滞后 u_i 相位角 90°。

4）心得体会

①通过用 EDA 软件对 RLC 串联谐振电路的机辅分析，更深刻地认识到电路状态，电路变量与电路参数的内在关系，例如对谐振条件、谐振电电抗元件上的电压、品质因数等有了更深刻的理解。

②与纸上谈兵式的作业相比，大大提高了学习的效率。EDA 软件提供的庞大的元件库和常规的虚拟仪器，使每次作业都像在实验室做了一次专题研究，而比实际实验的效率高、重复性好，不必担心元件、仪器和设备的损坏问题，可较好地实现理论与实践的结合，无形中培养了学生探索与创新的能力。

例 3-18　试用 EDA 软件研究上题 RLC 串联谐振电路的频率特性（选频特性）。要求：

1）画出用虚拟扫频仪（频率特性测试仪）测量不同 R 值（Q 值）时的幅频特性和相频特性的仿真电路；

2）观测不同 R（Q）值时的幅频特性曲线与相频特性曲线，确定它们的上限频率 f_h、下限频率 f_l 和通频带 BW；

3）试设计一个谐振频率 f_0 = 880kHz（沈阳广播电台频率），通频带宽度为 BW = 12.6kHz 的 RLC 串联选频电路，确定 R、L、C 的值。

解　作业的格式和版面设计学生自己完成，这里从略。

1）用虚拟扫频仪测量 RLC 串联谐振电路频率特性的仿真电路如图 3-17 所示。

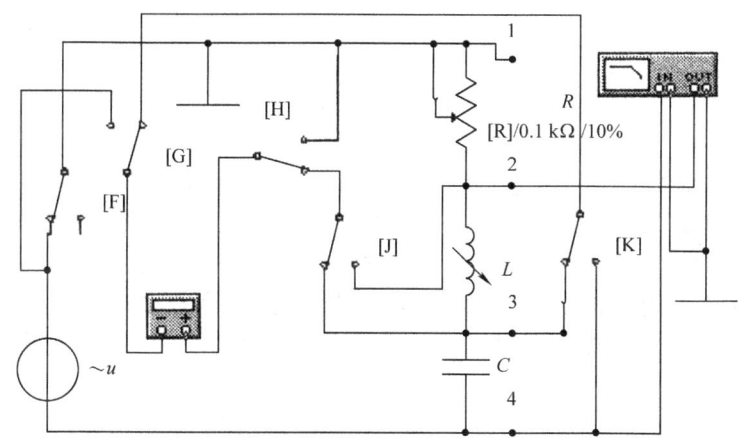

图 3-17　例题 3-18 仿真电路

2）串联谐振电路的频率特性主要是指回路中电流的频率特性，即

$$\dot{I}(j\omega) = \frac{\dot{U}}{Z} = \frac{\dot{U}}{R + j(X_L - X_C)}$$

其幅频特性为

$$I = \frac{U}{\sqrt{R^2 + \left(\omega L - \dfrac{1}{\omega C}\right)^2}}$$

其相频特性为

$$\varphi = \arctan \frac{\omega L - \dfrac{1}{\omega C}}{R}$$

图 3-18 示出了不同 R 值（保持 L、C 不变）时的电流频率特性。

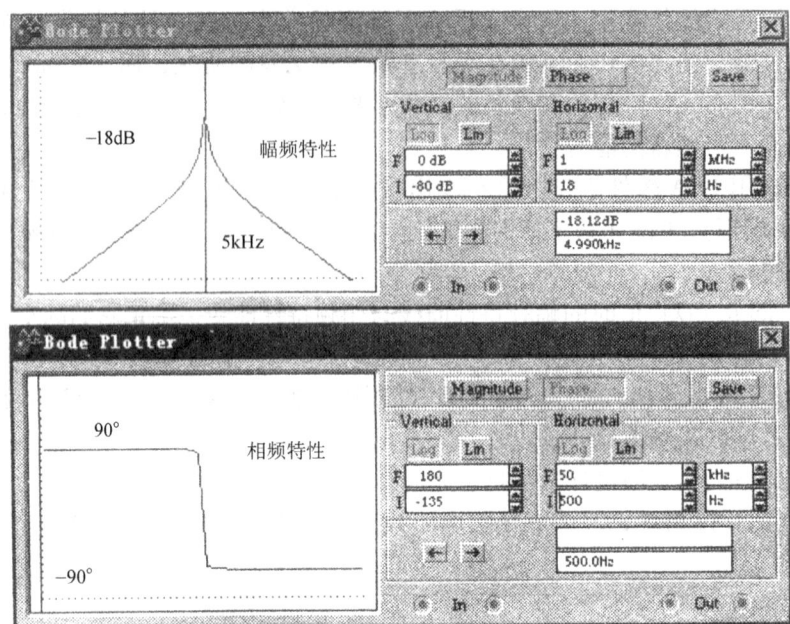

图 3-18　电流 I 的幅频特性与相频特性

　　用虚拟扫频仪测量时，应先在横轴选择合适的扫频范围，在纵轴选择合适的幅值或相位角范围，将被测电路的输入和输出接入扫频仪，按仿真开关，可观测被测电路的线性或对数幅频特性以及附加相移。改变频率（移动频率线）可测得扫频范围内任一频率（信频）下的幅值或分贝值以及附加相位角。据此学生可测得不同 R 和 Q 值时电流 I 的谐振频率 f_0、上限频率 f_h、下限频率 f_1 和通频带 BW，并列出测量表（由学生完成）。频率在 f_0 时，回路电流 I 最大为 I_0，当频率离开 f_0 时，电路失谐，I 下降，当频率增高使 I 下降到 I_0 的 70.7%（或 3dB）时的频率称为上限频率 f_h；当频率降低使 I 下降到 I_0 的 70.7%（或 3dB）时的频率称为下限频率 f_1；通频带 $BW = f_h - f_1$。

　　3）用 EDA 软件完成电路的计算机辅助设计（CAD），可使理论计算与实验调整相结合，缩短设计周期。

　　若设 $L = 0.3\text{mH}$，由

$$f_0 = \frac{1}{2\pi\sqrt{LC}} = \frac{1}{2 \times 3.14\sqrt{0.3 \times 10^{-3}C}}\text{Hz} = 880 \times 10^3\text{Hz}$$

得

$$C = 109\text{pF}$$

由

$$Q = \frac{f_0}{BW} = \frac{880 \times 10^3}{12.6 \times 10^3} = 69.8$$

则

$$R = \frac{2\pi f_0 L}{Q} = \frac{2 \times 3.14 \times 880 \times 10^3 \times 0.3 \times 10^{-3}}{69.8}\Omega = 24\Omega$$

上限频率

$$f_h \approx f_0 + \frac{1}{2}BW = 880 \times 10^3\text{Hz} + \frac{1}{2} \times 12.6 \times 10^3\text{Hz} = 886.3\text{kHz}$$

下限频率

$$f_1 \approx f_0 - \frac{1}{2}BW = 880 \times 10^3 \mathrm{Hz} - \frac{1}{2} \times 12.6 \times 10^3 \mathrm{Hz} = 873.7\mathrm{kHz}$$

通过虚拟扫频仪可进行实验调整，取 C 为可变电容（或固定电容与可变电容的组合），取 R 为可变电阻，在给定条件下可迅速确定电容 C 和电阻 R 的值。并可发现减小 R 值，增加 Q 值可提高电路的选频性能。

选　择　题

3-1　通常交流仪表测量的交流电流、电压值是（　　　）。

a）平均值　　　　　　　　b）有效值　　　　　　　　c）幅值

3-2　周期 $T = 1\mathrm{s}$、频率 $f = 1\mathrm{Hz}$ 的正弦波是（　　　）。

a）$4\cos314t$　　　　　b）$6\sin(5t + 17°)$　　　　c）$4\cos2\pi t$

3-3　周期 $T = 2\pi/5$、频率 $f = 5/(2\pi)\mathrm{Hz}$ 的正弦波是（　　　）。

a）$4\cos314t$　　　　　b）$6\sin(5t + 17°)$　　　　c）$4\cos2\pi t$

3-4　某正弦电压有效值为 $380\mathrm{V}$，频率为 $50\mathrm{Hz}$，在 $t = 0$ 时的值 $u(0) = 380\mathrm{V}$，该正弦电压的表达式为（　　　）。

a）$u = 380\sin314t\ \mathrm{V}$　　b）$u = 537\sin(314t + 45°)\ \mathrm{V}$　　c）$u = 380\sin(314t + 90°)\ \mathrm{V}$

3-5　已知 $u_{ab}(t) = 100\sin\left(2\pi t + \dfrac{\pi}{4}\right)\mathrm{V}$，当 $t = 0.5\mathrm{s}$ 时，$u_{ab}(0.5)$ 的值是（　　　）。

a）$70.7\mathrm{V}$　　　　　b）$-70.7\mathrm{V}$　　　　　c）$100\mathrm{V}$

3-6　已知 $u_{ab}(t) = 100\sin\left(2\pi t + \dfrac{\pi}{4}\right)\mathrm{V}$，当 $t = 0.5\mathrm{s}$ 时，$u_{ba}(0.5)$ 的值是（　　　）。

a）$70.7\mathrm{V}$　　　　　b）$-70.7\mathrm{V}$　　　　　c）$-100\mathrm{V}$

3-7　$u = 5\sin(6\pi t + 10°)\mathrm{V}$ 与 $i = 3\cos(6\pi t - 15°)\mathrm{A}$ 的相位差 $\varphi_u - \varphi_i$ 是（　　　）。

a）$25°$　　　　　　　　b）$-65°$　　　　　　　　c）$-25°$

3-8　$i_1 = 2\sin(314t + 10°)\mathrm{A}$ 与 $i_2 = -4\sin(314t + 95°)\mathrm{A}$ 的相位差 $\varphi_1 - \varphi_2$ 是（　　　）。

a）$95°$　　　　　　　　b）$-85°$　　　　　　　　c）$85°$

3-9　$i_1 = -9\sin314t\ \mathrm{A}$ 与 $i_2 = -6\cos(314t + 30°)\mathrm{A}$ 的相位差 $\varphi_1 - \varphi_2$ 是（　　　）。

a）$120°$　　　　　　　b）$-120°$　　　　　　　c）$-30°$

3-10　$u = 5\sin(\omega t + 5°)\mathrm{V}$ 与 $i = 5\sin(2\omega t - 5°)\mathrm{A}$ 的相位差 $\varphi_u - \varphi_i$ 是（　　　）。

a）$10°$　　　　　　　　b）$-10°$　　　　　　　　c）不定

3-11　$\dot{I} = \mathrm{e}^{\mathrm{j}90°}\ \mathrm{A}$ 的复代数表示式是（　　　）。

a）$\dot{I} = 1\underline{/90°}\ \mathrm{A}$　　　b）$\dot{I} = -\mathrm{j}\mathrm{A}$　　　c）$\dot{I} = \mathrm{j}\mathrm{A}$

3-12　与 $i = 5\sqrt{2}\sin(\omega t + 36.9°)\mathrm{A}$ 对应的电流相量 $\dot{I}$ 是（　　　）。

a）$(4 + \mathrm{j}3)\mathrm{A}$　　　　b）$(4 - \mathrm{j}3)\mathrm{A}$　　　　c）$(3 - \mathrm{j}4)\mathrm{A}$

3-13　下列各式错误的是（　　　）。

a）$i = 60\underline{/30°}\mathrm{A}$　　　b）$\dot{U} = 50\sin(\omega t + 45°)\mathrm{V}$　　c）$I = 6\mathrm{A}$

3-14　下列各式错误的是（　　　）。

a) $I = 10e^{j30°}$ A b) $I = 2\sin(314t + 10°)$ A c) $i = 10\sin\pi t$ A

3-15 下列各式正确的是( )。

a) $\dot{I} = 30e^{-30°}$ A b) $\dot{U} = (3 - j4)$ V c) $u = 5\sin(\omega t - 20°) = 5e^{-j20°}$ V

3-16 在电阻元件的正弦交流电路中，伏安关系正确的表示式是( )。

a) $u = iR$ b) $U = IR$ c) $\dot{U} = \dot{I}R$

3-17 在电阻元件的交流电路中，伏安关系表示错误的是( )。

a) $u = R\dfrac{di}{dt}$ b) $u = iR = \dot{I}R$ c) $\dot{U} = jR\dot{I}$

3-18 将正弦电压 $u = 8\sin(\omega t - 20°)$ V 加于 4Ω 的电阻上，则通过该电阻的电流 $i =$ ( )。

a) 2A b) $2\sin(\omega t - 20°)$ A c) $2\sin\omega t$ A

3-19 在电阻元件的正弦交流电路中，电阻元件消耗的平均功率是( )。

a) $p = ui \geqslant 0$ b) $P = 0$ c) $P = UI$

3-20 在电阻元件的正弦交流电路中，电阻元件消耗的瞬时功率是( )。

a) $p = ui$ b) $p = UI = I^2 R$ c) $p = 0$

3-21 在电阻元件的正弦交流电路中，该元件一周期内产生的热量可表示为( )。

a) uiT b) UIT c) $i^2 RT$

3-22 在正弦交流电路中电感元件的瞬时值伏安关系可表示为( )。

a) $u = iX_L$ b) $u = L\dfrac{di}{dt}$ c) $i = \dfrac{1}{L}\displaystyle\int_0^t u dt + i_0$

3-23 在正弦电路中电感元件的伏安关系正确的表达式有( )。

a) $U = X_L I$ b) $\dot{U} = jX_L \dot{I}$ c) $u = jX_L i$

3-24 在正弦电路中电感元件的伏安关系错误的表达式有( )。

a) $i = L\dfrac{du}{dt}$ b) $\dot{U} = X_L \dot{I}$ c) $\dot{U} = -jX_L I$

3-25 0.314H 的电感元件用在 50Hz 的正弦交流电路中所呈现的感抗值 $X_L =$ ( )。

a) 98.7Ω b) 0.01Ω c) 31.4Ω

3-26 若 $X_L = 5\Omega$ 的电感元件作用正弦电压 $u = 10\sin(\omega t + 30°)$ V，则通过该元件的电流 $i =$ ( )。

a) $2\sin(\omega t - 60°)$ A b) $50\sin(\omega t - 90°)$ A c) $2\sin(\omega t + 120°)$ A

3-27 电感元件在正弦电路中消耗的瞬时功率为( )。

a) $p = 0$ b) $p = UI = I^2 X_L$ c) $p = ui$

3-28 电感元件在正弦电路中消耗的平均功率为( )。

a) $P = UI$ b) $P = 0$ c) $P = ui$

3-29 电感元件在正弦电路中吸收的无功功率为( )。

a) $Q = 0$ b) $Q = ui$ c) $Q = UI = I^2 X_L$

3-30 电感 L 中流过的电流 $i = \sqrt{2}I\sin\omega t$ A，则 L 中的最大储能 W_L 可表示为( )。

a) LI^2 b) $\dfrac{1}{2}LI^2$ c) $2I^2 X_L$

3-31　在电感元件的正弦交流电路中，$L = 100\text{mH}$，$f = 50\text{Hz}$，$\dot{U} = 127\underline{/-30°}\text{V}$，则 $\dot{I} = ($　　$)$。

a) $4\underline{/-120°}\text{A}$　　　　　b) $4\underline{/120°}\text{A}$　　　　　c) $4\sin(314t - 120°)\text{A}$

3-32　正弦电路中电容元件的瞬时值伏安关系应表达为($\quad$)。

a) $u = jX_{\text{C}}i$　　　　　b) $i = C\dfrac{\text{d}u}{\text{d}t}$　　　　　c) $u = u_0 + \dfrac{1}{C}\displaystyle\int_0^t i\text{d}t$

3-33　正弦电路中电容元件的伏安关系用相量式表示应为($\quad$)。

a) $\dot{U} = X_{\text{C}}\dot{I}$　　　　b) $\dot{U} = jX_{\text{C}}\dot{I}$　　　　c) $\dot{U} = -jX_{\text{C}}\dot{I}$

3-34　$314\mu\text{F}$ 的电容元件用在 100Hz 的正弦交流电路中所呈现的容抗值 $X_{\text{C}} = ($　　$)$。

a) 0.197Ω　　　　b) 31.8Ω　　　　c) 5.1Ω

3-35　流过 0.5F 电容元件的电流是 $i = \sqrt{2}\sin(100t - 30°)\text{A}$，则电容端电压 $u = ($　　$)$。

a) $0.02\sqrt{2}\sin(100t - 120°)\text{V}$　　　　　　b) $0.02\sin(100t - 120°)\text{V}$

c) $0.02\sqrt{2}\sin(100t + 60°)\text{V}$

3-36　容抗 $X_{\text{C}} = 5\Omega$ 的电容元件作用 $\dot{U} = 10\underline{/30°}\text{V}$ 的正弦电压，则通过该元件的电流 $\dot{I} = ($　　$)$。

a) $50\underline{/-90°}\text{A}$　　　　b) $2\underline{/120°}\text{A}$　　　　c) $2\underline{/-60°}\text{A}$

3-37　电容元件在正弦电路中消耗的瞬时功率为($\quad$)。

a) $p = 0$　　　　　b) $p = UI = I^2 X_{\text{L}}$　　　　c) $p = ui$

3-38　电容元件在正弦电路中消耗的平均功率为($\quad$)。

a) $P = UI$　　　　b) $P = 0$　　　　c) $P = ui$

3-39　电容元件在正弦电路中吸收的无功功率为($\quad$)。

a) $Q = 0$　　　　b) $Q = ui$　　　　c) $Q = UI = I^2 X_{\text{C}}$

3-40　在 RC 串联电路中，电压与电流关系表达式正确的是($\quad$)。

a) $i = \dfrac{u}{|Z|}$　　　　b) $I = \dfrac{U}{R + X_{\text{C}}}$　　　　c) $I = \dfrac{U}{|Z|}$

3-41　在 RC 串联电路中，电压与电流关系表达式错误的是($\quad$)。

a) $U = U_{\text{R}} + U_{\text{C}}$　　　b) $u = iR + \dfrac{1}{C}\displaystyle\int i\text{d}t$　　　c) $\dot{U}_{\text{C}} = \dfrac{-j\dfrac{1}{\omega C}}{R + \dfrac{1}{j\omega C}}\dot{U}$

3-42　在电感与电容串联的正弦交流电路中，当 $X_{\text{L}} > X_{\text{C}}$ 时电路呈现为($\quad$)。

a) 电感性　　　　b) 电容性　　　　c) 不确定属性

3-43　在电感与电容并联的正弦交流电路中，当 $X_{\text{L}} > X_{\text{C}}$ 时电路呈现为($\quad$)。

a) 电感性　　　　b) 电容性　　　　c) 不确定属性

3-44　已知元件的复阻抗为 $Z = (3 - j4)\Omega$，便可知其为($\quad$)元件。

a) 电感性　　　　b) 电容性　　　　c) 电阻性

3-45　在交流电路中，复阻抗 Z 和阻抗角 φ_Z 可表示为($\quad$)。

a) $\dfrac{\dot{U}}{\dot{I}}$ 和 $\arctan\dfrac{X}{R}$　　　b) $\dfrac{U}{I}$ 和 $\arctan\dfrac{R}{|Z|}$　　　c) $\dfrac{u}{i}$ 和 $\arctan\dfrac{R}{X}$

3-46　已知并联支路电流 $i_{ab1} = 10\sqrt{3}\sin(\omega t + 30°)$ A,$i_{ab2} = 10\sin(\omega t - 60°)$ A,则总电流 $i_{ab} = ($　　$)$ A。

　　a) $20\sin\omega t$　　　　　　　b) $20\sin(\omega t - 30°)$　　　　　　c) $20\sqrt{2}\sin\omega t$

3-47　两个串联元件上的电压分别为 $u_{ab} = 400\sin\omega t$ V,$u_{bc} = -300\sin\omega t$ V,则总电压 $u_{ac} = ($　　$)$ V。

　　a) $100\sin\omega t$ V　　　　　　b) $500\sin\omega t$ V　　　　　　c) $700\sin\omega t$ V

3-48　在图 3-19 中,电压 U 和阻抗 $|Z|$ 应为(　　)。

　　a) $U = 16$V,$|Z| = 8\Omega$　　b) $U = 4$V,$|Z| = 2\Omega$　　　c) $U = \sqrt{136}$V,$|Z| = \sqrt{34}\Omega$

3-49　在图 3-20 中,电压 U 和阻抗 $|Z|$ 应为(　　)。

　　a) $U = 36$V,$|Z| = 18\Omega$　　b) $U = 36$V,$|Z| = \dfrac{80}{18}\Omega$　　　c) $U = 4$V,$|Z| = 2\Omega$

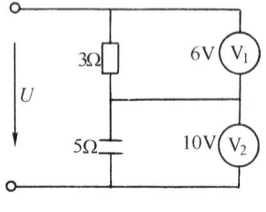

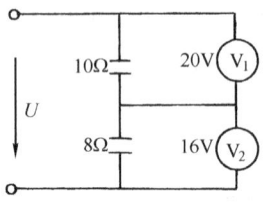

图 3-19　题 3-48 图　　　　　　　　　　　　　　图 3-20　题 3-49 图

3-50　在图 3-21 中,电流 I 和阻抗 $|Z|$ 应为(　　)。

　　a) $I = 8$A,$|Z| = 2\Omega$　　　b) $I = 8$A,$|Z| = 4\Omega$　　　c) $I = 4$A,$|Z| = 4\Omega$

3-51　在图 3-22 所示的正弦交流电路中,各电流的有效值关系为 $I = I_1 + I_2$,则 Z_1 与 Z_2 的关系为(　　)。

　　a) Z_1 与 Z_2 阻抗角相差 $90°$　　b) Z_1 与 Z_2 的阻抗角相等　　c) Z_1 与 Z_2 无约束条件

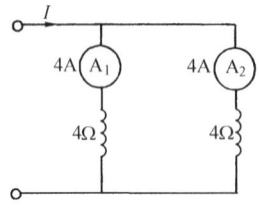

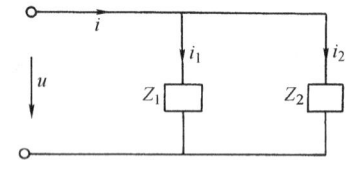

图 3-21　题 3-50 图　　　　　　　　　　　图 3-22　题 3-51、52、53 图

3-52　在图 3-22 所示的正弦交流电路中,各电流有效值关系可表示为 $I = \sqrt{I_1^2 + I_2^2}$ 的条件是(　　)。

　　a) 必须使 Z_1 和 Z_2 的阻抗角一者为 $0°$,一者为 $\pm 90°$　　b) Z_1 与 Z_2 的阻抗角相差 $\pm 90°$

　　c) Z_1 与 Z_2 无任何约束条件

3-53　在图 3-22 所示的正弦交流电路中,可无条件地表示各电流有效值 I、I_1 和 I_2 之间关系的唯有(　　)式。

　　a) $I = I_1 + I_2$　　　　　　　　b) $I = \sqrt{I_1^2 + I_2^2}$

　　c) $I = \left[\left(\sum\limits_{k=1}^{2} I_k\cos\varphi_k\right)^2 + \left(\sum\limits_{k=1}^{2} I_k\sin\varphi_k\right)^2\right]^{1/2}$

3-54　在图 3-23 所示的正弦交流电路中,使各电压有效值关系为 $U = U_1 + U_2$ 时,复阻抗 Z_1 与 Z_2 的关系是(　　)。

a) Z_1 与 Z_2 的阻抗角相差 180°　　　b) Z_1 与 Z_2 的阻抗角相等　　　c) Z_1 与 Z_2 的阻抗角相差 ±90°

3-55　在图 3-23 所示的正弦交流电路中,$Z_1 = |Z_1| \underline{/\varphi_1}$,$Z_2 = |Z_2| \underline{/\varphi_2}$,则可无条件地表示各电压有效值 U_1、U_2 与 U 之间关系的唯有(　　)式。

a) $U = U_1 + U_2$　　　　　　　　　b) $U = \sqrt{U_1^2 + U_2^2}$

c) $U = \left[(U_1\cos\varphi_1 + U_2\cos\varphi_2)^2 + (U_1\sin\varphi_1 + U_2\sin\varphi_2)^2 \right]^{1/2}$

3-56　有一 RLC 串联电路,已知 $R = X_L = X_C = 5\Omega$,端电压 $U = 10V$,则 $I = ($　　$)A$。

a) 2/3　　　　　　　　　　b) 1/2　　　　　　　　　　c) 2

3-57　在图 3-24 所示电路中,$X_L = X_C = R$,并已知安培计 A_1 的读数为 3A,则安培计 A_2、A_3 的读数应为(　　)。

a) 1A、1A　　　　　　　　b) 3A、0A　　　　　　　　c) $3\sqrt{2}A$、3A

3-58　图 3-25 所示电路的复阻抗 $Z_{ab} = ($　　$)$。

a) $(1 - j)\Omega$　　　　　　b) $(1 + j)\Omega$　　　　　　c) $\dfrac{2}{3}\Omega$

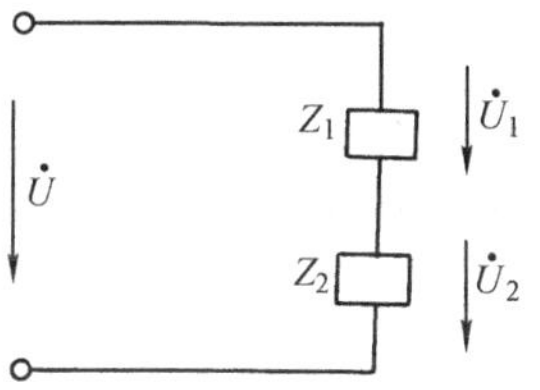

图 3-23　题 3-54、55 图 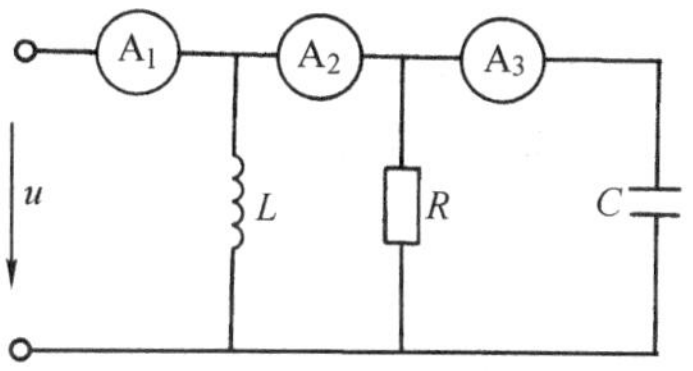　　　　　图 3-24　题 3-57 图 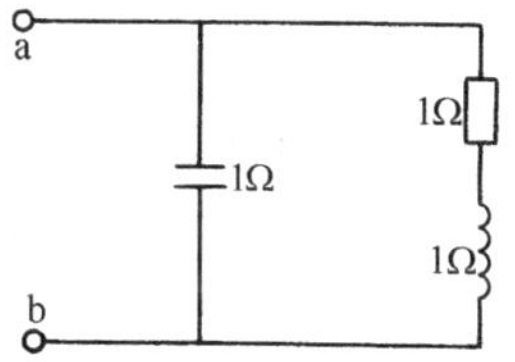　　　　　图 3-25　题 3-58 图

3-59　若某支路的复阻抗 $Z = (8 - j6)\Omega$,则其复导纳 $Y = ($　　$)S$。

a) $\left(\dfrac{1}{8} - j\dfrac{1}{6}\right)S$　　　　b) $(0.08 + j0.06)S$　　　　c) $(0.8 - j0.6)S$

3-60　已知元件的复导纳为 $Y = 0.1 \underline{/-30°} S$,可判断其为(　　)元件。

a) 电阻性　　　　　　　　b) 电感性　　　　　　　　c) 电容性

3-61　正弦交流电路的无功功率是表征该电路中储能元件的(　　)。

a) 瞬时功率　　　　　　　b) 储能量的大小　　　　　　c) 瞬时功率最大值

3-62　正弦交流电路的视在功率是表征该电路的(　　)。

a) 电压有效值与电流有效值乘积　　　b) 平均功率　　　　c) 瞬时功率最大值

3-63　正弦交流电路的视在功率 S,有功功率 P 与无功功率 Q 的关系为(　　)。

a) $S = P + Q_L - Q_C$　　　b) $S^2 = P^2 + Q_L^2 - Q_C^2$　　　c) $S^2 = P^2 + (Q_L - Q_C)^2$

3-64　某电路的电压 $\dot{U} = 173 \underline{/30°} V$,电流 $\dot{I} = 4 \underline{/90°} A$,则该电路的平均功率 $P = ($　　$)$。

a) 692W　　　　　　　　　b) 600W　　　　　　　　　c) 346W

3-65　提高供电电路的功率因数的意义有下列几种说法,其中正确的有(　　)。

a) 减少了用电设备中无用的无功功率　　　b) 减少了用电设备的有功功率,提高了电源设备的容量　　　c) 可以节省电能　　　d) 可减少电源向用电设备提供的视在功率

e) 可提高电源设备的利用率并减小输电线路中的损耗

3-66　在输电线较长的情况下,为提高供电电路功率因数而并联在感性负载上的电容应靠近(　　)。

　　a) 电源端　　　　　　　　b) 负载端　　　　　　　　c) 任意端

3-67　已知某用电设备的阻抗为 $|Z| = 7.07\Omega, R = 5\Omega$,则其功率因数为(　　)。

　　a) 0.5　　　　　　　　　　b) 0.6　　　　　　　　　　c) 0.707

3-68　对于感性负载,(　　)采用串联电容器的方法提高功率因数。

　　a) 可以　　　　　　　　　　b) 不可以

3-69　每支荧光灯的功率因数为 0.5,当 N 支荧光灯并联时,总的功率因数(　　);若再与 M 支白炽灯并联,则总功率因数(　　)。

　　a) 等于 0.5　　　　　　　　b) 大于 0.5　　　　　　　　c) 小于 0.5

3-70　图 3-26 所示电路正处于谐振状态,将开关 S 由 A 点置于 B 点后,电压表 V 的读数将(　　)。

　　a) 增大　　　　　　　　　　b) 减小　　　　　　　　　　c) 不变

3-71　RLC 串联谐振电路,若 $R < \omega_0 L = 1/(\omega_0 C)$,则电容电压 U_C 与电源电压 U 的关系为(　　)。

　　a) $U_C = U$　　　　　　　　b) $U_C > U$　　　　　　　　c) $U_C < U$

3-72　处于谐振状态的 RLC 串联电路,若增加电容 C 的值,则电路呈现出(　　)。

　　a) 电感性　　　　　　　　　b) 电容性　　　　　　　　　c) 电阻性

3-73　处于谐振状态的 RLC 串联电路,当电源频率升高时,电路将呈现出(　　)。

　　a) 电感性　　　　　　　　　b) 电容性　　　　　　　　　c) 电阻性

3-74　RLC 串联电路原处于容性状态,调节电源频率 f 使其谐振,则应使 f 值(　　)。

　　a) 增大　　　　　　　　　　b) 减小　　　　　　　　　　c) 经试探决定增减

3-75　为使 RLC 串联电路产生谐振,采用只改变电源频率或只改变电路参数 L(或 C)的方法,当电源电压 U 恒定时,这两种方法对谐振电流 I_0 的影响是(　　)。

　　a) 调频率法使 I_0 减小　　　b) 调入或 C 使 I_0 增大　　　c) 对 I_0 无影响

3-76　某感性负载串联电容后接额定电压 U_N,若所串联的电容使电路发生谐振,则负载所受的电压 U 与其额定电压 U_N 的关系是(　　)。

　　a) $U = U_N$　　　　　　　　b) $U > U_N$　　　　　　　　c) $U < U_N$

3-77　图 3-27 所示电路处于谐振状态,电流表 A 的读数应是(　　)。

　　a) $I_L + I_C$　　　　　　　　b) I　　　　　　　　　　　c) 0

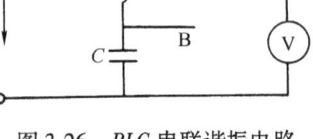

图 3-26　RLC 串联谐振电路

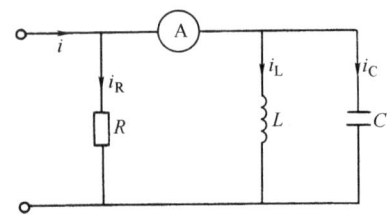

图 3-27　RLC 并联谐振电路

3-78 处于谐振状态的 *RLC* 并联电路若减小其 *R* 值,则电路将呈现(   )。

a) 电阻性   b) 电感性   c) 电容性

3-79 处于谐振状态的 *RLC* 并联电路若减小其 *L* 值,则电路将呈现(   )。

a) 电阻性   b) 电感性   c) 电容性

3-80 *RLC* 并联电路原处于感性状态,若保持电源频率不变,调节可变电容 *C* 使其发生谐振,则应使 *C* 值(   )。

a) 增大   b) 减小   c) 须经试探方知其增减

3-81 *RLC* 并联电路原处于容性状态,若调节电源频率 *f* 使其发生谐振,则应使 *f* 值(   )。

a) 增大   b) 减小   c) 须经试探方知其增减

3-82 在 *R*、*L* 并联的正弦交流电路中,$R=40\Omega$,$X_L=30\Omega$,电路的无功功率 $Q=480\text{var}$,则视在功率 *S* 为(   )。

a) $866\text{V}\cdot\text{A}$ b) $800\text{V}\cdot\text{A}$ c) $600\text{V}\cdot\text{A}$

3-83 图 3-28 电路中,$u_s=50\sin\omega t$ V,5Ω 电阻消耗的功率为 10W,则总电路的功率因数为(   )。

a) 0. 3   b) 0. 6   c) 0. 8

3-84 图 3-29 正弦交流电路中,$R=X_L=10\Omega$,欲使电路的功率因数 $\lambda=0.707$,则 X_C 为(   )。

a) 20Ω b) 10Ω c) 5Ω

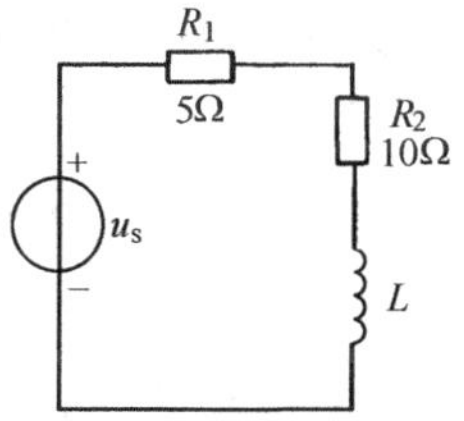

图 3-28 题 3-83 图

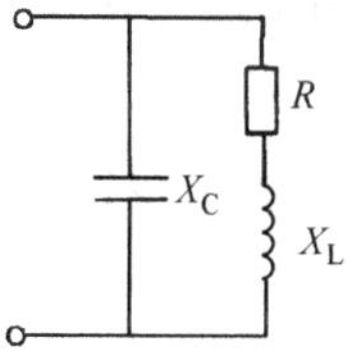

图 3-29 题 3-84 图

3-85 图 3-30 为两个正弦交流等效电路,已知 $R=9\Omega$,$R'=10\Omega$,$C=\dfrac{1}{6}\text{F}$,$C'=\dfrac{1}{60}\text{F}$,需施加的正弦信号的角频率 ω 为(   )。

a) 0. 32rad/s   b) 0. 11rad/s   c) 2rad/s

3-86 图 3-31 正弦电路中,$R=X_L=10\Omega$,$U_{AB}=U_{BC}$,且 $\dot{U}$ 与 $\dot{I}$ 同相,则复阻抗 *Z* 为(   )。

a) $(5+\text{j}5)\Omega$ b) $(5-\text{j}5)\Omega$ c) $10\angle45°\Omega$

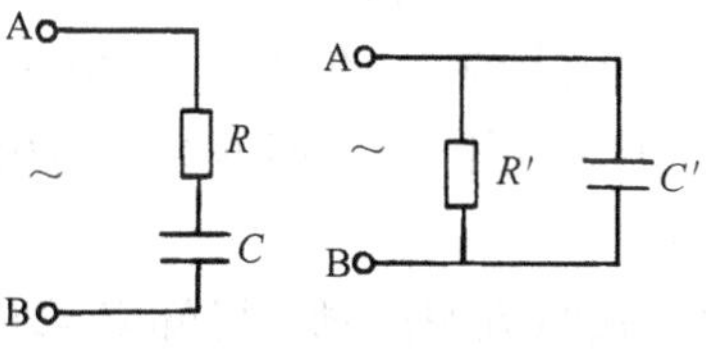

图 3-30 题 3-85 图

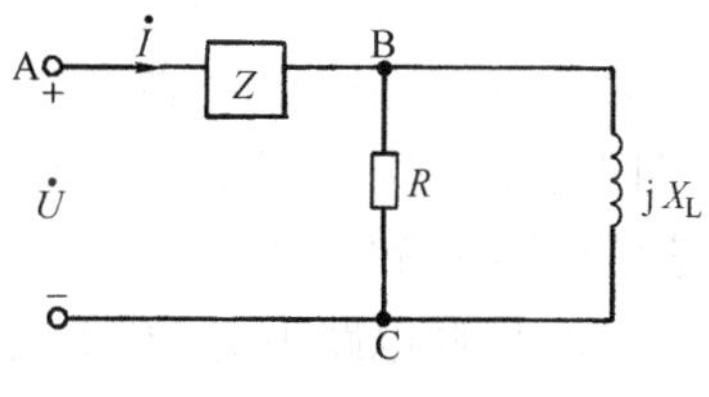

图 3-31 题 3-86 图

3-87　在 RLC 串联电路中,总电压 $u = 100\sqrt{2}\sin\left(\omega t + \dfrac{\pi}{6}\right)$ V,电流 $i = 10\sqrt{2}\sin\left(\omega t + \dfrac{\pi}{6}\right)$ A,
$\omega = 1000$ rad/s,$L = 1$H,则 R、C 分别为(　　)。

a) $10\Omega,1\mu F$　　　　　　　b) $10\Omega,1000\mu F$　　　　　　　c) $0.1\Omega,1000F$

3-88　图 3-32 电路中,电压有效值 $U_{AB} = 50$V、$U_{AC} = 78$V,则 X_L 为(　　)。

a) 28Ω　　　　　　　　　　b) 32Ω　　　　　　　　　　　c) 60Ω

3-89　图 3-33 正弦电路中,$Z = (40 + j30)\,\Omega$、$X_L = 10\Omega$,有效值 $U_2 = 200$V,则总电压有效值 U 为(　　)。

a) 178.9V　　　　　　　　　b) 226V　　　　　　　　　　c) 120V

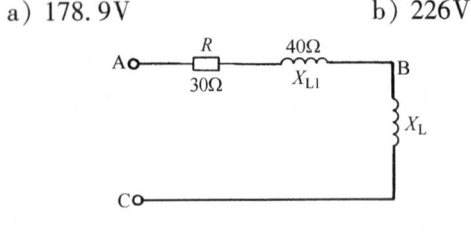

图 3-32　题 3-88 图

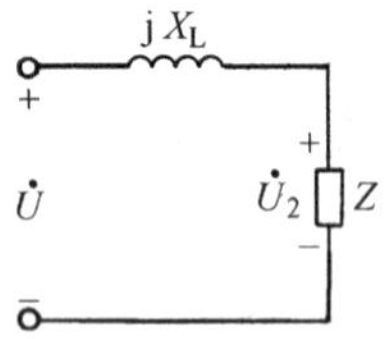

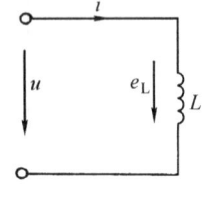

图 3-33　题 3-89 图

计　算　题

3-90　已知工频电源电压的有效值 $U = 220$V,在瞬时值为 $+220$V 时开始作用于电路,试写出该电压的瞬时表达式(两种可能),并画出波形图和相量图。

3-91　已知通过线圈的电流 $i = 10\sqrt{2}\sin 314t$ A,线圈的电感 $L = 70$mH(电阻忽略不计),设电源电压 u、电流 i 及感应电动势 e_L 的参考方向如图 3-34 所示,试分别计算 $t = T/6$,$t = T/4$ 和 $t = T/2$ 瞬间 i、u 和 e_L 的值,并用正弦波形表示出三者关系。

图 3-34　题 3-91 图

3-92　流过 0.5F 电容的电流 $i = \sqrt{2}\sin(100t - 30°)$A,求电容的端电压 u,并画相量图。

3-93　某 RC 串联电路,已知 $R = 8\Omega$、$X_C = 6\Omega$、总电压 $U = 10$V,试求电流 $\dot{I}$ 和电压 $\dot{U}_R$、$\dot{U}_C$,并画出相量图。

3-94　某 RL 串联电路,已知 $R = 50\Omega$、$L = 25\mu H$,若通过它的电流 $i = \sqrt{2}\sin(10^6 t + 30°)$ A,试求总电压 $\dot{U}$,并画出相量图。

3-95　图 3-35 为测量电感线圈参数 R 和 L 的电路,已知电压表、电流表、功率表(测线圈有功功率)的读数分别为 110V(50Hz)、5A、400W,试求 R 和 L。

3-96　图 3-36 为测量扬声器音圈电感 L 的电路,已知信号源 u 的频率 $f = 400$Hz,测量时调节电阻器 R,使开关 S 合于 1 或 2 端时电压表 V 的读数相同,此时测得 $R = 6\Omega$,求 L(设电压表的内阻为无穷大)。

3-97　RLC 串联电路由 $I_s = 0.1$A、$\omega = 5000$rad/s 的正弦恒流源激励,已知 $R = 20\Omega$,$L = 7$mH,$C = 10\mu F$,试求各元件电压 $\dot{U}_R$、$\dot{U}_L$、$\dot{U}_C$ 和总电压 $\dot{U}$,并画相量图。

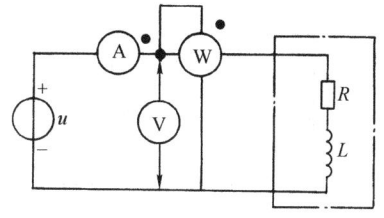

图 3-35　题 3-95 图

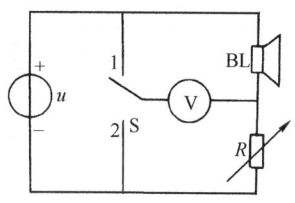

图 3-36　题 3-96 图

3-98　*RLC* 并联电路总电流 $I=3.4\text{A}$，试求总电压 U 和通过各元件电流 I_R、I_L、I_C，并画相量图。已知 $R=12.5\Omega$，$X_L=5\Omega$，$X_C=20\Omega$。

3-99　在图 3-37 所示各电路中，求未标出测量值的安培计（A）或伏特计（V）的读数。

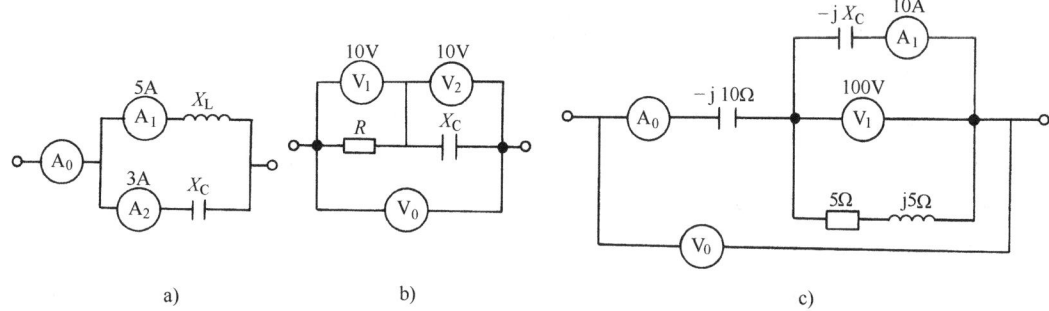

a)　　　　　　b)　　　　　　c)

图 3-37　题 3-99 图

3-100　已知图 3-38 电路中电流表 A_1、A_2、A_3 的读数分别为：5A、20A、25A。1）求图中电流表 A 的读数；2）若维持电流表 A_1 的读数不变，而把电路的频率提高一倍，再求其他表的读数。

3-101　电路及已知条件如图 3-39 所示。试求：1）电流 I_R（有效值）；2）恒流源 I_s 发出的有功功率 P_s。

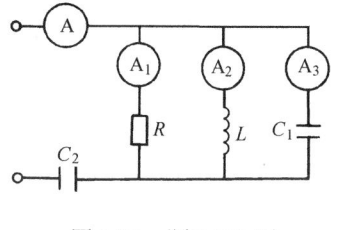

图 3-38　题 3-100 图

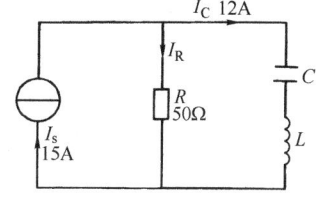

图 3-39　题 3-101 图

3-102　在图 3-40 所示电路中，已知电流表 A_1 的读数为 $5\sqrt{2}\text{A}$，A_2 的读数为 5A，电压表 V 的读数为 5V，$\dot U_1$ 滞后 $\dot U_2$ 相位角 90°，$\omega=1000\text{rad/s}$，求电路参数 R、L、C（提示：以 $\dot U_2$ 为参考相量，画相量图，先求各量有效值）。

3-103　在图 3-41 所示电路中，已知 $X_L=5\Omega$，$R=X_C=10\Omega$，$\dot I=1\text{A}$。试求：1）$\dot I_1$、$\dot I_2$、$\dot U$；2）该电路的无功功率及功率因数，并说明该电路呈何性质。

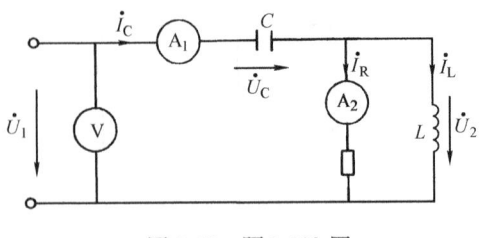

图 3-40　题 3-102 图

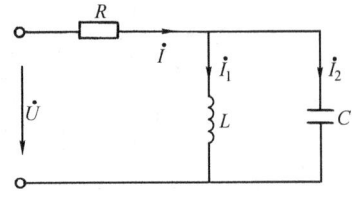

图 3-41　题 3-103 图

3-104　某工厂变电所经配电线向一车间供电，若该车间一相负载的等效电阻 $R_2 = 10\Omega$，等效电抗 $X_2 = 10.2\Omega$，配电线的电阻 $R_1 = 0.5\Omega$，电抗 $X_1 = 1\Omega$，如图 3-42 所示。1）为保证车间的电压有效值 $U = 220\text{V}$，求电源电压有效值 U 和线路上压降有效值 U_1 各是多少；2）求负载有功功率 P_2 和线路功率损失 P_1。

3-105　在图 3-43 所示电路中，电压有效值 $U = 120\text{V}$、$R + jX = (11 + j8)\Omega$、$R_1 + jX_1 = (30 + j50)\Omega$，若要求 $\dot{I}_1$ 导前于 $\dot{I}$ 相角 $90°$，试求 X_C。

3-106　在图 3-44 所示电路中，电源频率 $f = 50\text{Hz}$，总阻抗 $|Z| = 2000\Omega$，且 u 与 u_C 相位差为 $30°$。试求：1）R、C；2）若又知 $U = 2\text{V}$，求电流 i，有功功率 P，无功功率 Q，功率因数 $\cos\varphi$（提示：用相量图分析）。

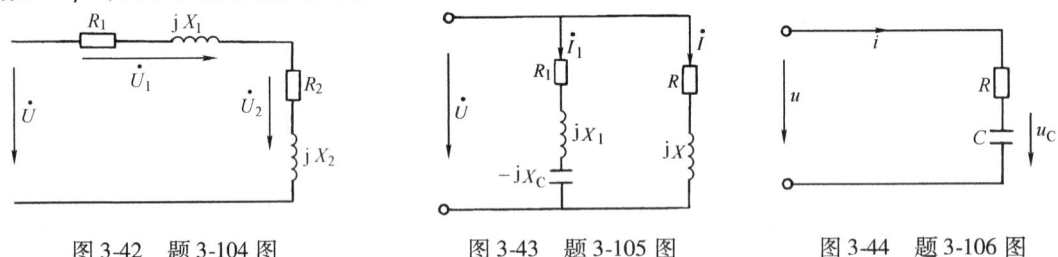

图 3-42　题 3-104 图　　　　图 3-43　题 3-105 图　　　　图 3-44　题 3-106 图

3-107　在图 3-45 所示电路中，$G = 0.1\text{S}$、$|Y_C| = 0.1\text{S}$、Z_1 为感性、$U_1 = U_2$、且 $\dot{U}$ 与 $\dot{I}$ 同相，试求 Z_1（提示：总阻抗 Z 的虚部为零，$|Z_1| = |Z_2|$）。

3-108　求图 3-46 所示电路在 $\omega = 1\text{rad/s}$ 时的入端复阻抗$\left(\text{提示：} Z = \dot{U}\big/\dot{I} = \left(j\dot{I}_L + \frac{1}{2}i\right)\big/i, \ \dot{I}_L = i + \dot{U}/(-j4)\right)$。

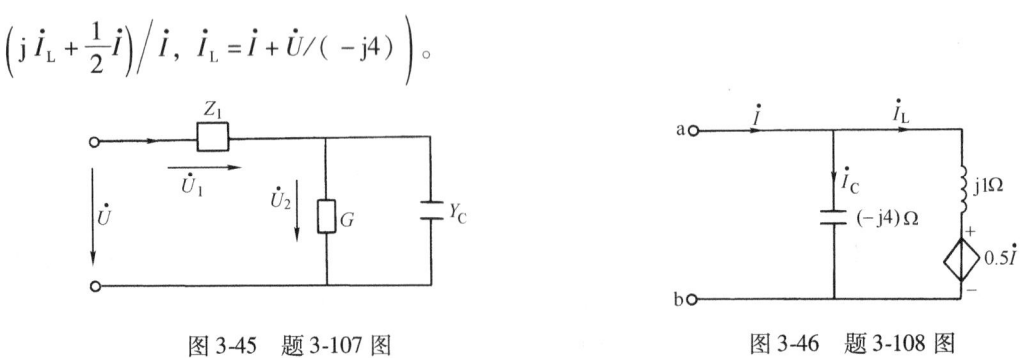

图 3-45　题 3-107 图　　　　　　图 3-46　题 3-108 图

3-109　电路及参数如图 3-47 所示，已知 $u_s = 2\sin(0.5t + 120°)\text{V}$，求 ab 端口的戴维南

等效电路。

3-110　电路如图 3-48 所示，已知 $i_s = 10\sin10^4 t$ A。试求：1）求 i_2；2）若电压控制电压源（VCVC）的参数由 $3u_1$ 改为 $3u_2$，再求 i_2。

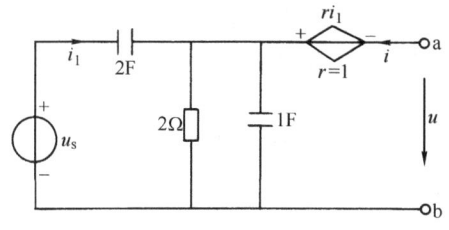 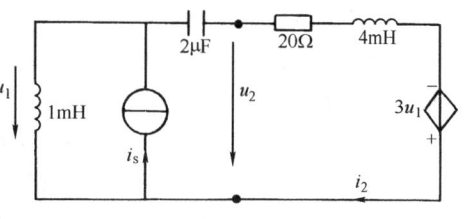

图 3-47　题 3-109 图　　　　　　　　图 3-48　题 3-110 图

3-111　在图 3-49 所示电路中，$I_s = 10A$、$\omega = 5000\text{rad/s}$、$R_1 = R_2 = 10\Omega$、$C = 10\mu F$、$\mu = 0.5$，求各支路电流并作出电路的相量图。

3-112　在图 3-50 所示电路中，复阻抗 Z_1、Z_2 如何选择可使电流 $\dot{I}$ 与复阻抗 Z 无关？并说明 Z_1、Z_2 属何性质。（提示：$\dot{I}_1 = \dot{U}/(Z_1 + Z_2 /\!/ Z)$，$\dot{I} = Z_2 I_1/(Z_2 + Z)$）

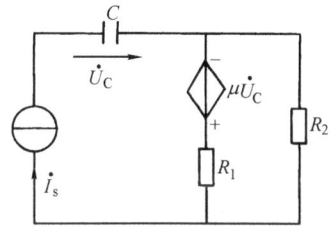 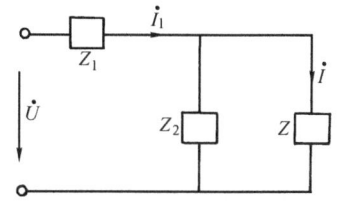

图 3-49　题 3-111 图　　　　　　　　图 3-50　题 3-112 图

3-113　在图 3-51 所示电路中，$R_1 = R_2 = 250\text{k}\Omega$、$C_1 = 0.01\mu F$、电流 i 的频率 $f = 1\text{kHz}$，且 u_1 与 u_2 同相，试求 C_2（提示 $\dot{U}_1/\dot{U}_2 = Z_1/Z_2$ 的虚部为零）。

3-114　图 3-52 中 Z_1 和 Z_2 为某车间的两个单相负载，Z_1 的有功功率 $P_1 = 800\text{W}$、$\cos\varphi_1 = 0.5$（感性），Z_2 的有功功率 $P_2 = 500\text{W}$、$\cos\varphi_2 = 0.65$（感性），接于 $U = 220\text{V}$、$f = 50\text{Hz}$ 的电源上。试求：1）电流 $\dot{I}$；2）两个负载的总功率因数 $\cos\varphi$；3）欲使功率因数 $\cos\varphi$ 提高到 0.85，求应并联电容 C 的值；4）并 C 后总电流 I' 比并 C 前减少了多少？

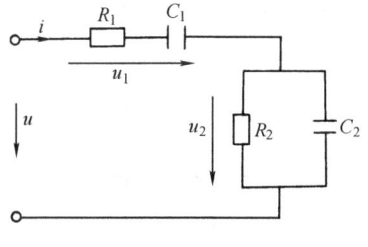 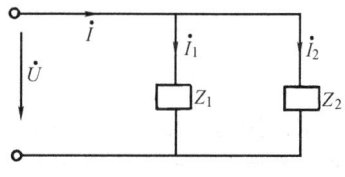

图 3-51　题 3-113 图　　　　　　　　图 3-52　题 3-114 图

3-115　有一阻抗 $Z = (4 + j3)$ Ω 的负载，接于 $u = 220\sqrt{2}\sin314t$ V 的电源上，若电源只允许供出 38A 的电流，则在该负载上并联多大的电容 C ［提示：方法一：由相量图知

$I_{R_{\rm L}}/38 = \cos\varphi/\cos\varphi_{R_{\rm L}}$，可求 $\cos\varphi$，再求 C；方法二：$Z' = -{\rm j}X_{\rm C}//(4+{\rm j}3)$，$|Z'| = 220{\rm V}/38{\rm A}$〕？

3-116　已知收音机天线调谐回路（如图 3-53 所示）的等效电感为 $L = 250\,\mu{\rm H}$，等效电阻为 $R = 20\Omega$，感应到谐振回路的各种频率电压信号约有效值均为 $10\,\mu{\rm V}$，试求：1）当可变电容 $C = 150{\rm pF}$ 时，可收听到哪个频率的广播？此时 I 和 $U_{\rm C}$ 各是多少？2）若 R、L、C 不变，求 $f_1 = 1200{\rm kHz}$ 的信号在回路中产生的电流 I 及 $U_{\rm C}$。

3-117　在图 3-54 所示电路中，$R = 100\Omega$，$L = 10{\rm mH}$，$U = 100{\rm V}$ 且频率可调，已知当 $f = 5{\rm kHz}$ 时，电流达最大值，试求电容 C 的值，各元件电压 U_{12}、U_{23}、U_{34} 及 U_{13}、U_{24}。

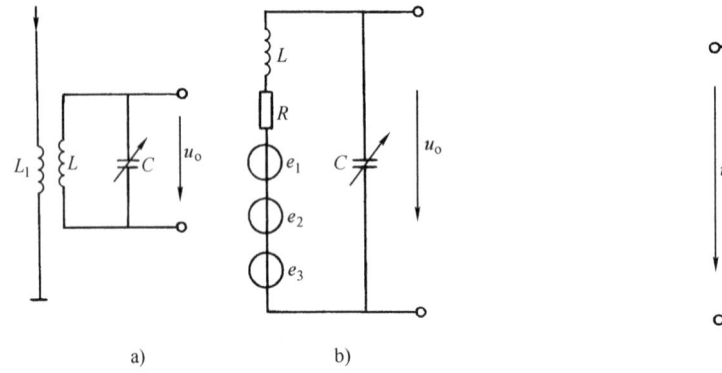

図 3-53　题 3-116 图　　　　　　　　　　图 3-54　题 3-117 图

3-118　有一 RLC 串联电路，接于电压保持 10V 不变，频率可调的电源上，当频率增加时，电流从 10mA（500Hz）增加到最大值 60mA（1000Hz）。试求：1）R、L、C 的值；2）谐振时电容两端电压 $U_{\rm C}$；3）谐振时磁场中和电场中所储的最大能量。

3-119　在图 3-55 所示电路中，$u = 100\sqrt{2}\sin 314t\ {\rm V}$，当调节电容 C 使电流 i 与电压 u 同相时，测得电容电压 $U_{\rm C} = 180{\rm V}$，电流 $I = 1{\rm A}$。1）求 R、L、C；2）若 R、L、C 及电源电压有效值不变，而频率变为 $f = 100{\rm Hz}$，求电路中的电流 i 及有功功率 P，并说明此时电路呈何性质。

3-120　已知某 RLC 串联电路中的 $R = 20\Omega$，$L = 1{\rm H}$，信号源电压 $u = 4\sin 1000t\ {\rm V}$，调节电容使其谐振于信号源电压的频率。1）求电流 i，电容上电压 $U_{\rm C}$，电路的有功功率 P 及无功功率 Q；2）若在该串联电路两端并接电容 $C_1 = 50\,\mu{\rm F}$，求总电流 i' 及总功率因数 $\cos\varphi$。

3-121　在图 3-56 所示电路中，$u = 200\sqrt{2}\sin 314t\ {\rm V}$，$R = 25\Omega$，$X_{\rm L} = 50\Omega$，$X_{\rm C} = 20\Omega$。1）求电流 i 及功率因数 $\cos\varphi$；2）若 R、L、C 的值及电压 u 的有效值不变，调节电源频率使电路揩振，求谐振时电路中的电流 I_0 及电源频率 f_0。

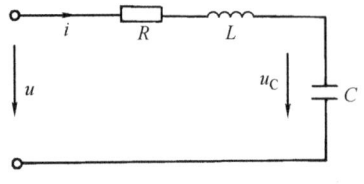

图 3-55　题 3-119 图

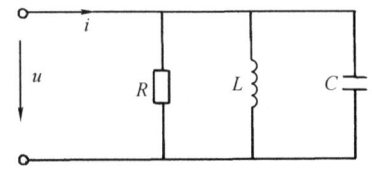

图 3-56　题 3-121 图

3-122　在图 3-57 所示电路中，$R = 2.5 \mathrm{k}\Omega$，$C = 2\mu \mathrm{F}$，该电路在 $f = 1000 \mathrm{Hz}$ 时发生谐振，且谐振时电流 $I = 0.1 \mathrm{A}$。1）求 L 及 i_1、i_2、i_3；2）若 R、L、C 的值及电源电压有效值不变，而频率变为 500Hz，求电路的有功功率 P，并说明此时电路呈何性质。

3-123　在图 3-58 所示电路中，已知信号源的 $\dot{I}_s = 10 \mathrm{mA}$，内阻 $R_i = 100 \mathrm{k}\Omega$，$L = 100 \mu \mathrm{H}$，$R = 10 \Omega$，$C = 400 \mathrm{pF}$，设并联谐振电路已发生谐振，试求并联电路的谐振阻抗 $|Z_0|$；电路的输入电流 I_0；电感支路电流 I_{L0} 以及谐振电路的功耗 P_0。

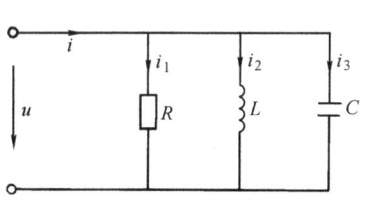

图 3-57　题 3-122 图

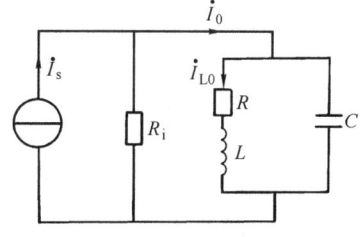

图 3-58　题 3-123 图

3-124　在图 3-59 所示电路中，已知 $L = 100 \mu \mathrm{H}$，$C = 100 \mathrm{pF}$，LC 并联回路的品质因数 $Q = 50$，电源电压 $U_s = 150 \mathrm{V}$，$R_s = 25 \mathrm{k}\Omega$，电路对电源频率谐振。试求总电流 I_0，谐振回路中电流 I_{10}，回路端电压 U_0 和回路吸收的功率 P_0（提示：$|Z_0| = R_{eq} = Q\sqrt{L/C}$，$I_0 = U_s/(R_s + R_{eq})$，$I_{10} = QI_0$，$U_0 = I_0 R_{eq}$，$P_0 = I^2 R_{eq}$）。

3-125　在图 3-60 所示电路中，已知 $X_L = X_C$，试分析两电阻 R 由零到无穷大作同步变化时，电压 $\dot{U}_{cd}$ 如何变化（提示：以电压 $\dot{U}$ 为参考作相量图，在相量图中，$\dot{I}_C$ 超前 $\dot{U}$ 角 φ_1，$\dot{I}_L$ 滞后 $\dot{U}$ 角 φ_2，因 $X_L = X_C$，所以 $\varphi_1 = \varphi_2$。并且由 $\dot{U}_{ac} + \dot{U}_{cb} = \dot{U}_{ab}$，$\dot{U}_{ab} + \dot{U}_{dd} = \dot{U}_{ab}$，$\dot{U}_{cb} = \dot{U}_{cd} - \dot{U}_{db}$ 可得 c、d 两点落在以 $\dot{U}_{ab}$ 为直径的半圆弧上。然后分析 R 由零到 $R = X_L = X_C$；由 $R = X_L = X_C$ 到 $R = \infty$ 变化时 $\dot{U}_{cd}$ 变化情况）？

3-126　在图 3-61 所示电路中，$\dot{I}_2 = 10\sqrt{2} \underline{/-45°} \mathrm{A}$，$R_1 = 6\Omega$、$X_{L1} = 8\Omega$、$R_2 = R_3 = X_{L2} = X_C = 10\Omega$。求：1）$\dot{I}_1$、$\dot{I}_3$、$\dot{U}$；2）电路的有功功率 P；画出相量图，包括相量 $\dot{I}_1$、$\dot{I}_2$、$\dot{I}_3$ 和 $\dot{U}$。

3-127　在图 3-62 所示电路中，已知 $R = 8\Omega$，$X_L = 6\Omega$，且电流 $\dot{I}_1$、$\dot{I}_2$ 的有效值 $I_1 = I_2 = 0.2 \mathrm{A}$。1）求 $\dot{I}$、$\dot{U}$ 的有效值及总功率因数 $\cos\varphi$；2）求总无功功率 Q。

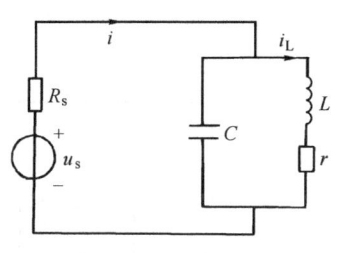

图 3-59　题 3-124 图

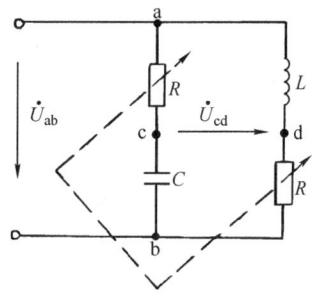

图 3-60　题 3-125 图

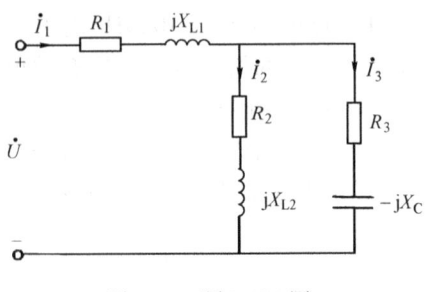

图 3-61 　 题 3-126 图

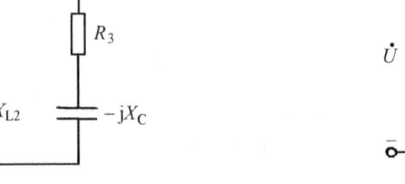

图 3-62 　 题 3-127 图

3-128　已知某无源二端网络的端口电压和电流分别为：$u = -100\sin314t$ V，$i = 10\cos314t$ A。求：1）该网络的性质；2）该网络的复阻抗；3）储存能量的最大值。

3-129　已知正弦量 $\dot{I}_1 = (-4 + j3)$ A、$\dot{I}_2 = (4 - j3)$ A。1）写出它们的瞬时表达式（角频率为 ω）；2）在同一坐标内画出它们的波形图，并说明它们的相位关系。

3-130　在图 3-63 所示正弦稳态电路中，已知：$u = 120\sin100\pi t$ V、$R = 100\Omega$、$L = 1$H。求：1）电压 u 与电流 i 的相位差 φ；2）电源输出的有功功率和无功功率。

3-131　已知 $t = 0$ 时正弦量的值分别为 $u(0) = 110$V、$i(0) = -5\sqrt{2}$A。它们的相量图如图 3-64 所示，试写出正弦量的瞬时表达式及相量式。

3-132　RLC 串联电路外加电压 $u = 100\sqrt{2}\sin314t$ V 时发生串联谐振，电流 $i = \sqrt{2}\sin314t$ A，且 $U_C = 180$V。求电路元件的参数 R、L、C。

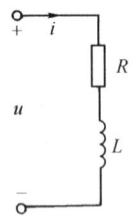

图 3-63 　 题 3-130 图

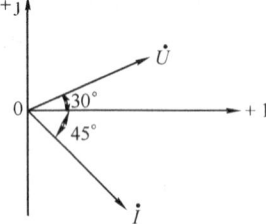

图 3-64 　 题 3-131 图

3-133　图 3-65 所示电路中，$u = 10\sqrt{2}\sin(1000t + 60°)$ V、$u_C = 5\sqrt{2}\sin(1000t - 30°)$ V，容抗 $X_C = 10\Omega$。求无源二端网络 N 的复阻抗 Z_N 及有功功率 P，并画出相量图（含电流及各电压）。

3-134　在图 3-66 所示电路中，$u = 220\sqrt{2}\sin\omega t$ V，电流 i 的有效值 $I = 20$A，功率因数为 0.8（滞后），电热器的电流 $I_1 = 6$A，功率因数 $\lambda_1 = 1$。求电流 i_2 及电路总的有功功率、无功功率和视在功率。

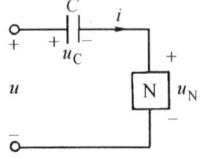

图 3-65 　 题 3-133 图

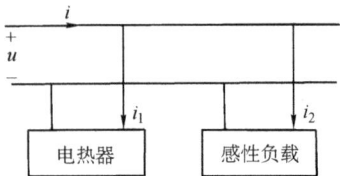

图 3-66 　 题 3-134 图

3-135　试用 EDA 软件研究 RC 串并联选频网络（文氏电桥）的频率特性。已知 R 为 22kΩ 电阻与一个 10kΩ 电位器串联，$C = 6600$pF。1）设计一个频率可调的 RC 串并联选频仿真电路；2）用虚拟示波器观测选频网络的输入、输出波形；3）用虚拟扫频仪观测选频网络的幅频与相频特性曲线。

3-136　利用 EDA 软件对例 3-2、例 3-10、习题 3-117、120、121、122 等进行仿真研究。

答　　案

3-1　b）　3-2　c）　3-3　b）　3-4　b）　3-5　b）　3-6　a）　3-7　b）　3-8　a）　3-9　b）　3-10　c）　3-11　c）　3-12　a）　3-13　a）b）　3-14　a）b）　3-15　b）　3-16　a）b）c）　3-17　a）b）c）　3-18　b）　3-19　c）　3-20　a）　3-21　b）　3-22　b）c）　3-23　a）b）　3-24　a）b）c）　3-25　a）　3-26　a）　3-27　c）　3-28　b）　3-29　c）　3-30　a）　3-31　a）　3-32　b）c）　3-33　c）　3-34　c）　3-35　a）　3-36　b）　3-37　c）　3-38　b）　3-39　c）　3-40　c）　3-41　a）　3-42　a）　3-43　b）　3-44　b）　3-45　b）　3-46　a）　3-47　a）　3-48　c）　3-49　a）　3-50　a）　3-51　b）　3-52　b）　3-53　c）　3-54　b）　3-55　c）　3-56　c）　3-57　c）　3-58　a）　3-59　b）　3-60　b）　3-61　b）　3-62　a）　3-63　c）　3-64　c）　3-65　c）d）e）　3-66　b）　3-67　c）　3-68　b）　3-69　a）b）　3-70　a）　3-71　b）　3-72　a）　3-73　a）　3-74　a）　3-75　c）　3-76　b）　3-77　c）　3-78　a）　3-79　b）　3-80　a）　3-81　b）　3-82　b）　3-83　b）　3-84　b）　3-85　c）　3-86　b）　3-87　a）　3-88　b）　3-89　b）

3-90　$u_1 = 220\sqrt{2}\sin(314t + 45°)$V

$u_2 = 220\sqrt{2}\sin(314t + 135°)$V

3-91　$t = T/6 ; i = 12.25$A$, u = 155$V$, e_L = -155$V

$t = T/4 ; i = 10\sqrt{2}$A$, u = 0, e_L = 0$

$t = T/2 ; i = 0, u = -220\sqrt{2}V, e_L = 220\sqrt{2}$V

3-92　$u = 0.02\sqrt{2}\sin(100t - 120°)$V

3-93　$\dot{I} = 1\underline{/36.9°}A, \dot{U}_R = 8\underline{/36.9°}V, \dot{U}_C = 6\underline{/-53.1°}$V

3-94　$\dot{U} = 55.9\underline{/56.6°}$V

3-95　$R = 16\Omega, L = 48$mH

3-96　$L = 2.39$mH

3-97　$\dot{U}_R = 2\underline{/0°}V, \dot{U}_L = 3.5\underline{/90°}V, U_C = 2\underline{/-90°}V, \dot{U} = 2.5\underline{/36.9°}$V

3-98　$U = 20$V$, I_R = 1.6$A$, I_L = 4$A$, I_C = 1$A

3-99　a）2A　b）14.1V　c）10A, 141V

3-100　1）7.07A, 2）40.31, 10A, 50A

3-101　$I_R = 11$A$, P_S = 6050$W

3-102　$R = 1\Omega, L = 1$mH$, C = 1000\mu$F

3-103　1）$\dot{I}_1 = 2$A$, \dot{I}_2 = -1$A$, \dot{U} = 10\sqrt{2}\underline{/45°}$V　2）$Q = 10var, \cos\varphi = 0.707$, 电感性

3-104　1）$U = 236$V$, U_1 = 17.2$V　2）$P_2 = 2.37$kW$, P_1 = 119$W

3-105　$X_C = 91.4\Omega$

3-106　1）$R = 1$kΩ$, C = 1.84\mu$F

2）$i = \sqrt{2}\sin(6280t + 60°)mA, P = 1mW, Q = 1.73$mvar$, \cos\varphi = 0.5$

3-107　$Z_1 = (5 + j5)\Omega$

3-108　$Z = \left(\dfrac{2}{3} + j\dfrac{4}{3}\right)\Omega$

3-109　$\dot{U}_{DC} = 0.8944\underline{/93.43°}V, Z_{eq} = 0.8944\underline{/-26.57°}\Omega$

3-110　1) $i_2 = 11.1\sin(10^4 t + 33.7°)A$　　2) $i_2 = 3.28\sin(10^4 t + 170.5°)A$

3-111　$(5 - j5)A, (5 + j5)A$

3-112　$Z_1 + Z_2 = 0, Z_1$ 和 Z_2 互为感抗和容抗

3-113　$C_2 = 40.5pF$

3-114　1) $10.8\underline{/-57.1°}A$　2) $\cos\varphi = 0.55$　3) $C = 77\mu F$　4) $3.85A$

3-115　$C = 175.2\mu F$

3-116　1) $f_0 = 822kHz, I = 0.5\mu A, U_C = 645\mu V$　　2) $I = 0.0133\mu A, U_C = 8.55\mu V$

3-117　$C = 0.101\mu F, U_{12} = 100V, U_{23} = U_{34} = 314V, U_{13} = 330V, U_{24} = 0$

3-118　1) $R = 167\Omega, L = 0.105H, C = 0.24\mu F$

　　　　2) $U_C = 39.6V$　3) $W_{CM} = W_{LM} = 3.8 \times 10^{-4}J$

3-119　$R = 100\Omega, L = 0.573H, C = 17.7\mu F, i = 0.35\sqrt{2}\sin(6280t - 69.7°)A, P = 12W,$ 感性

3-120　1) $i = 0.2\sin 1000t$　$A, U_C = 141V, P = 0.4W, Q = 0$

　　　　2) $i' = 0.2\sqrt{2}\sin(1000t + 45°)A, \cos\varphi = 0.707$

3-121　1) $i = 10\sqrt{2}\sin(314t + 36.9°)A, \cos\varphi = 0.8$　2) $I_0 = 8A, f_0 = 31.7Hz$

3-122　1) $12.7mH, i_1 = 0.1\sqrt{2}\sin 6280t A, i_2 = 3.13\sqrt{2}\sin(6280t - 90°)A, i_3 = 3.13\sqrt{2}\sin(6280t + 90°)A$
2) $P = 25W,$ 电感性

3-123　$|Z_0| = 25k\Omega, I_0 = 8mA, I_{L0} = 400mA, P_0 = 1.6W$

3-124　$I_0 = 2mA, I_{L0} = 0.1A, U_0 = 100V, P_0 = 200mW$

3-125　1) $R = 0$ 时, $U_{ac} = U_{db} = 0, \dot{U}_{cd} = \dot{U}_{ab}$; 当 R 增加时, $\dot{U}_{cd}$ 随之减小, 但相位仍与 $\dot{U}_{ab}$ 相同

　　　　2) 当 $R = X_L = X_C$ 时, $\dot{U}_{cd} = 0$

　　　　3) 当 R 由 $R = X_L$ 变化到无穷大时, $\dot{U}_{cd}$ 由零变化到 $-\dot{U}_{ab}$。

3-126　1) $\dot{I}_3 = 10\sqrt{2}\underline{/45°}A, \dot{I}_1 = \dot{I}_2 + \dot{I}_3 = 20\underline{/0°}A, \dot{U} = 272\underline{/17°}V,$ 2) $P = 5.20kW,$ 3) 相量图如图 3-67 所示

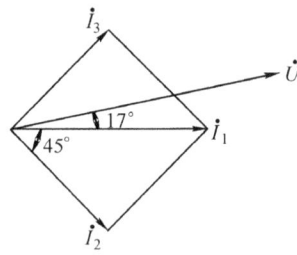

3-127　1) 设 $\dot{U} = U\underline{/0°}, \dot{I}_1 = 0.2\underline{/-36.9°}A, \dot{I}_2 = 0.2\underline{/90°}A, \dot{I} = 0.179\underline{/26.6°}A, \dot{U} = 2\underline{/0°}V, \cos\varphi = 0.89$; 2) $Q = 0.16var$。

3-128　1) 该网络是一个纯电感元件; 2) $Z = \dfrac{100\underline{/180°}}{10\underline{/90°}} = j10\Omega$; 3) $W_{LM} = \dfrac{1}{2}LI_m^2 = 1.59J$

图 3-67　题 3-126 相量图

3-129　1) $i_1 = 5\sin(\omega t + 143.1°)A, i_2 = 5\sin(\omega t - 36.9°)A$; 2) i_1 与 i_2 相位相反, 波形图略。

3-130　1) $\varphi = 72.3°$; 2) $P = 6.54W, Q = 20.8var$

3-131　$u = 220\sin(\omega t + 30°)V, i = 10\sin(\omega t - 45°)A, \dot{U} = 156\underline{/30°}V, \dot{I} = 5\sqrt{2}\underline{/-45°}A$

3-132　$R = 100\Omega, L = 0.57H, C = 17.8\mu F$

3-133　$\dot{I} = 0.5\underline{/60°}A, \dot{U}_N = 11.2\underline{/86.4°}V, Z_N = 5.6\underline{/26.4°}\Omega, P = 5W, Q = 4.3var, S = 5V\cdot A,$ 相量图略。

3-134　$i_2 = 15.6\sqrt{2}\sin(\omega t - 50.2°)A, P = 3520W, Q = 2640var, S = 4400V\cdot A$。

3-135　仿真电路和幅频特性曲线如图 3-68 所示, 其他略。

3-136　解答略。

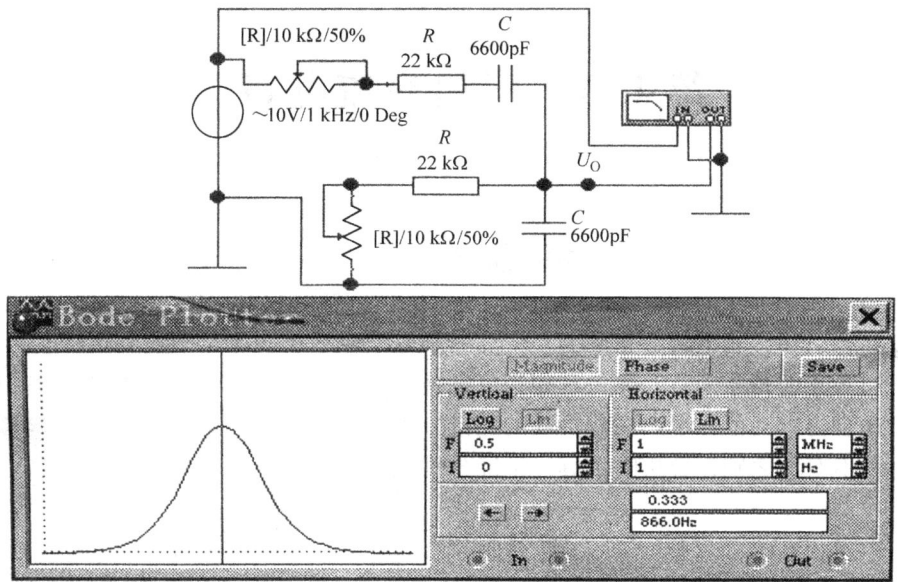

图 3-68　题 3-135 仿真电路和幅频特性曲线

第4章 三相交流电路

解 题 概 要

本章在熟悉三相交流电路的基础上，重点明确以下概念：线电压和相电压、线电流和相电流以及它们之间的相互关系。抓住三相交流电路的特点，分析其电路时从相电压、相电流入手，然后逐步再求其他各量。三相负载的连接分为星形联结和三角形联结两种，其三相负载又有对称和不对称之别，分析时依具体情况分别处理。

例 题 解 析

例4-1 一台三相交流电动机，定子绕组星形联结，额定电压380V，额定电流2.2A，功率因数 $\cos\varphi = 0.8$。试求该电动机每相绕组的阻抗。

解 三相交流电动机定子绕组是感性负载设每相阻抗 $Z = R + jX = |Z|\underline{/\varphi}$。

相电压
$$U_p = \frac{U_l}{\sqrt{3}} = \frac{380}{\sqrt{3}}\text{V} = 220\text{V}$$

相电流
$$I_p = I_l = 2.2\text{A}$$

所以
$$|Z| = \frac{U_p}{I_p} = \frac{220}{2.2}\Omega = 100\Omega$$

由 $\cos\varphi = 0.8$ 可知 $\quad \varphi = 36.8°$

$$Z = 100\underline{/36.8°}\ \Omega$$

例4-2 电路如图4-1所示，已知 $U_l = 380$V，每相电阻 $R = 50\Omega$。分别求下列情况下各相电流、中性线电流及三相负载的功率。求：1）电路正常工作；2）中性线断开；3）中性线和 A 相负载均断开；4）有中性线，但 A 相负载断开。

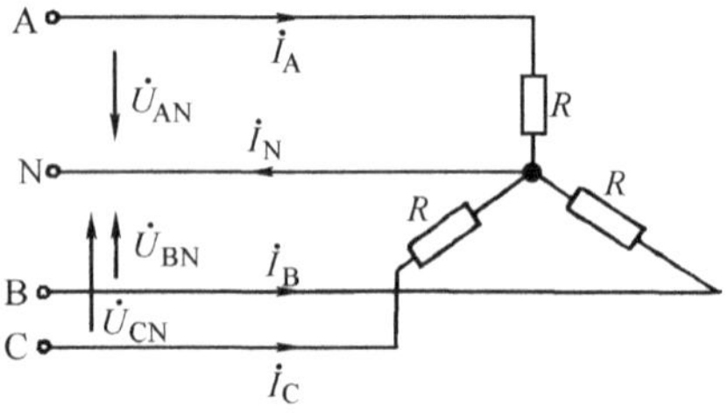

解 1）电路正常工作。此时电路的相电压和相电流均是对称的。

图4-1　例4-2图

$$U_p = U_{AN} = U_{BN} = U_{CN} = \frac{U_l}{\sqrt{3}} = 220\text{V}$$

$$I_p = I_A = I_B = I_C = \frac{U_p}{R} = \frac{220}{50}\text{A} = 4.4\text{A}$$

中性线电流 $\quad I_N = 0$

平均功率 $P = \sqrt{3}U_l I_l \cos\varphi = \sqrt{3} \times 380 \times 4.4 \times 1\text{W} = 2896\text{W} = 2.896\text{kW}$

2）中性线断开。对称三相负载星形联结，没有中性线时，负载中性点和电源中性点电位相等，三相负载的三个相电压、相电流和三相平均功率都与有中性线时相同。

3）中性线和 U 相负载均断开。

$$I_A = 0 \quad I_N = 0$$

$$I_B = I_C = \frac{380V}{2R} = \frac{380}{2 \times 50}A = 3.8A$$

$$P = U_{BC}I_B = (380 \times 3.8)W = 1444W = 1.444kW$$

4）有中性线，A 相断开。

$$I_A = 0$$

$$I_B = I_C = \frac{U_p}{R} = \frac{220}{50}A = 4.4A$$

$$I_N = I_B\cos60° + I_C\cos60° = 4.4A$$

$$P = 2U_pI_p = (2 \times 220 \times 4.4)W = 1936W = 1.936kW$$

例 4-3　三相电路如图 4-2a 所示，已知：$Z_A = 10\Omega$、$Z_B = -j10\Omega$、$Z_C = j10\Omega$，连在线电压 $U_l = 380V$ 的工频三相四线制的电源上。求：

1）各相负载相电流、中性线电流；

2）三相负载的平均功率；

3）画出电压电流相量图。

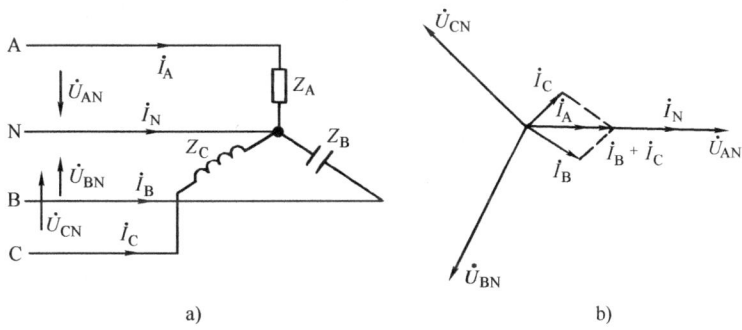

a)　　　　　　　　　　　　　　　　　b)

图 4-2　例 4-3 图

解　1）选择 A 相为参考相量，则

$$\dot{U}_{AN} = 220\underline{/0°}V, \quad \dot{U}_{BN} = 220\underline{/-120°}V, \quad \dot{U}_{CN} = 220\underline{/120°}V$$

三相负载的复阻抗为

$$Z_A = 10\Omega, \quad Z_B = -j10\Omega = 10\underline{/-90°}\Omega, \quad Z_C = j10\Omega = 10\underline{/90°}\Omega$$

各相电流分别为

$$\dot{I}_A = \frac{\dot{U}_{AN}}{Z_B} = \frac{220\underline{/0°}}{10\underline{/0°}}A = 22A \qquad\qquad I_A = 22A$$

$$\dot{I}_B = \frac{\dot{U}_{BN}}{Z_B} = \frac{220\underline{/-120°}}{10\underline{/-90°}}A = 22\underline{/-30°}A \qquad\qquad I_B = 22A$$

$$\dot{I}_C = \frac{\dot{U}_{CN}}{Z_C} = \frac{220\underline{/120°}}{10\underline{/90°}}A = 22\underline{/30°}A \qquad\qquad I_C = 22A$$

中性线电流由 KCL 可知：

$$\dot{I}_N = \dot{I}_A + \dot{I}_B + \dot{I}_C = (22 + 22\underline{/-30°} + 22\underline{/30°})A = 60.1A$$

$$I_N = 60.1A$$

2）三相负载的平均功率为

$$P = P_A = U_{AN}I_A = (220 \times 22)W = 4.84kW$$

3）根据已知电压和计算出的电流以及各相负载功率因数角，画相量图如图 4-2b 所示。

例 4-4 对称三相负载的每相阻抗 $Z = (30 + j40)\Omega$，电源线电压为 380V，电路如图 4-3a 所示。求：

1）电路的相电流和线电流，并画相量图；

2）对该电路进行事故分析。

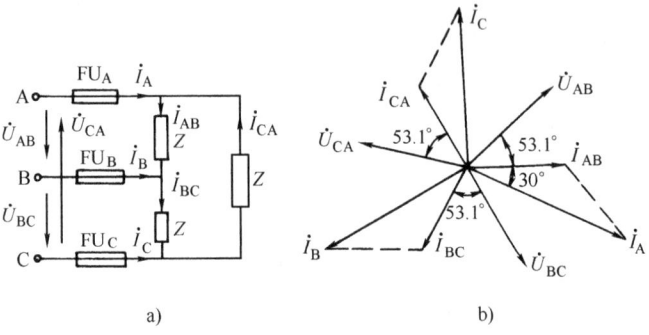

a)   b)

图 4-3 例 4-4 图

解 1）由于负载对称，则

$$I_{AB} = I_{BC} = I_{CA} = \frac{U_p}{|Z|} = \frac{U_l}{|Z|} = \frac{380}{\sqrt{30^2 + 40^2}}A = \frac{380}{50}A = 7.6A$$

$$I_l = \sqrt{3}I_p = 13.2A$$

设 I_{AB} 为参考相量，则各电流相量为

$$\dot{I}_{AB} = I_p\underline{/0°} = 7.6A$$

$$\dot{I}_{BC} = I_p\underline{/-120°} = 7.6\underline{/-120°}A$$

$$\dot{I}_{CA} = I_p\underline{/120°} = 7.6\underline{/120°}A$$

$$\dot{I}_A = \sqrt{3}\dot{I}_{AB}\underline{/-30°} = 13.2\underline{/-30°}A$$

$$\dot{I}_B = \sqrt{3}\dot{I}_{AB}\underline{/-150°} = 13.2\underline{/-150°}A$$

$$\dot{I}_C = \sqrt{3}\dot{I}_{AB}\underline{/90°} = 13.2\underline{/90°}A$$

各相电流滞后于对应相电压的相位角为

$$\varphi = \arctan\frac{X}{R} = \arctan\frac{40}{30} = 53.1°$$

相量图如图 4-3b 所示。

2）事故分析

AB 相短路：A、B 两相线中将有很大短路电流通过，熔断器熔丝熔断。若 A、B 两相线中的熔断器同时熔断，则各相负载中均无电流。

AB 相负载断路：此时，$\dot{I}_{AB}=0$，且 $\dot{I}_A=-\dot{I}_{CA}$，$\dot{I}_B=\dot{I}_{BC}$，但 $\dot{I}_C$ 及 $\dot{I}_{BC}$、$\dot{I}_{CA}$ 均不受影响。

A 线断开：BC 相负载不受影响；AB 相与 CA 相负载形成串联，且连接在 B、C 线电压之间，其相电压和相电流均将减小。如果 $|Z_{AB}|\neq|Z_{CA}|$，两者电压也不相等。

例 4-5　某三相交流电路如图 4-4 所示，$U_l=380\text{V}$，$R=17.3\Omega$，$X_L=10\Omega$，$X_C=190\Omega$，$R_3=3\Omega$，$X_{L3}=4\Omega$。求：1）各相电流、线电流；2）三相负载总的平均功率 P。

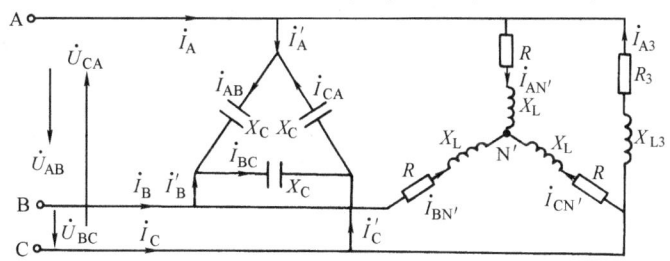

图 4-4　例 4-5 图

解　1）该电路是由三角形联结的三相对称负载、星形联结的三相对称负载和一个单相负载三部分组成。设以 $\dot{U}_{AB}$ 为参考相量，$\dot{U}_{AB}=380\underline{/0°}\text{V}$ 则 $\dot{U}_{BC}=380\underline{/-120°}\text{V}$，$\dot{U}_{CA}=380\underline{/120°}\text{V}$。

△形联结时 $\dot{U}_{AN'}=220\underline{/-30°}\text{V}$，$\dot{U}_{BN'}=220\underline{/-150°}\text{V}$，$\dot{U}_{CN'}=220\underline{/90°}\text{V}$，首先计算各相电流。

$$\dot{I}_{AB}=\frac{\dot{U}_{AB}}{Z_\triangle}=\frac{380\underline{/0°}}{190\underline{/-90°}}\text{A}=2\underline{/90°}\text{A}$$

$$\dot{I}_{BC}=\dot{I}_{AB}\underline{/-120°}=2\underline{/-30°}\text{A}$$

$$\dot{I}_{CA}=\dot{I}_{AB}\underline{/120°}=2\underline{/-150°}\text{A}$$

$$\dot{I}'_A=\dot{I}_{AB}-\dot{I}_{CA}=3.46\underline{/60°}\text{A}$$

$$\dot{I}'_B=\dot{I}_{BC}-\dot{I}_{AB}=3.46\underline{/-60°}\text{A}$$

$$\dot{I}'_C=\dot{I}_{CA}-\dot{I}_{BC}=3.46\underline{/180°}\text{A}$$

Y 负载：

$$\dot{I}_{AN'}=\frac{\dot{U}_{AN}}{Z_Y}=\frac{220\underline{/-30°}}{20\underline{/30°}}\text{A}=11\underline{/-60°}\text{A}$$

$$\dot{I}_{BN'}=\dot{I}_{AN}\underline{/-120°}=11\underline{/-180°}\text{A}$$

$$\dot{I}_{CN'}=\dot{I}_{AN}\underline{/120°}=11\underline{/60°}\text{A}$$

单相负载的相电流是

$$\dot{I}_{A3}=\frac{\dot{U}_{CA}}{Z_3}=\frac{380\underline{/120°}}{5\underline{/53.1°}}\text{A}=76\underline{/66.9°}\text{A}$$

所以总的线电流为

$$\dot{I}_A = \dot{I}_A + \dot{I}_{AN'} - \dot{I}_{A3} = 79.7\underline{/-106.5°}\text{A}$$

$$\dot{I}_B = \dot{I}'_B + \dot{I}_{BN'} = 9.75\underline{/-162.1°}\text{A}$$

$$\dot{I}_C = \dot{I}'_C + \dot{I}_{CN'} + \dot{I}_{A3} = 79.6\underline{/66.4°}\text{A}$$

2）总功率

$$P_\triangle = 0$$

$$P_Y = \sqrt{3}U_l I_l \cos\varphi_Y = (\sqrt{3} \times 380 \times 11 \times \cos30°)\text{W} = 6.29\text{kW}$$

$$P_l = U_{CA}I_{A3}\cos\varphi_3 = (380 \times 76 \times \cos53.1)\text{W} = 1.732\text{kW}$$

$$P = P_\triangle + P_Y + P_l = (0 + 6.29 + 1.732)\text{kW} = 8.02\text{kW}$$

例 4-6　某台电动机的功率 $P_N = 2.5\text{kW}$，$\cos\varphi = 0.866$，线电压为 380V，如图 4-5 所示，求图中两个功率表的读数。

解　这是用二瓦计法测量功率的例题，功率表 1 的读数 $P_1 = U_{AB}I_A\cos\varphi_1$，功率表 2 的读数 $P_2 = U_{CB}I_C\cos\varphi_2$，为求得 P_1 和 P_2，需求得以下的各量：

$$I_l = \frac{P}{\sqrt{3}U_l\cos\varphi} = \frac{2.5 \times 10^3}{\sqrt{3} \times 380 \times 0.866}\text{A} = 4.39\text{A}$$

$$\varphi = \arccos0.866 = 30°$$

假设以 $\dot{U}_{AN}$ 为参考相量，则

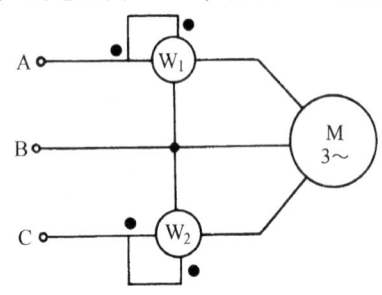

图 4-5　例 4-6 图

$$\dot{I}_A = 4.39\underline{/-30°}\text{A}$$

$$\dot{U}_{AB} = \sqrt{3}\dot{U}_A\underline{/30°} = 380\underline{/30°}\text{V}$$

$$\dot{I}_C = \dot{I}_A\underline{/120°} = 4.39\underline{/90°}\text{A}$$

$$\dot{U}_{CB} = -\dot{U}_{AB}\underline{/-120°} = 380\underline{/90°}\text{V}$$

$$P_1 = U_{AB}I_A\cos\varphi_1 = [380 \times 4.39\cos(30° + 30°)]\text{W} = 831.4\text{W}$$

$$P_2 = U_{CB}I_C\cos\varphi_2 = [380 \times 4.39\cos(90° - 90°)]\text{W} = 1668.2\text{W}$$

$$P = P_1 + P_2 = (834.1 + 1668.2)\text{W} = 2502\text{W}$$

与给定的 2.5kW 基本相符，误差是计算引起的。

例 4-7　三相电路如图 4-6 所示，电源电压为 380/220V。A 相为一只 220V/40W，$\cos\varphi = 0.5$ 的荧光灯，B 相为一只 220V/40W，$\cos\varphi = 0.5$ 的荧光灯和 220V/40W 一盏白炽灯并联，C 相为 5 只 220V/100W 的白炽灯的并联。利用 EWB 仿真出：

1）S 闭合时负载相电压、相电流和中性线之间的电压、中性线电流；

2）S 断开时负载相电压、相电流和中性线之间的电压、中性线电流。

解　1）在 EWB 平面上画出的仿真图之前，需计算电路中的参数。荧光灯电路用电阻和电感串联模型

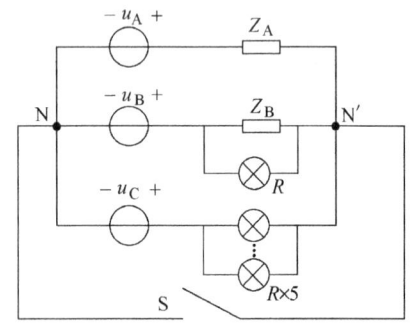

图 4-6　例 4-7 图

来代替，白炽灯用电阻模型来代替。根据已知条件可知，A 相和 B 相荧光灯的等效电感和电阻可通过下式求出：

$$|Z_A| = |Z_B| = \frac{U_p^2 \cos\varphi}{P} = \frac{220^2 \times 0.5}{40}\Omega = 605\Omega$$

$$R_A = R_B = |Z_A| \cos\varphi = 605 \times 0.5\Omega = 302.5\Omega$$

$$L = \frac{X_L}{\omega} = \frac{|Z_A| \cos\varphi}{\omega} = \frac{605 \times 0.5}{314}H = 0.963H$$

白炽灯的等效电阻为

$$R = \frac{U_p^2}{P} = \frac{220^2}{100}\Omega = 484\Omega$$

由于 C 相为 5 只 220V/100W 的白炽灯的并联，所以 C 相的等效阻抗为

$$Z_C = R/5\Omega = 484/5\Omega = 96.8\Omega$$

2）在 EWB 平面上画仿真图，首先从基本元件库（Basic）中选取电阻和电感元件，双击元件符号，打开属性（Resistor Properties）对话框，选中"Value"卡，将电阻和电感设为相应的值。从电源库（Sources）中选取三个交流电压源，双击元件符号，将电压源的有效值设为 220V，频率设为 50Hz，相位分别设为 0°、120°和 240°。同样从指示器件库（Indicators）选取电压表和电流表器件，双击器件，将其属性设为交流（AC）。然后按照图 4-6 的电路结构，连接元器件。仿真连线图如图 4-7 所示。注意仿真电路必须有接地参考点。

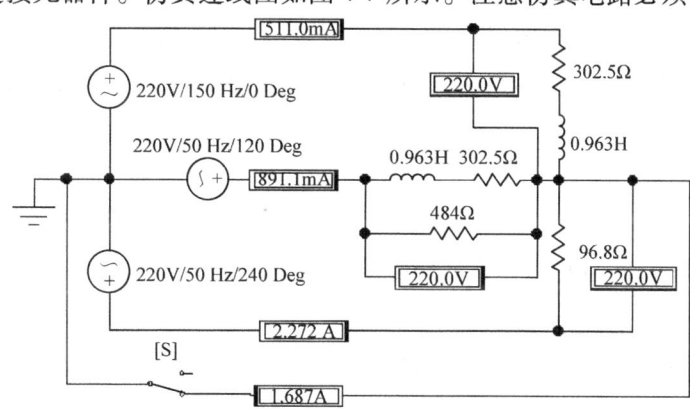

图 4-7　仿真连线及结果图

3）将开关 S 闭合，激活 EWB 界面右上角的仿真开关，系统开始仿真，各个支路的相电压、相电流以及中性线之间的电压、中性线电流的仿真结果将显示在交流电流表上，如图 4-7 所示。

4）关闭仿真开关，将开关 S 断开，然后在激活 EWB 界面右上角的仿真开关，系统开始在新的电路结构下进行仿真，相应的指示仪表显示了各个支路的相电压、相电流以及中性线之间的电压、中性线电流的值，仿真结果如图 4-8 所示。

5）为进一步验证仿真结果的正确性，可计算图 4-6 的理论值。这里的计算结果从略。由理论计算结果可知仿真结果的正确性。

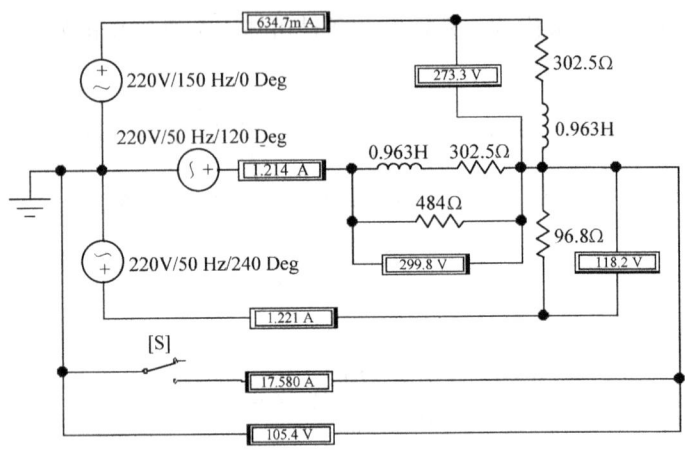

图 4-8　开关断开后的仿真结果图

选　择　题

4-1　已知某三相发电机绕组联结成丫时的线电压 $\dot{U}_{AB} = 380\underline{/15°}\text{V}$、$\dot{U}_{BC} = 380\underline{/-105°}\text{V}$、$\dot{U}_{CA} = 380\underline{/135°}\text{V}$，则当 $t = 10\text{s}$ 时，它们之和为（　　　）。

　　a）380V　　　　　　　　b）0V　　　　　　　　c）$380/\sqrt{3}$V

4-2　已知三相交流电 $\dot{U}_{AB} = 380\underline{/0°}\text{V}$、$\dot{U}_{BC} = 380\underline{/-120°}\text{V}$、$\dot{U}_{AC} = 380\underline{/120°}\text{V}$，则三个电压的相量和为（　　　）。

　　a）$380\underline{/0°}$V　　　　　　b）0V　　　　　　c）$760\underline{/-60°}$V

4-3　已知三相电源 $u_A = 220\sqrt{2}\sin(\omega t - 12°)$ V、$u_B = 220\sqrt{2}\sin(\omega t - 132°)$ V、$u_C = 220\sqrt{2}\sin(\omega t + 108°)$V，则当 $t = 5\text{s}$ 时，三相电源电压之和 $u_A + u_B + u_C$ 为（　　　）。

　　a）220V　　　　　　　b）0V　　　　　　　c）$220\sqrt{2}$V

4-4　某三相发电机绕组联结成三角形时，$U_N = 6.3\text{kV}$，若将它联结成丫，则相电压为（　　　）。

　　a）6.3kV　　　　　　b）10.9kV　　　　　　c）3.64kV

4-5　某三相发电机绕组联结成 Y 时线电压为 380V，若将它联结成三角形，则线电压为（　　　）。

　　a）380V　　　　　　　b）660V　　　　　　　c）220V

4-6　某三相电路中的三个线电流分别为 $i_A = 18\sin(314t + 23°)$ A，$i_B = 18\sin(314t - 97°)$ A，$i_C = 18\sin(314t + 143°)$A，当 $t = 7\text{s}$ 时，这三个电流之和为（　　　）。

　　a）18A　　　　　　　b）182A　　　　　　　c）0A

4-7　某三相对称电路线电压 $U_{AB} = \sqrt{2}U_l\sin(\omega t + 30°)$ V，线电流 $i_A = \sqrt{2}I_l\sin(\omega t - \varphi)$ A，正相序，负载联结成 △，每相的复阻抗 $Z = |Z|\underline{/\varphi}$，该三相电路的有功功率为（　　　）。

　　a）$\sqrt{3}U_lI_l\cos\varphi$　　　　b）$\sqrt{3}U_lI_l\cos(30° + \varphi)$　　c）$\sqrt{3}U_lI_l\cos 30°$

4-8　某三相对称电路的相电压 $u_A = \sqrt{2}U_l\sin(314t+60°)$ V，相电流 $i_A = \sqrt{2}I_l\sin(314t+60°)$ A，则该三相电路的无功功率 Q 为(　　　)。

a) $3U_lI_l\cos60°$　　　　　b) 0　　　　　c) $3U_lI_l\sin60°$

4-9　题 4-8 中，该三相电路的有功功率 P 为(　　　)。

a) $3U_lI_l\cos60°$　　　　　b) 0　　　　　c) $3U_lI_l$

4-10　三相对称交流电路的瞬时功率 p 为(　　　)。

a) 是一个随时间变化的量　　　　　　　　　b) 0

c) 是一个常值，其值恰好等于有功功率 P

4-11　图 4-9 所示电路，$i_1 = 5\sqrt{2}\sin(10t+36.9°)$ A，$i_2 = 5\sqrt{2}\sin(10t-83.1°)$ A，则 i_3 为(　　　)。

a) $i_3 = 5\sqrt{2}\sin(10t-156.9°)$ A　　　b) $i_3 = 5\sqrt{2}\sin(10t+120°)$ A

c) $i_3 = 5\sqrt{2}\sin(10t+156.9°)$ A

4-12　图 4-10 所示某三角形联结的纯电容对称负载接于三相对称电源上，已知各相容抗 $X_C = 6\Omega$，各线电流为 10A，则三相电路的视在功率为(　　　)。

a) 1800V·A　　　　b) 1800W　　　　c) 600V·A　　　　d) 600W

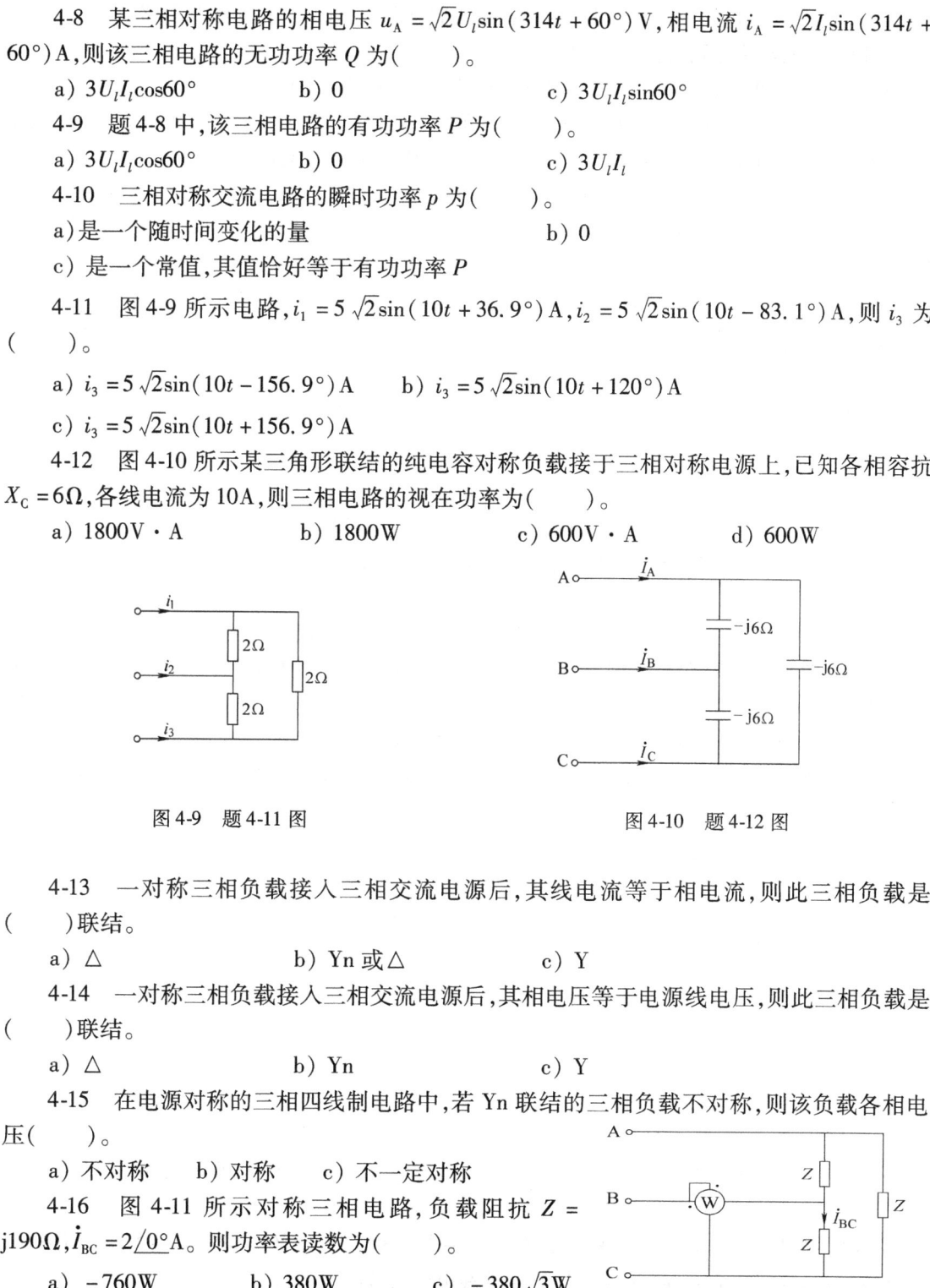

图 4-9　题 4-11 图　　　　　　　　　　　　图 4-10　题 4-12 图

4-13　一对称三相负载接入三相交流电源后，其线电流等于相电流，则此三相负载是(　　　)联结。

a) △　　　　　b) Yn 或 △　　　　c) Y

4-14　一对称三相负载接入三相交流电源后，其相电压等于电源线电压，则此三相负载是(　　　)联结。

a) △　　　　　b) Yn　　　　c) Y

4-15　在电源对称的三相四线制电路中，若 Yn 联结的三相负载不对称，则该负载各相电压(　　　)。

a) 不对称　　b) 对称　　c) 不一定对称

4-16　图 4-11 所示对称三相电路，负载阻抗 $Z = j190\Omega$，$\dot{I}_{BC} = 2\underline{/0°}$ A。则功率表读数为(　　　)。

a) -760W　　　b) 380W　　　c) $-380\sqrt{3}$W

4-17　测量三相交流电路的功率有很多方法，其中三功率表法是测量(　　　)电路的功率。

图 4-11　题 4-16 图

a) 三相三线制电路　　　　b) 对称的三相三线制电路　　　　c) 三相四线制电路

4-18　三相对称电路是指（　　　）。

a) 电源对称的电路　　　　b) 负载对称的电路　　　c) a) 和 b)

4-19　一台变压器的三相绕组星形联结，每相额定电压 220V。出厂时测得 $U_A = U_B = U_C = 220V$，但线电压却为 $U_{AB} = U_{CA} = 220V$，$U_{BC} = 380V$，这种现象是（　　　）。

a) A 相接反　　　　　　b) B 相接反　　　　　　c) C 相接反

4-20　三相四线制电路，已知 $\dot{I}_A = 10 \underline{/20°}$A，$\dot{I}_B = 10 \underline{/-100°}$A，$\dot{I}_C = 10 \underline{/140°}$A，则中性线电流 $\dot{I}_N$ 为（　　　）。

a) 10A　　　　　　　　b) 5A　　　　　　　　　c) 0A

4-21　对称三相负载星形联结，已知每相阻抗 $Z = (40 + j30)$ Ω，电源的线电压为 380V，则该三相电路的线电流为（　　　）。

a) 4.4A　　　　　　　　b) 5.4A　　　　　　　　c) 7.6A

4-22　某对称三相电路，负载星形联结，已知 A 相电压 $u_A = 311\sin(314t + 45°)$V，$i_A = 20\sqrt{2}\sin(314t + 45°)$A，则该三相电路的有功功率为（　　　）。

a) $7600\sqrt{3}$ W　　　　b) $1320\sqrt{3}$ W　　　　c) 1320W

4-23　一对称三相负载与三相交流电源连接后，其线电流等于相电流，则此三相负载的连接方法是（　　　）。

a) 三角形联结　　　　　b) 星形联结　　　　　　c) 无法确定

4-24　图 4-12 所示对称三相电路，已知 $\dot{U}_{AB} = 380 \angle 60°$V，$\dot{I}_A = 5 \angle 0°$A，则三相电路的无功功率约为（　　　）。

a) 4.94kvar　　　　b) 2.85kvar　　　c) 1.65kvar　　　d) 0

4-25　图 4-13 所示 Y-Y 联结对称三相电路中，电流表读数为 1A，若负载阻抗变为原来的 1/3，则电流表读数为（　　　）。

a) 3A　　　　　　b) $\frac{1}{3}$A　　　　　c) $\sqrt{3}$A　　　　　d) $\frac{1}{\sqrt{3}}$A

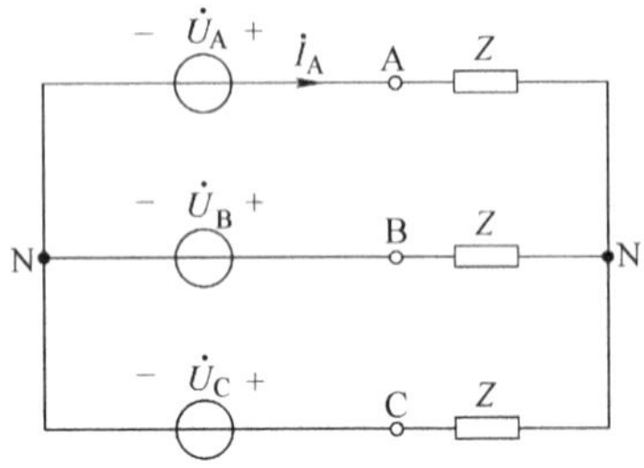

图 4-12　题 4-24 图 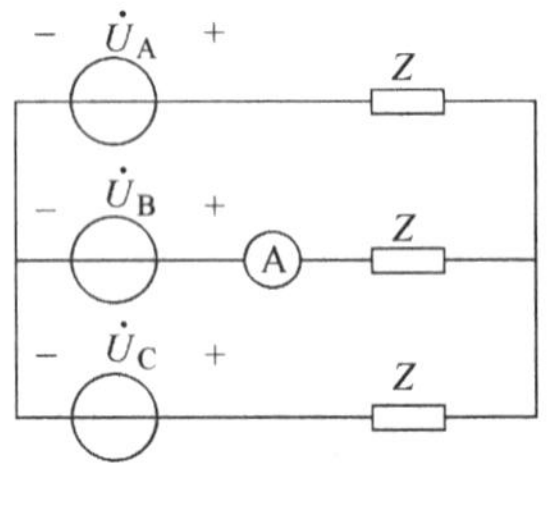　　　　　　　　　　　　图 4-13　题 4-25 图

4-26　图 4-14 所示三线四线制电路中，$i_A = 5\sqrt{2}\sin(10t + 36.9°)$A、$i_B = 5\sqrt{2}\sin(10t - 83.1°)$A、$i_C = 5\sqrt{2}\sin(10t + 156.9°)$A，则中性线电流 i_N 为（　　　）。

a) $i_N = 5\sqrt{2}\sin(10t - 120°)$A　　　　　b) $i_N = 5\sqrt{2}\sin(10t + 120°)$A

c) $i_N = 5\sqrt{2}\sin10t$ A　　　　　d) 0A

4-27　图 4-15 所示电路三相对称电路,电流表读数为 4A,电压表读数为 380V,$Z = |Z|$ $\underline{/60°}\,\Omega$,则三相电路的有功功率 P 为(　　　)

　　a) 4460W　　　　　b) 2280W　　　　c) 1316W　　　　d) 1640W

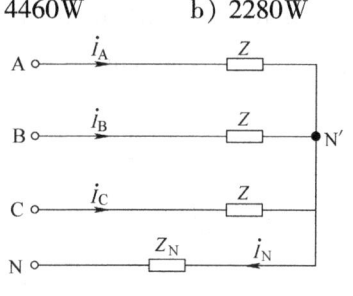

图 4-14　题 4-26 图

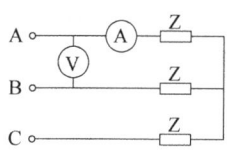

图 4-15　题 4-27 图

计　算　题

4-28　已知对称三相电路每相负载的电阻 $R = 8\Omega$,感抗 $X_L = 6\Omega$。1)设电源线电压 $U_l = 380V$,求负载 Y 联结时的相电压、相电流和线电流,并作相量图;2)设电源线电压 $U_l = 220V$,求负载为三角形联结时的相电压、相电流和线电流,并作相量图;3)比较两种情况下的相电压、相电流和线电流。

4-29　已知对称三相电路 Y 联结,负载的每相阻抗 $Z = (165 + j84)\Omega$,电源的线电压为 380V。当计及相线阻抗 $Z_l = (2 + j1)\Omega$、中性线阻抗 $Z_N = (1 + j1)\Omega$ 时,求负载的相电流和线电压,并作相量图。

4-30　图 4-16 所示三相对称电路,已知 $Z = (12 + j16)\Omega$,电流表的读数为 32.9A,求电压表读数。

4-31　三相电路如图 4-17a 所示,其部分相量图如图 4-17b 所示,已知 $u_{AB} = 380\sqrt{2}\sin314t$ V、$I_A = I_B = I_C = 10A$。求:1) Z_A、Z_B、Z_C,并说明是何种参数;2)电流 $\dot{I}_A$、$\dot{I}_B$、$\dot{I}_C$ 各值;3)中性线电流瞬时值表达式。

4-32　三相电路如图 4-18 所示。电源线电压 $U_l = 380V$,$Z_Y = (4 + j3)\Omega$、$Z_\triangle = 10\Omega$,求端线上的线电流和全部负载的有功功率。

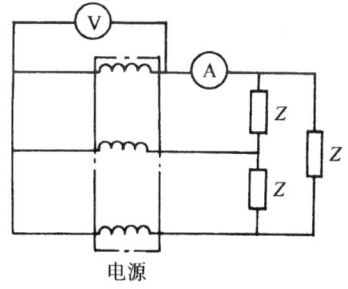

图 4-16　题 4-30 图

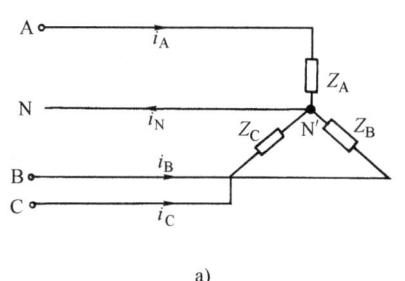

a)

b)

图 4-17　题 4-31 图

4-33　一台三相交流电动机，定子绕组联结成 $\curlyvee$ 并接于线电压 $U_l = 380\text{V}$ 的三相电源上。测得线电流 $I_l = 6\text{A}$，有功功率 $P = 3\text{kW}$。试计算每相绕组的等效参数 R 和 X_L 值。

4-34　三相电路如图 4-19 所示。三相对称电源 $u_{AB} = 10\sqrt{3}\sqrt{2}\sin314t$ V、$R_A = 5\Omega$，$R_B = 1\Omega$、$R_C = 1\Omega$、$X_L = \sqrt{3}\,\Omega$、$X_C = \sqrt{3}\,\Omega$、$X_{C1} = (10/8)\,\Omega$。求：1）S 断开时中性线电流 I_N 值；2）S 闭合时，中性线电流 I_N 的值。

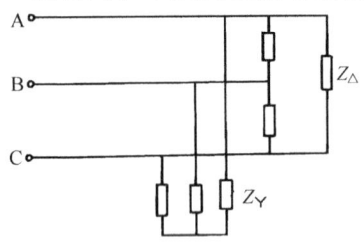

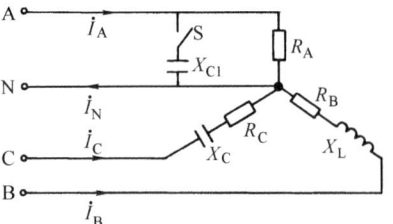

图 4-18　题 4-32 图　　　　　　　　　　　　图 4-19　题 4-34 图

4-35　已知三相对称工频电源 $U_l = 380\text{V}$，三相对称负载 $Z = (5 + j8.66)\,\Omega$，其每相额定电压是 380V，另有三个额定电压均为 380V 的电容器，$C = 275.8\mu\text{F}$。求：1）画出连接正确的三相电路图；2）计算各相电流；3）端线 A 上的电流 I_{AL} 值。

4-36　某三角形联结的不对称三相负载接于线电压为 380V 的对称电源上，已知 $Z_{AB} = (5 + j5\sqrt{3})\,\Omega$，$Z_{BC} = (5 + j5\sqrt{3})\,\Omega$，$Z_{CA} = (5 - j5\sqrt{3})\,\Omega$。试求：1）求各相电流和各线电流；2）三相负载的有功功率 P；3）绘出电压电流相量图。

4-37　电路如图 4-20 所示。已知 $R_1 = 1\Omega$，$R_2 = 2\Omega$，$X_1 = \sqrt{3}\,\Omega$，对称三相电源线电压 $U_l = 220\text{V}$。求：1）I_{AB}、I_{CA}、I_R、I_A；2）画电压电流相量图。

4-38　图 4-21 是三相四线制电路，三个电阻性负载联结成 Y。已知电源的线电压 $U_l = 380\text{V}$，负载电阻 $R_A = 10\Omega$，$R_B = R_C = 20\Omega$，试求：1）负载的各相电压、相电流及中性线电流，并作出其相量图；2）如无中性线再求 1）中各项，并比较 1）、2）所得结果；3）如无中性线，当 A 相短路时求各相电压和电流；4）如无中性线，当 C 相断路时求另外两相电压和电流；5）在 3）、4）中如有中性线，其结果则又如何？

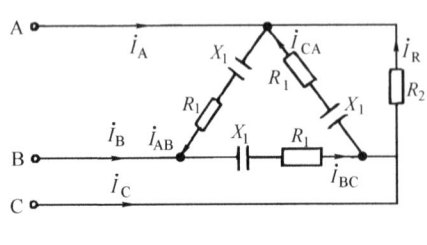

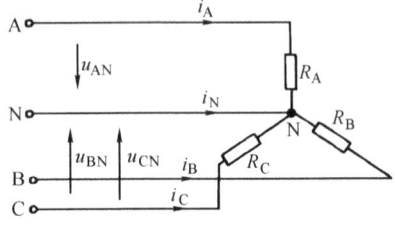

图 4-20　题 4-37 图　　　　　　　　　　　　图 4-21　题 4-38 图

4-39　对称三相负载 Y 联结电路。已知每相阻抗 $Z = (30.8 + j23.1)\,\Omega$，电源的线电压 $U_l = 380\text{V}$，求三相功率 S、P、Q 和功率因数 $\cos\varphi$。

4-40　已知负载为△联结的对称电路，其线电流 $I_l = 25.5\text{A}$，有功功率 $P = 7760\text{W}$，功率因数 $\cos\varphi = 0.8$。求电源的线电压 U_l、电路的视在功率 S 和负载的每相阻抗 Z。

4-41　图 4-22 所示电路中，电源的线电压为 220V，电流表读数 17.3A，三相平均功率为 4.5kW。试求：1）每相负载的电阻 R 和感抗 X_L；2）AB 相断开时，图中各电流表的读数和总功率 P。

4-42　三相电路如图 4-23 所示。对称三相电源 $U_p = 220\text{V}$，4 只额定值为 220V、100W 的白炽灯连接成的电路。试求电流 $\dot{I}_A$ 和电流表 A_1、A_2、A_3、A_4 各自的读数。

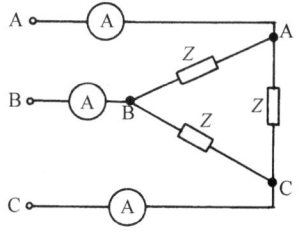

图 4-22　题 4-41 图

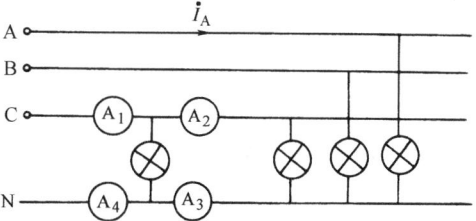

图 4-23　题 4-42 图

4-43　电路如图 4-24 所示。三相对称电源 $U_l = 380\text{V}$，$Z = 50\underline{/60°}\ \Omega$。试求电流表和功率表的读数。

4-44　电路如图 4-25 所示，已知 $U_l = 380\text{V}$、$Z = (50 + \text{j}50)\ \Omega$、$Z_1 = (100 + \text{j}100)\ \Omega$、$Z_A$ 为 R、L、C 串联组成，$R = 50\Omega$、$X_L = 314\Omega$、$X_C = 264\Omega$。求：1）开关打开时的线电流；2）开关 S 闭合时的线电流；3）若用二功率表法测功率，画出连线，并求两表功率值。

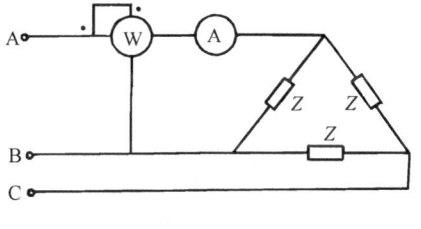

图 4-24　题 4-43 图

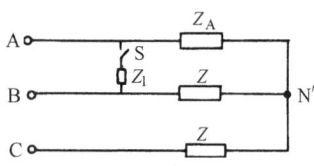

图 4-25　题 4-44 图

4-45　已知对称三相电路的线电流 $\dot{I}_A = 5\underline{/10°}\text{A}$，线电压 $\dot{U}_{AB} = 380\underline{/75°}\text{V}$。求：1）画出用二功率表法测三相功率接线图并求两表的功率；2）根据表的读数，能否求出三相的无功功率和功率因数（对称情况下）。

4-46　已知对称三相电路的负载吸收功率 $P = 2.4\text{kW}$，$\cos\varphi = 0.4$（感性）。试求：1）二功率表的读数；2）若使 $\cos\varphi$ 提高到 0.8，应如何解决，并求两个功率表的读数。

4-47　已知对称三相四线制电路如图 4-26 所示。$Z_1 = -\text{j}10\Omega$，$Z_2 = (5 + \text{j}12)\Omega$，对称电源的线电压 $U_l = 380\text{V}$，单相负载电阻 R 吸收的功率 $P = 24.2\text{kW}$，试求：1）开关 S 闭合时，各表读数；2）开关断开后，再求 1）中各项。

4-48　图 4-27 所示对称 Y-Y 联结三相电路中，已知电源的线电压 $U_{AB} = 1228.2\text{V}$、$Z = (15 + \text{j}15\sqrt{3})\ \Omega$、$Z_1 = (1 + \text{j}2)\ \Omega$。求：电压表和电流表的读数。

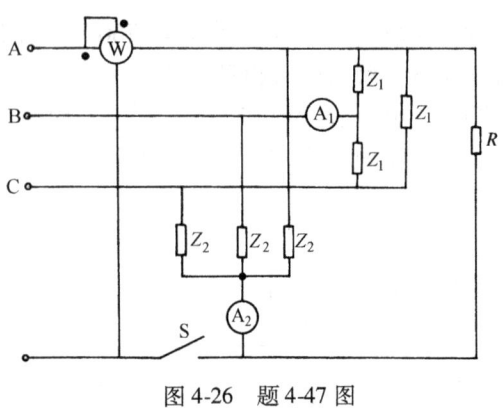

图 4-26　题 4-47 图

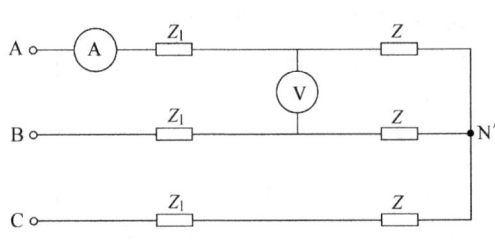

图 4-27　题 4-48 图

4-49　图 4-28 所示对称三相电路，已知 $\dot{U}_{AB} = 380\underline{/0°}\,V$、$Z = (3 - j3)\,\Omega$，求电路中电流 $\dot{I}_A$ 和 $\dot{I}_{AB}$。

4-50　图 4-29 所示三相四线制电路中，三相电源对称，线电压为 380V、$X_L = X_C = R = 40\Omega$。求：1) 三相相电压、相电流；2) 中性线电流；3) 三相功率 P、Q、S。

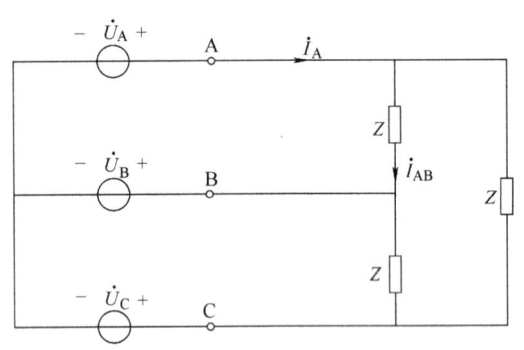

图 4-28　题 4-49 图

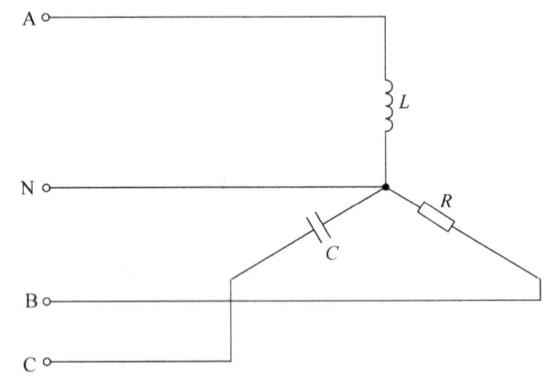

图 4-29　题 4-50 图

4-51　图 4-30 所示对称工频三相电路接于三相对称电源，已知电源线电压 $U_l = 380V$、$R = 30\Omega$、$L = 127.39\text{mH}$。求：相电流和电路总的有功功率 P、无功功率 Q 和视在功率 S。

4-52　图 4-31 所示三相电路中，A 的读数为 10A，则 A_1、A_2、A_3 表的读数为多少？若 A′、B′ 之间发生断路，则 A_1、A_2、A_3 表的读数又为多少？

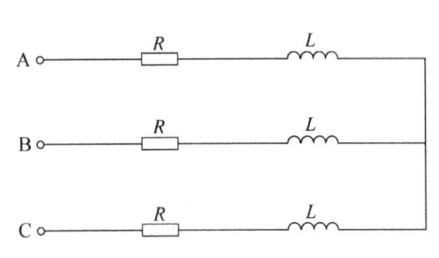

图 4-30　题 4-51 图

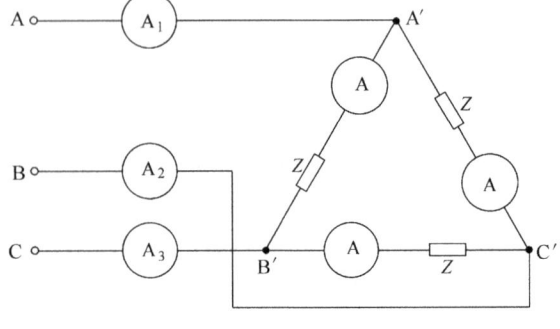

图 4-31　题 4-52 图

4-53 图 4-32 所示电路中，电源线电压 $U_l = 380\text{V}$，$Z_Y = (4 + j3)\ \Omega$，$Z_\triangle = 10\Omega$，求电源端线上总线电流和全部负载的有功功率。

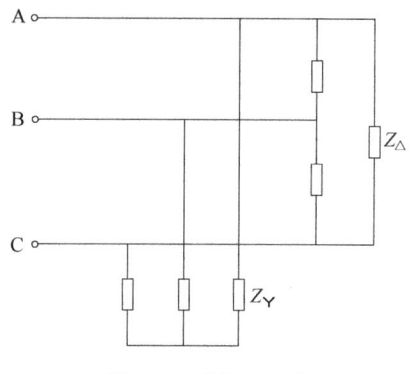

图 4-32 题 4-53 图

4-54 一台三相交流电动机，定子绕组联结成 Y 于线电压 380V 的三相电源上。测得线电流为 6A，有功功率为 3kW。试计算每相绕组的等效参数 R、X_L 的值。

4-55 图 4-33 所示电路，电源的线电压 220V，电流表读数 17.3A，三相平均功率为 4.4kW。试求：1）每相负载的 R、X_L；2）AB 相断开时，图中电流表的读数和总功率 P。

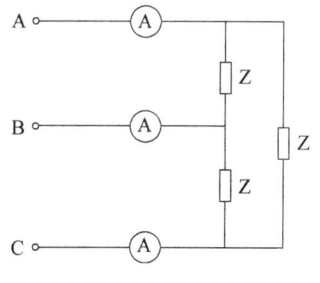

图 4-33 题 4-55 图

4-56 某三角形联结的不对称三相负载接于线电压为 380V 的对称电源上，负载 $Z_{AB} = (5 + j5\sqrt{3})\Omega$，$Z_{BC} = (5 + j5\sqrt{3})\Omega$，$Z_{CA} = (5 - j5\sqrt{3})\Omega$。试求：1）各相电流和各线电流；2）三相负载的有功功率 P。

答　案

4-1　b)　　4-2　c)　　4-3　b)　　4-4　a)　　4-5　c)　　4-6　c)　　4-7　a)

4-8　b)　　4-9　c)　　4-10　c)　　4-11　c)　　4-12　b)　　4-13　c)

4-14　a)　　4-15　b)　　4-16　c)　　4-17　c)　　4-18　c)　　4-19　a)

4-20　c)　　4-21　a)　　4-22　a)　　4-23　b)　　4-24　c)　　4-25　a)　　4-26　d)　4-27　c)

4-28　（1）$U_p = 220\text{V}, I_p = I_l = 22\text{A}$　　（2）$U_p = 220\text{V}, I_p = 22\text{A}, I_l = 38\text{A}$

4-29　$I_p = 1.174\text{A}, U_l = 376.5\text{V}$　　4-30　219.3V

4-31　1）略

2) $\dot{I}_A = 10\underline{/-120°}\text{A}, \dot{I}_B = 10\underline{/-60°}\text{A}, \dot{I}_C = 10\underline{/90°}\text{A}$

3) $i_N = 7.32\sqrt{2}\sin(314t - 90°)\text{A}$

4-32　$I_l = 104.5\text{A}, P = 48.88\text{kW}$

4-33　$R = 27.9\Omega, X_L = 23.9\Omega$

4-34　$I_N = -8\sqrt{3}\text{A}, I_N = 20\text{A}$

4-35　1) 略

　　　2) $I_{PC} = 32.9\text{A}, I_{PZ} = 38\text{A}, 3) I_{UL} = 19\sqrt{3}\text{A}$

4-36　$\dot{I}_{AB} = 38\underline{/-60°}\text{A}, \dot{I}_{BC} = 38\underline{/-180°}\text{A}, \dot{I}_{CA} = 38\underline{/80°}\text{A}$

　　　$\dot{I}_A = 65.8\underline{/-30°}\text{A}, \dot{I}_B = 65.8\underline{/150°}\text{A}, \dot{I}_C = 0, P = 21.66\text{kW}$

4-37　$I_{AB} = I_{CA} = 110\text{A}, I_R = 110\text{A}, I_A = 220\text{A}$

4-38　1) $U_p = 220\text{V}, \dot{I}_A = 22\underline{/0°}\text{A}, \dot{I}_B = 11\underline{/-120°}\text{A}, \dot{I}_C = 11\underline{/120°}\text{A}, \dot{I}_N = 11\underline{/0°}\text{A}$

　　　2) $\dot{U}_A = 165\underline{/0°}\text{V}, \dot{U}_B = 252\underline{/-131°}\text{V}, \dot{U}_C = 252\underline{/131°}\text{V}, U_{N'N} = 55\underline{/0°}\text{V}, I_A = 16.5\text{A}, I_B = I_C = 12.6\text{A}$

　　　3) $\dot{U}_A = 0\text{V}, \dot{U}_B = 380\underline{/-150°}\text{V}, \dot{U}_C = 380\underline{/150°}\text{V}, \dot{I}_A = 32.9\underline{/0°}\text{A}, \dot{I}_B = 19\underline{/-150°}\text{A},$

　　　　$\dot{I}_C = 19\underline{/150°}\text{A}$

　　　4) $I_A = I_B = 12.7\text{A}, U_A = 127\text{V}, U_B = 253\text{V}$

　　　5) A 相短路 $U_B = U_C = U_p = 220\text{V}, I_B = I_C = 11\text{A}, \dot{I}_N = 11\underline{/180°}\text{A}$, 短路使 FU 熔断, $I_A = 0$, C 相断相,

　　　　$U_A = U_B = U_p = 220\text{V}, I_B = 11\text{A}\quad I_A = 22\text{A}, I_C = 0, \dot{I}_N = 19\underline{/-30°}\text{A}$

4-39　$3750\text{V·A}, 3000\text{W}, 2250\text{var}, \cos\varphi = 0.8$

4-40　$U_l = 220\text{V}, S = 9700\text{V·A}, Z = 15\underline{/36.9°}\Omega$

4-41　1) $R = 15\Omega, X_L = 16.1\Omega$

　　　2) $I_A = I_B = I_p = 10\text{A}, I_C = 17.3\text{A}, P = 3000\text{W}$

　　　3) $I_A = 0, I_B = 15\text{A}, I_C = 15\text{A}, P = 2250\text{W}$

4-42　$I_A = 0.45\text{A}, I_{P2} = I_{P4} = 0.45\text{A}, I_{P1} = 0.9\text{A}, I_{P3} = 0$

4-43　$I_A = 13.16\text{A}, P = 4.33\text{kW}$

4-44　1) $\dot{I}_A = 3.11\underline{/-45°}\text{A}, \dot{I}_B = 3.11\underline{/-165°}\text{A}, \dot{I}_C = 3.11\underline{/75°}\text{A}$

　　　2) $\dot{I}_A = 5.6\underline{/-31.1°}\text{A}, \dot{I}_B = 5.6\underline{/-178.9°}\text{A}, \dot{I}_C = 3.11\underline{/75°}\text{A}$ (以上设 $\dot{U}_{AN} = 220\underline{/0°}\text{V}$)

　　　3) $W_1 = 2128\text{W}, W_2 = 40.85\text{W}$

4-45　1) $803\text{W}, 1893\text{W}$

　　　2) $Q = 1887\text{var}, \cos\varphi = 0.82$

4-46　1) $2.79\text{kW}, -0.39\text{kW}$

　　　2) $Q_C = 3.7\text{kvar}, 1.72\text{kW}, 0.68\text{kW}$

4-47　1) $A_1 = 65.82\text{A}, A_2 = 0$, 功率表为 25.6kW

　　　2) A_1 不变, $A_2 = 40.5\text{A}$

4-48　V 表: 1143.16V, A 表: 22A

4-49 $\dot{I}_A = 155.13\underline{/15°}\text{A}, \dot{I}_{AB} = 89.57\underline{/45°}\text{A}$

4-50 $U_p = 220\text{V}, I_p = 5.5\text{A}, I_N = 15.02\text{A}, p = 1.21\text{kW}, Q = 0, S = 1.21\text{kV}\cdot\text{A}$

4-51 $I_p = 3.59\text{A}, P = 1161.87\text{W}, Q = 2063.91\text{var}, S = 2368.47\text{V}\cdot\text{A}$

4-52 $A_1 \text{、} A_2 \text{、} A_3$ 表:$10\sqrt{3}\text{A}$, $A_1 \text{、} A_3$ 表:5A, A_2 表:$10\sqrt{3}\text{A}$

4-53 $I_1 = 158.5\text{A}, P = 66.44\text{kW}$

4-54 $R = 27.9\Omega, X_L = 23.9\Omega$

4-55 1) $R = 15\Omega, X_L = 16.1\Omega$ 2) $I_A = 0, I_B = 15\text{A}, I_C = 15\text{A}, P = 2240\text{W}$

4-56 1) $\dot{I}_{AB} = 38\underline{/-60°}\text{A}, \dot{I}_{BC} = 38\underline{/-180°}\text{A}, \dot{I}_{CA} = 38\underline{/180°}\text{A}, \dot{I}_A = 65.8\underline{/-30°}\text{A}, \dot{I}_B = 65.8\underline{/150°}\text{A}, \dot{I}_C = 0$

2) $P = 21.66\text{kW}$

第 5 章 电路的时域分析

解 题 概 要

本章侧重 RC、RL 一阶线性电路的时域分析。其分析方法主要是三要素法。要求熟练掌握暂态、稳态、换路、换路定律、初始值、稳态值、时间常数、零输入响应、零状态响应和完全响应等概念。

用三要素法求解一阶电路的核心问题是求出初始值 $f(0_+)$、第二稳态值 $f(\infty)$ 和时间常数 τ 三个值。

1. $f(0_+)$ 值的计算

1）根据 $t=0_-$ 时的电路计算 $u_C(0_-)$ 和 $i_L(0_-)$，即求 $t=0_-$ 时电容两端开路电压和电感中的短路电流。再根据换路定律：$u_C(0_+)=u_C(0_-)$、$i_L(0_+)=i_L(0_-)$，求出 $u_C(0_+)$ 和 $i_L(0_+)$。

2）根据 $t=0_+$ 时的等效电路，用电路分析方法求电容中的电流 $i_C(0_+)$、电感两端电压 $u_L(0_+)$ 以及电阻元件或开关上电压与电流的初始值 $f(0_+)$。在 $t=0_+$ 等效电路中，用 $U_s=u_C(0_+)$ 的恒压源替代电容元件，用 $I_s=i_L(0_+)$ 的恒流源替代电感元件。

2. $f(\infty)$ 值的计算

对于直流电路，$t=\infty$ 时：

1）电容相当于断路，$i_C(\infty)=0$，如果电容通过电阻接通电源，则 $u_C(\infty)=U_s$；如果电容通过电阻放电，则 $u_C(\infty)=0$。

2）电感相当于短路，$u_L(\infty)=0$，如果电感通过电阻接通电源，则 $i_L(\infty)=U_s/R$；如果电感经电阻短接，则 $i_L(\infty)=0$。

3）电阻元件和开关上的 $f(\infty)$，可根据电容视为断路，电感视为短路后的 $t=\infty$ 等效电路求解。

3. τ 值的计算

1）对于 RC 电路，$\tau=RC$，R 为从电容元件两端看进去的等效电阻。

2）对于 RL 电路，$\tau=L/R$，R 为从电感元件两端看进去的等效电阻。

4. 如果电路中存在受控源时，应将受控源保留在电路中参与计算。

例 题 解 析

例 5-1 图 5-1a 所示电路原已处于稳态。$t=0$ 时开关 S 断开，试求 S 断开后瞬间各支路电流和储能元件上的电压。

解 通过本题练习，掌握电路换路后初始值的求解。

1）根据 $t=0_-$ 等效电路（见图 5-1b） 求 $i_L(0_-)$ 和 $u_C(0_-)$

$$i_L(0_-) = \frac{60}{40+60} \times 1\mathrm{A} = 0.6\mathrm{A}$$

$$u_C(0_-) = 0$$

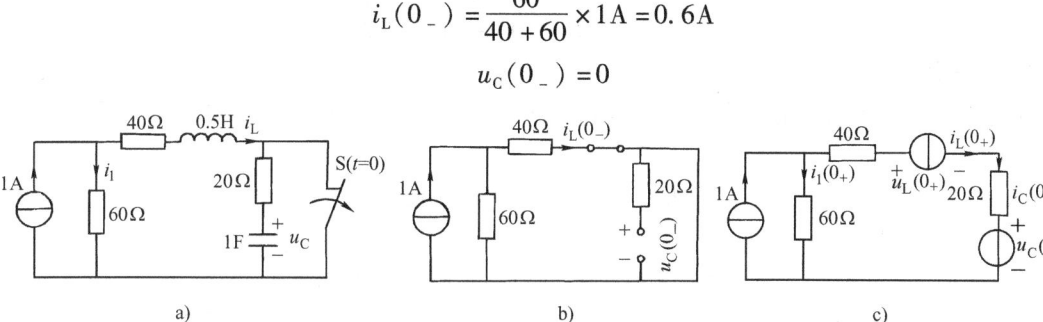

图 5-1　例 5-1 图

2）根据换路定律求 $i_L(0_+)$ 和 $u_C(0_+)$

$$i_L(0_+) = i_L(0_-) = 0.6\mathrm{A}$$

$$u_C(0_+) = u_C(0_-) = 0$$

3）根据 $t=0_+$ 等效电路（见图 5-1c），应用 KCL 和 KVL，求各支路电流和电感电压的初始值。

$$i_1(0_+) = 1 - i_L(0_+) = 0.4\mathrm{A}$$

$$i_C(0_+) = i_L(0_+) = 0.6\mathrm{A}$$

$$u_L(0_+) = 60i_1(0_+) - (40+20)i_L(0_+) = -12\mathrm{V}$$

例 5-2　图 5-2a 所示电路原已处于稳态。$t=0$ 时开关 S 闭合，试求 S 闭合后的 $i_2(t)$ 和 $i_3(t)$。已知 $R_1 = R_2 = R_3 = 100\Omega$、$C = 100\mu\mathrm{F}$、$E = 100\mathrm{V}$。

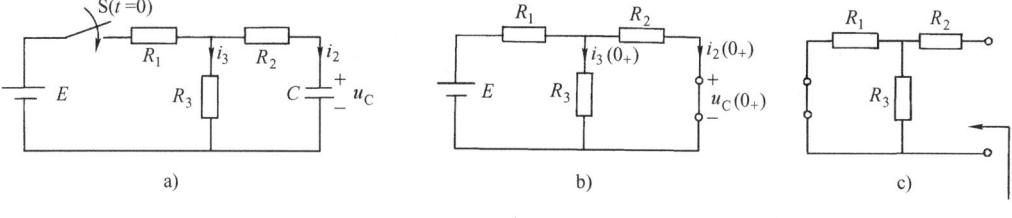

图 5-2　例 5-2 图

解　本题练习,掌握用三要素法求解零状态响应。

解法 1　用三要素法求 $i_2(t)$ 和 $i_3(t)$

1）根据 $t=0_+$ 等效电路（见图 5-2b）求 $i_2(0_+)$ 和 $i_3(0_+)$

因为 $u_C(0_+) = u_C(0_-) = 0$,所以 $t=0_+$ 时 R_2 与 R_3 并联,则

$$i_2(0_+) = \frac{E}{R_1 + R_2 /\!/ R_3}\frac{R_3}{R_2 + R_3} = \frac{100}{100+50} \times \frac{100}{100+100}\mathrm{A} = \frac{1}{3}\mathrm{A}$$

$$i_3(0_+) = i_2(0_+) = \frac{1}{3}\mathrm{A}$$

2）求 $i_2(\infty)$ 和 $i_3(\infty)$

因为 $t=\infty$ 时,电容相当于断路,故

$$i_2(\infty) = 0$$

$$i_3(\infty) = \frac{E}{R_1 + R_3} = \frac{100}{100 + 100}\text{A} = \frac{1}{2}\text{A}$$

3）求 τ 值

先将电容元件断开移走，求从端口看进去的入端等效电阻 R（见图 5-2c，电动势 E 视其短路），则

$$R = R_1 /\!/ R_3 + R_2 = 150\Omega$$

再求 τ 值，即

$$\tau = RC = 150 \times 100 \times 10^{-6}\text{s} = 15 \times 10^{-3}\text{s}$$

4）将 $f(0_+)$、$f(\infty)$ 和 τ 值代入一阶电路时域响应的一般表达，即可求出 $i_2(t)$ 和 $i_3(t)$。

$$i_2(t) = i_2(\infty) + [i_2(0_+) - i_2(\infty)]e^{-t/\tau}$$

$$= \left[0 + \left(\frac{1}{3} - 0\right)e^{-1000t/15}\right]\text{A} = \frac{1}{3}e^{-1000t/15}\text{A}$$

$$i_3(t) = i_3(\infty) + [i_3(0_+) - i_3(\infty)]e^{-t/\tau}$$

$$= \left[\frac{1}{2} + \left(\frac{1}{3} - \frac{1}{2}\right)e^{-1000t/15}\right]\text{A} = \left[\frac{1}{2} - \frac{1}{6}e^{-1000t/15}\right]\text{A}$$

解法 2　先求出 $u_C(t)$，再根据电路结构求出 $i_2(t)$ 和 $i_3(t)$。

解题步骤：

1）利用三要素法求 $u_C(t)$

$$u_C(0_+) = u_C(0_-) = 0$$

$$u_C(\infty) = u_{R3}(\infty) = \frac{R_3}{R_1 + R_3}E = \frac{100 \times 100}{100 + 100}\text{V} = 50\text{V}$$

$$\tau = RC = (R_1 /\!/ R_3 + R_2)C = 15 \times 10^{-3}\text{s}$$

$$u_C(t) = u_C(\infty) + [u_C(0_+) - u_C(\infty)]e^{-t/\tau} = (50 - 50e^{-1000t/15})\text{V}$$

2）利用电容元件的伏安关系求电容中的电流 $i_2(t)$

$$i_2(t) = C\frac{\mathrm{d}u_C(t)}{\mathrm{d}t} = 100 \times 10^{-6} \times 50 \times \frac{1000}{15}e^{-1000t/15}\text{A} = \frac{1}{3}e^{-1000t/15}\text{A}$$

3）利用 KVL 求 $i_3(t)$

根据回路电压方程：

$$i_3(t)R_3 = i_2(t)R_2 + u_C(t)$$

得出
$$i_3(t) = \frac{i_2(t)R_2 + u_C(t)}{R_3} = \frac{100 \times \frac{1}{3}e^{-1000t/15} + 50 - 50e^{-1000t/15}}{100}\text{A}$$

$$= \left(\frac{1}{2} - \frac{1}{6}e^{-1000t/15}\right)\text{A}$$

例 5-3　在图 5-3a 所示电路中，$R_1 = R_2 = 1\text{k}\Omega$、$L_1 = 15\text{mH}$、$L_2 = L_3 = 10\text{mH}$、$I_s = 10\text{mA}$。电路原已处稳定，$t = 0$ 时开关 S 接通，试求 S 接通后的电流 $i(t)$（设线圈间无互感）。

解　通过本题练习，掌握多个电感混联时电路时域响应的求解。

1）图 5-3a 中 L_2 与 L_3 并联，再与 L_1 串联，此时可用一电感 L 等效，其电感值为

$$L = L_1 + \frac{L_2 L_3}{L_2 + L_3} = \left(15 + \frac{10 \times 10}{10 + 10}\right)\text{mH} = 20\text{mH}$$

等效后的电路如图 5-3b 所示, 仍是一阶电路。

2) 用三要素法求 $i(t)$。

$$i(0_+) = i(0_-) = 0$$

$$i(\infty) = \frac{R_1}{R_1 + R_2} I_s = \frac{1}{2} \times 10\text{mA} = 5\text{mA}$$

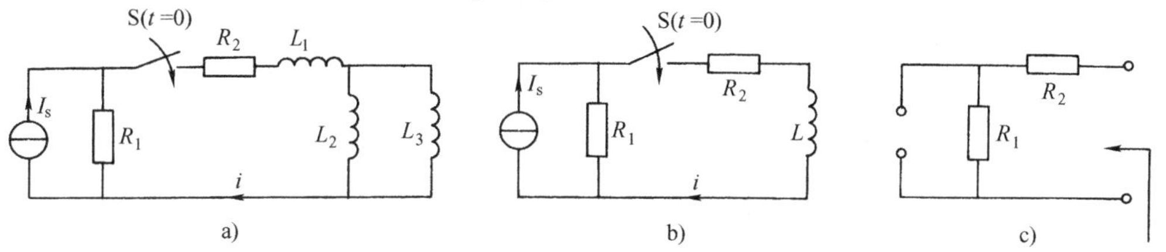

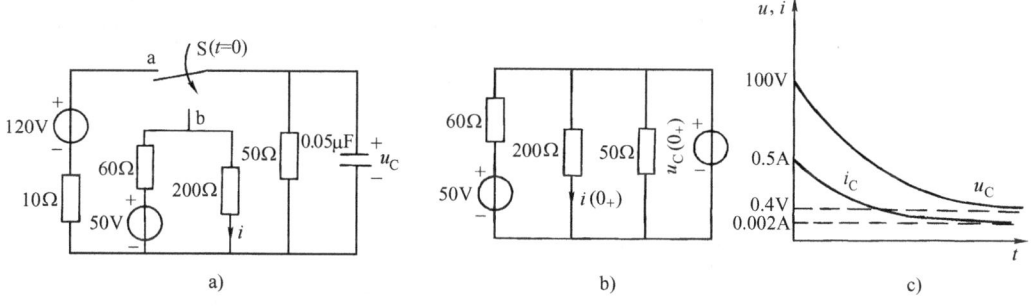

图 5-3　例 5-3 图

$\tau = L/R$, R 为 L 断开移走后从端口看进去的入端等效电阻(见图 5-3c 恒流源视为断路)。

$$R = R_1 + R_2 = 2\text{k}\Omega$$

则
$$\tau = \frac{L}{R} = \frac{20 \times 10^{-3}}{2 \times 10^3}\text{s} = 10^{-5}\text{s}$$

$$i(t) = i(\infty) + [i(0_+) - i(\infty)]\text{e}^{-t/\tau} = (5 - 5\text{e}^{-10^5 t})\text{mA}$$

例 5-4　图 5-4a 所示电路原已处于稳态。$t = 0$ 时开关 S 从 a 合向 b, 求 $t \geqslant 0$ 时的 $i(t)$ 和 $u_C(t)$, 并画出其变化曲线。

图 5-4　例 5-4 图

解　本题练习用三要素法求解 RC 电路的完全响应。

1) 求 $u_C(0_+)$ 和 $i(0_+)$

根据换路定律求出:

$$u_C(0_+) = u_C(0_-) = \left(\frac{50}{10 + 50} \times 120\right)\text{V} = 100\text{V}$$

根据 $t = 0_+$ 等效电路(见图 5-4b)求出:

$$i(0_+) = \frac{u_C(0_+)}{200\Omega} = \frac{100\text{V}}{200\Omega} = 0.5\text{A}$$

2) 求 $u_C(\infty)$ 和 $i(\infty)$

$$u_C(\infty) = \left(\frac{\dfrac{200 \times 50}{200 + 50}}{60 + \dfrac{200 \times 50}{200 + 50}} \times 50 \right) V = 20V$$

$$i(\infty) = \frac{u_C(\infty)}{200\Omega} = \frac{20V}{200\Omega} = 0.1A$$

3）求 τ 值

$$\tau = RC = \left(\frac{1}{\dfrac{1}{60} + \dfrac{1}{200} + \dfrac{1}{50}} \right) \times 0.05 \times 10^{-6} s = 1.2\mu s$$

4） $u_C(t) = u_C(\infty) + [u_C(0_+) - u_C(\infty)]e^{-t/\tau}$

$\qquad = [20 + (100 - 20)e^{-8.3 \times 10^5 t}]V = (20 + 80e^{-8.3 \times 10^5 t})V$

$\qquad i(t) = i(\infty) + [i(0_+) - i(\infty)]e^{-t/\tau} = (0.1 + 0.4e^{-8.3 \times 10^5 t})A$

$u_C(t)$ 和 $i(t)$ 随时间变化的曲线如图 5-4c 所示。

例 5-5　图 5-5a 所示电路原已处于稳态。 $t=0$ 时将开关 S 从"1"合向"2"，试求 $t \geq 0$ 时 $i_L(t)$ 和 $u_L(t)$。已知： $R_1 = 6k\Omega$、 $R_2 = 3k\Omega$、 $R_3 = 1k\Omega$、 $I_s = 8mA$、 $U = 12V$、 $L = 2mH$。

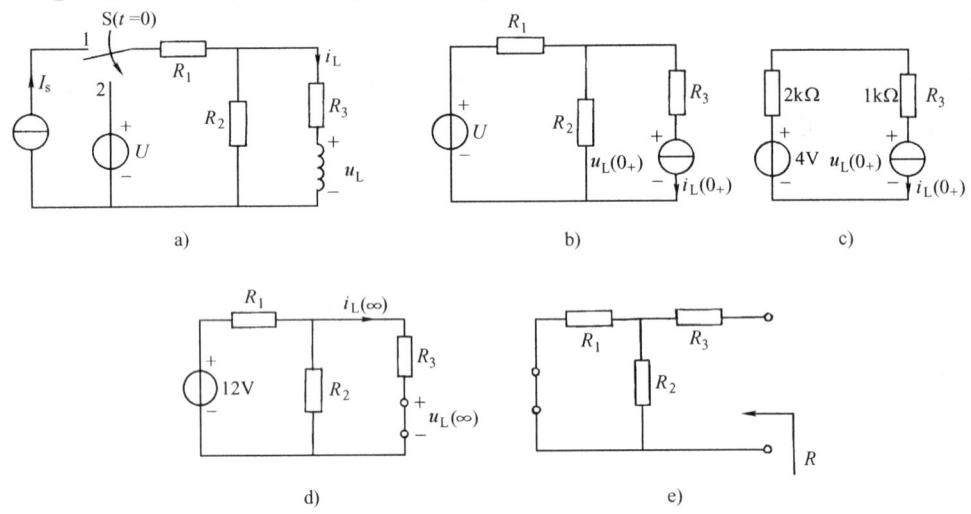

图 5-5　例 5-5 图

解：本题练习用三要素法求解 RL 电路的完全响应。

解法 1

1）根据换路前电路求 $i_L(0_+)$

$$i_L(0_+) = i_L(0_-) = \frac{R_2}{R_2 + R_3} I_s = \frac{3}{3 + 1} \times 8mA = 6mA$$

2）根据 $t = 0_+$ 等效电路（见图 5-6b）求 $u_L(0_+)$

将图 5-5b 等效变换至图 5-5c 求得

$$u_L(0_+) = 4 - (2 + 1) \times i_L(0_+) = 4V - 3 \times 6V = -14V$$

3）根据 $t = \infty$ 时等效电路（见图 5-5d）求 $i_L(\infty)$ 和 $u_L(\infty)$

$$i_{L}(\infty) = \frac{12}{6 + \dfrac{3 \times 1}{3 + 1}} \times \frac{3}{3 + 1} \text{mA} = \frac{4}{3} \text{mA}$$

$$u_{L}(\infty) = 0$$

4）根据图 5-5e 所示等效电路求 τ 值

$$\tau = \frac{L}{R} = \frac{2 \times 10^{-3}}{\left(\dfrac{3 \times 6}{3 + 6} + 1\right) \times 10^{3}} \text{s} = \frac{2}{3} \times 10^{-6} \text{s}$$

5）$i_{L}(t) = i_{L}(\infty) + [i_{L}(0_{+}) - i_{L}(\infty)] \mathrm{e}^{-\frac{t}{\tau}} = \left[\frac{4}{3} + \left(6 - \frac{4}{3}\right)\mathrm{e}^{-1.5 \times 10^{6}t}\right]\text{mA}$

$$= \left(\frac{4}{3} + \frac{14}{3}\mathrm{e}^{-1.5 \times 10^{6}t}\right)\text{mA}$$

$$u_{L}(t) = u_{L}(\infty) + [u_{L}(0_{+}) - u_{L}(\infty)]\mathrm{e}^{-\frac{t}{\tau}} = -14\mathrm{e}^{-1.5 \times 10^{6}t}\text{V}$$

解法 2

1）先求出 $i_{L}(t)$（方法同上）

2）利用电感元件伏安约束关系求出 $u_{L}(t)$，即

$$u_{L}(t) = L\frac{\mathrm{d}i_{L}(t)}{\mathrm{d}t} = 2 \times 10^{-3} \times (-1.5 \times 10^{3}) \times \frac{14}{3}\mathrm{e}^{-1.5 \times 10^{6}t}\text{V} = -14\mathrm{e}^{-1.5 \times 10^{6}t}\text{V}$$

例 5-6　图 5-6a 所示含受控源电路，当 $t = 0$ 时开关 S 闭合，且 $i_{L}(0_{-}) = 2\text{A}$。求 $t \geqslant 0$ 时，$i_{L}(t)$、$u_{L}(t)$ 和 $i(t)$。

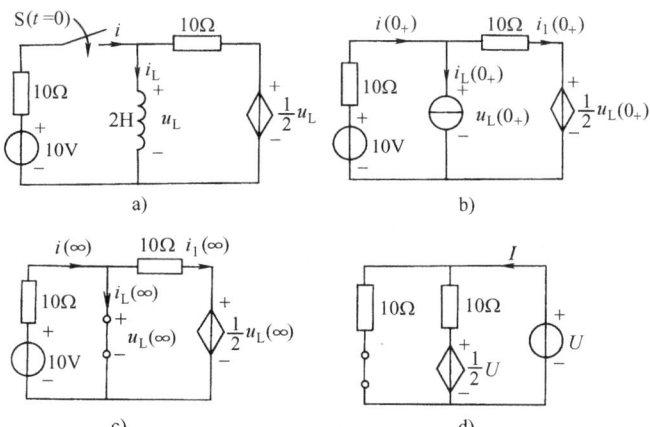

图 5-6　例 5-6 题

解：本题练习含受控源一阶电路完全响应的求解。

1）计算初始值

$$i_{L}(0_{+}) = i_{L}(0_{-}) = 2\text{A}$$

根据 $t = 0_{+}$ 等效电路（见图 5-6b），利用支路电流法求 $i(0_{+})$ 和 $u_{L}(0_{+})$：

$$\begin{cases} i_{1}(0_{+}) = i(0_{+}) - 2 & (1) \\[2mm] u_{L}(0_{+}) = 10 \times [i(0_{+}) - 2] + \frac{1}{2}u_{L}(0_{+}) & (2) \\[2mm] u_{L}(0_{+}) = 10 - 10i(0_{+}) & (3) \end{cases}$$

联立求解上述方程组,得出:

$$i(0_+) = \frac{5}{3}\text{A}$$

$$u_L(0_+) = -\frac{20}{3}\text{V}$$

还可以利用节点电压法求 $u_L(0_+)$ 和 $i(0_+)$。

设节点电压为 $u_L(0_+)$,则

$$\left(\frac{1}{10} + \frac{1}{10}\right)u_L(0_+) = \left(\frac{10}{10} - 2\right) + \frac{\frac{1}{2}u_L(0_+)}{10}$$

$$u_L(0_+) = -\frac{20}{3}\text{V}$$

$$i(0_+) = \frac{10 - u_L(0_+)}{10} = \frac{10 + \frac{20}{3}}{10}\text{A} = \frac{5}{3}\text{A}$$

2)计算稳态值

根据 $t = \infty$ 时等效电路(见图 5-6c),求出:

$$u_L(\infty) = 0$$

$$i_1(\infty) = 0$$

$$i(\infty) = i_L(\infty) = \frac{10}{10}\text{A} = 1\text{A}$$

3)计算时间常数

先求出电感元件断开后端口电路的入端等效电阻,电路如图 5-6d 所示。利用外施电压法求 R。

$$I = \frac{U}{10} + \frac{U - \frac{1}{2}U}{10} = \frac{U}{10} + \frac{U}{20} = \frac{3}{20}U$$

$$R = \frac{U}{I} = \frac{20}{3}\Omega$$

则时间常数

$$\tau = \frac{L}{R} = \frac{2}{\frac{20}{3}}\text{s} = \frac{3}{10}\text{s}$$

4)写出各响应表达式

$$i(t) = \left[1 + \left(\frac{5}{3} - 1\right)\text{e}^{\frac{10}{3}t}\right]\text{A} = \left(1 + \frac{2}{3}\text{e}^{-\frac{10}{3}t}\right)\text{A}$$

$$i_L(t) = \left[1 + (2 - 1)\text{e}^{-\frac{10}{3}t}\right]\text{A} = (1 + \text{e}^{-\frac{10}{3}t})\text{A}$$

$$u_L(t) = -\frac{20}{3}\text{e}^{-\frac{10}{3}t}\text{V}$$

例 5-7 图 5-7a 所示电路原已处于稳态,在 $t = 0$ 时开关 S 闭合,试求 S 闭合后的 $u_C(t)$。

解

$$u_C(0_+) = u_C(0_-) = 0$$

$$\frac{8-u_C(\infty)}{2} + \frac{1}{6}u_C(\infty) = \frac{u_C(\infty)}{3}$$

$$u_C(\infty) = 6\text{V}$$

$$\tau = RC$$

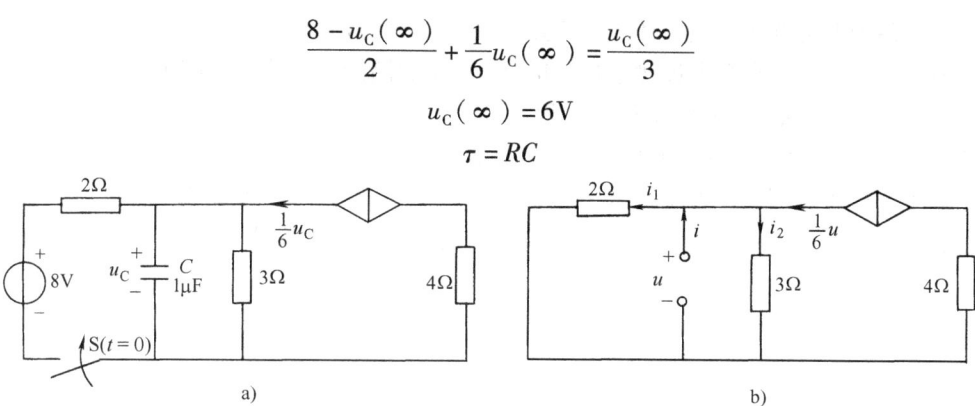

图 5-7 例 5-7 图

求 R 的电路见图 5-7b，由 KCL 可知：

$$i = i_1 + i_2 - \frac{1}{6}u$$

$$i_1 = \frac{u}{2} \qquad i_2 = \frac{u}{3}$$

$$i = \frac{u}{2} + \frac{u}{3} - \frac{1}{6}u$$

$$R = \frac{u}{i} = 1.5\Omega$$

$$\tau = 1.5 \times 1 \times 10^{-6}\text{s} = 1.5 \times 10^{-6}\text{s}$$

$$u_C(t) = (6 - 6e^{-10^6 t/1.5})\text{V}$$

选 择 题

5-1 已知图 5-8 所示电路在已处于稳态，$t=0$ 时开关 S 断开，则该电路（   ）。

a）因为有储能元件 L，要产生过渡过程   b）因为有储能元件 L 且发生换路，要产生过渡过程   c）因为换路时储能元件 L 的电流不发生变化，所以不产生过渡过程

5-2 图 5-9 所示电路在达到稳定状态后移动 RP 上的滑动触点，该电路将产生过渡过程。这是因为（   ）。

a）电路发生换路   b）换路使电容电压稳态值发生变化   c）电路有储能元件且发生换路

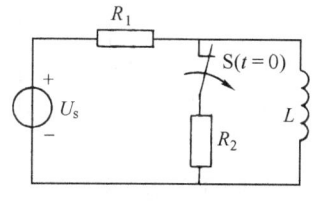

图 5-8 题 5-1 图

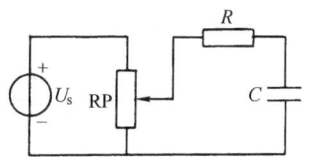

图 5-9 题 5-2 图

5-3　图 5-10 所示电路在达到稳定状态后增加 R，则该电路（　　　）。

a）因为发生换路，要产生过渡过程　　b）因为 C 的储能值不变，不产生过渡过程　　c）因为有储能元件且发生换路，要发生过渡过程

5-4　图 5-11 所示电路在稳定状态下开关 S 闭合，该电路（　　　）。

a）不产生过渡过程，因为换路未引起 L 的电流发生变化　　b）要产生过渡过程，因为电路发生换路　　c）要产生过渡过程，因为电路有储能元件且发生换路

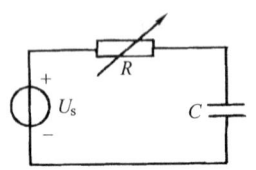

图 5-10　题 5-3 图

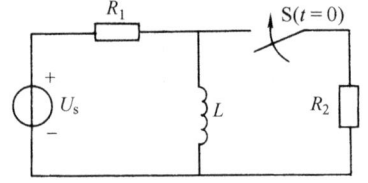

图 5-11　题 5-4 图

5-5　在开关 S 闭合瞬间，图 5-12 所示电路中的 i_R、i_L、i_C 和 i 这 4 个量中，不发生跃变的是（　　　）。

a）i_L 和 i_C　　b）i_L 和 i　　　c）i_R 和 i_L

5-6　图 5-13 所示电路在开关 S 断开前已处于稳态。若在 $t = 0$ 瞬间开关 S 断开，则 $i_1(0_+)$ 为（　　　）。

a）2A　b）0A　c）−2A

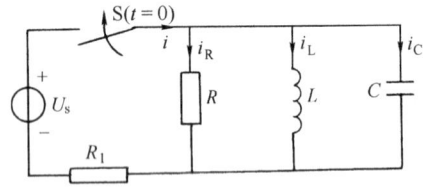

图 5-12　题 5-5 图

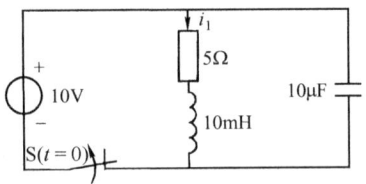

图 5-13　题 5-6 图

5-7　在图 5-14 所示电路中，开关 S 在 $t = 0$ 瞬间闭合，若电感元件无初始储能，则 $i_3(0_+)$ 为（　　　）。

a）0A　b）0.01A　c）0.05A

5-8　在图 5-15 所示电路中，开关 S 在 $t = 0$ 瞬间闭合。若 $u_C(0_-) = 0V$，则 $i_C(0_+)$ 为（　　　）。

a）10mA　b）0A　c）−10mA

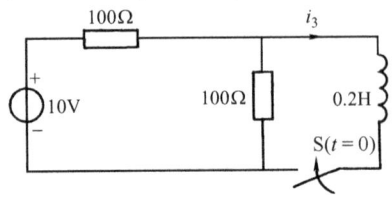

图 5-14　题 5-7 图

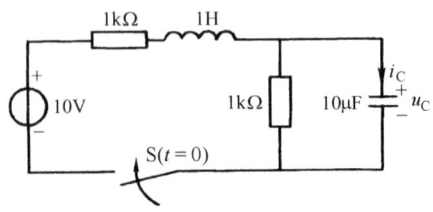

图 5-15　题 5-8 图

5-9　图 5-16 所示电路在换路前处于稳态。$t=0$ 瞬间开关 S 闭合，则 $u_C(0_+)$ 为（　　　）。

a) $-6V$　b) $0V$　c) $6V$

5-10　图 5-17 所示电路换路前已处于稳态，$t=0$ 时开关 S 闭合。若 $u_C(0_+)=0V$，则 $u_L(0_+)$ 为（　　　）。

a) $-10V$　b) $0V$　c) $10V$

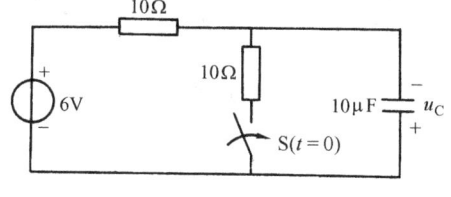

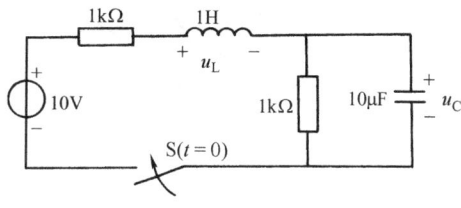

图 5-16　题 5-9 图　　　　　　　　　　图 5-17　题 5-10 图

5-11　在图 5-18 所示电路中，开关 S 在 $t=0$ 时闭合。若 $u_C(0_-)=5V$，则 $u_R(0_+)$ 为（　　　）。

a) $5V$　b) $0V$　c) $-2.5V$

5-12　图 5-19 所示电路在开关 S 断开后的时间常数 τ 值为（　　　）。

a) $0.5ms$　b) $0.1s$　c) $0.1ms$

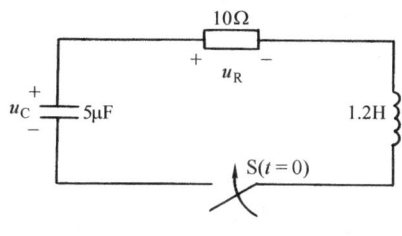

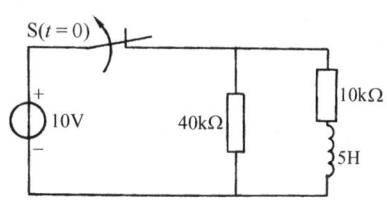

图 5-18　题 5-11 图　　　　　　　　　　图 5-19　题 5-12 图

5-13　工程上认为图 5-20 所示电路在 S 闭合后的过渡过程将持续（　　　）。

a) $6\sim10ms$　b) $30\sim50ms$　c) $37.5\sim62.5ms$

5-14　RC 串联电路与电压为 8V 的恒压源在 $t=0$ 瞬间接通，如图 5-21a 所示，已知 $u_C(0)=0V$，当电容值分别为 $10\mu F$、$50\mu F$、$30\mu F$ 及 $20\mu F$ 时得到的 4 条 $u_R(t)$ 曲线如图 5-21b 所示。其中 $20\mu F$ 电容所对应的 $u_R(t)$ 曲线是（　　　）。

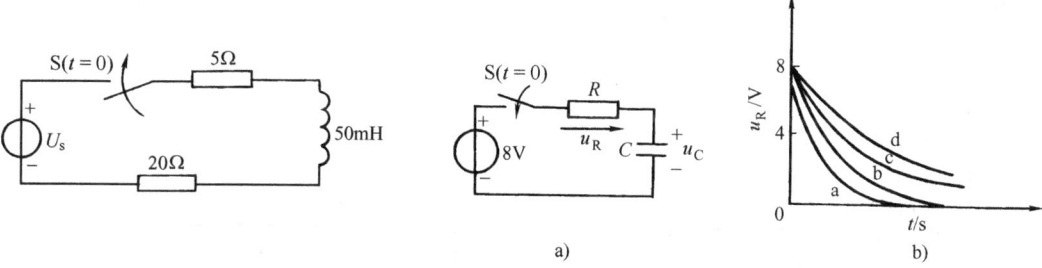

图 5-20　题 5-13 图　　　　　　　　　　图 5-21　题 5-14 图

5-15　RL 串联电路与电压为 8V 的恒压源在 $t=20\mu s$ 瞬间接通，如图 5-22a 所示。当电感分别为 1H、3H、6H、4H 时所得到的 4 条 $u_R(t)$ 曲线如图 5-22b 所示。其中 1H 电感所对应的 $u_R(t)$ 曲线是（　　　）。

5-16 *RC* 串联电路与电压为 8V 的恒压源在 $t = 0$ 瞬间接通，如图 5-23a 所示。若 $u_C(0_-) = 0$，当电容值分别为 $10\mu F$、$30\mu F$、$20\mu F$、$50\mu F$ 时所得到的 4 条 $u_C(t)$ 曲线如图 5-23b 所示，则 $50\mu F$ 电容所对应的 $u_C(t)$ 曲线是（   ）。

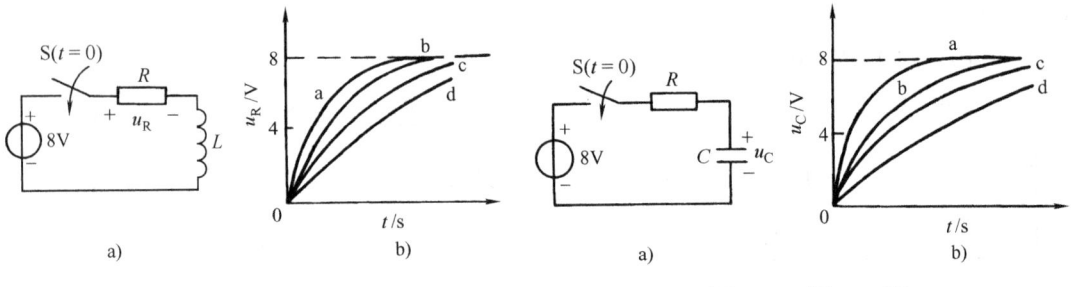

图 5-22 题 5-15 图   图 5-23 题 5-16 图

5-17 在图 5-24a 所示电路中，当开关 S 在 $t = 0$ 瞬间闭合时电容器对电阻 *R* 放电。若 $u_C(0_-) = 8V$、电阻分别为 $1k\Omega$、$6k\Omega$、$3k\Omega$ 和 $4k\Omega$ 时得到 4 条 $u_R(t)$ 曲线如图 5-24b 所示。其中对 $3k\Omega$ 电阻放电的 $u_R(t)$ 曲线是（   ）。

5-18 在换路瞬间，下列说法中正确的是（   ）。

a）电感电流不能跃变   b）电感电压必然跃变   c）电容电流必然跃变

5-19 在图 5-25 所示电路中，开关 S 在 $t = 0$ 瞬间闭合。若 $u_C(0_-) = 0V$，则 $i(0_+)$ 为（   ）。

a）0mA   b）10mA   c）20mA

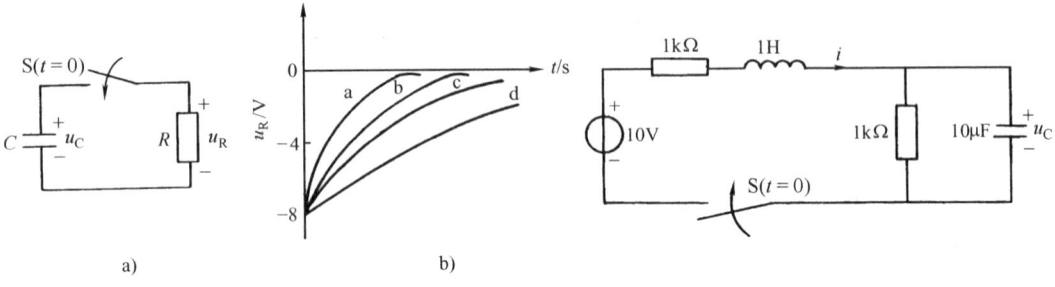

图 5-24 题 5-17 图   图 5-25 题 5-19 图

5-20 图 5-26 所示电路在换路前处于稳态。$t = 0$ 瞬间开关 S 闭合，则 $i_C(0_+)$ 为（   ）。

a）0.6A   b）0A   c）-0.6A

5-21 在图 5-27 所示电路中，开关 S 在 $t = 0$ 瞬间闭合，则 $i(0_+)$ 为（   ）。

a）0.1A   b）0.05A   c）0A

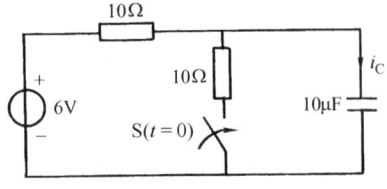

图 5-26 题 5-20 图

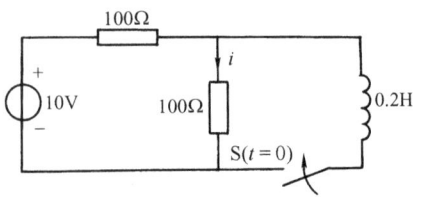

图 5-27 题 5-21 图

5-22　图 5-28 所示电路中，开关 S 在 $t=0$ 时闭合。若 $u_C(0_-)=0$，$i_L(0_-)=0$，则电路中 i_R、i_L、i_C 和 i 这 4 个量，发生跃变的是（　　　）。

a）i_R 和 i_C　　b）i_C 和 i　　c）i_C 和 i_L

5-23　图 5-29 所示电路中，开关 S 在 $t=0$ 瞬间闭合。若 $u_C(0_-)=0V$，则 $i_2(0_+)$ 为（　　　）。

a）0A　　b）0.6A　　c）1.2A

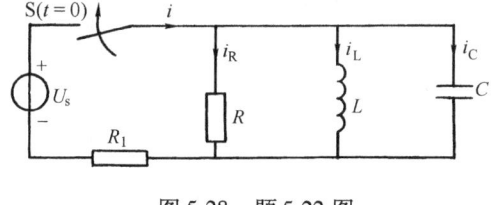

图 5-28　题 5-22 图

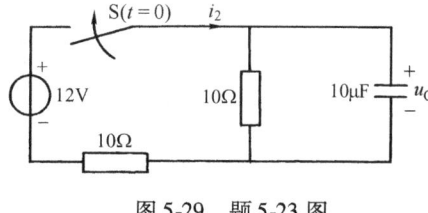

图 5-29　题 5-23 图

计　算　题

5-24　图 5-30 所示电路原已处于稳态，$t=0$ 时开关 S 闭合，且 $u_C(0_-)=0$。试求：1）$t=0_+$ 时各支路的电流和各元件上的电压；2）$t=\infty$ 时各支路的电流和各元件上的电压。

5-25　图 5-31 所示电路原已处于稳态，$t=0$ 时开关 S 断开，试求 $t=0_+$ 时各支路的电流及储能元件上的电压。已知：$R_1=2\Omega$、$R_2=4\Omega$、$E=6V$。

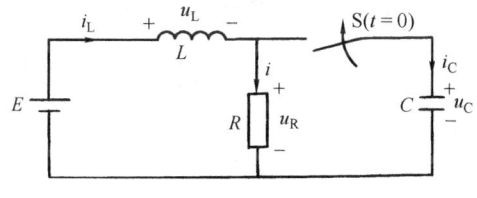

图 5-30　题 5-24 图

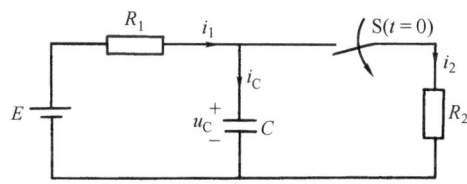

图 5-31　题 5-25 图

5-26　图 5-32 所示电路原已处于稳态，$t=0$ 时开关 S 断开，试求 $t=0_+$ 时各支路的电流。已知：$R_1=200\Omega$、$R_2=100\Omega$、$E=100V$。

5-27　图 5-33 所示电路原已处于稳态，$t=0$ 时开关 S 闭合。试求：1）$t=0_+$ 时各支路的电流及各元件上的电压；2）$t=\infty$ 时各支路的电流及各元件两端的电压。已知：$R_1=1\Omega$、$R_2=99\Omega$、$E=100V$。

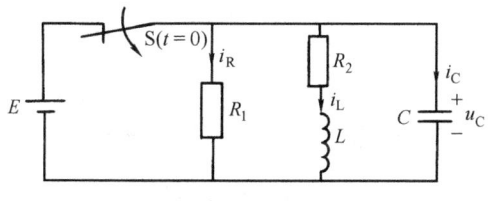

图 5-32　题 5-26 图

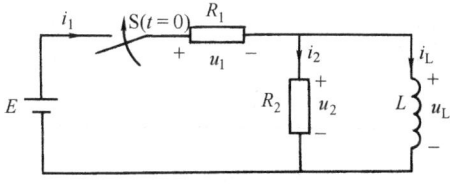

图 5-33　题 5-27 图

5-28 图 5-34 所示电路原已处于稳态，$t=0$ 时开关 S 闭合。试求换路瞬间各支路电流及储能元件电压。已知：$R_1 = R_2 = R_3 = 5\Omega$，$E = 10V$。

5-29 图 5-35 所示电路在换路前已处于稳定。试求换路后瞬间各支路电流及储能元件电压。

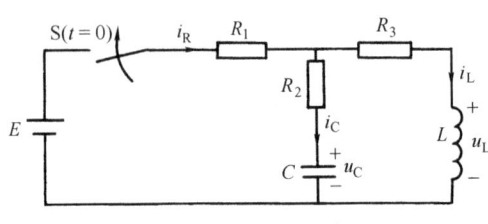

图 5-34 题 5-28 图

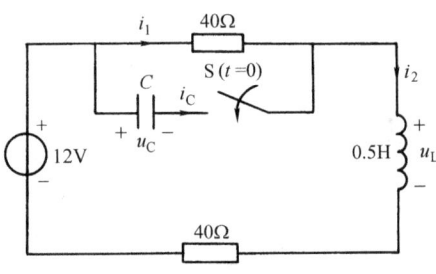

图 5-35 题 5-29 图

5-30 图 5-36 所示电路原已处于稳态，$t=0$ 时开关 S 断开。试求换路后瞬间各支路电流及各元件电压。已知：$U = 16V$、$R_1 = 20k\Omega$、$R_2 = 60k\Omega$、$R_3 = R_4 = 30k\Omega$、$C = 1\mu F$、$L = 1.5mH$。

5-31 试求图 5-37 所示电路中开关 S 接通与断开时的时间常数。已知：$R_1 = R_2 = R_3 = 1k\Omega$、$C = 1000pF$。

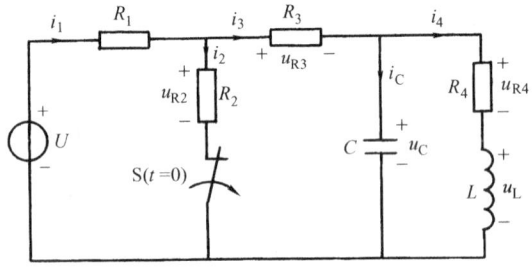

图 5-36 题 5-30 图

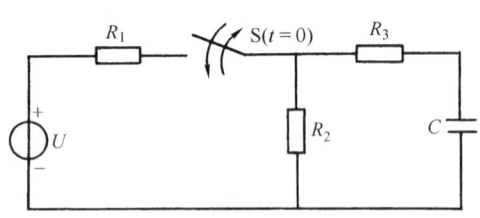

图 5-37 题 5-31 图

5-32 试求图 5-38 所示电路中开关 S 在"1"和"2"位置时的时间常数。已知：$R_1 = 3k\Omega$、$R_2 = 2k\Omega$、$L = 2.5mH$。

5-33 试求图 5-39 所示电路在开关 S 闭合时的时间常数。已知：$R_1 = R_2 = 2k\Omega$，$C = 50\mu F$。

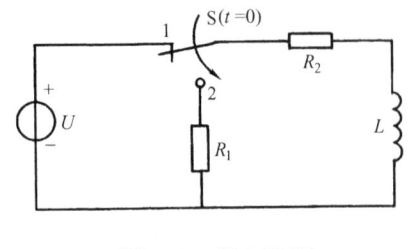

图 5-38 题 5-32 图

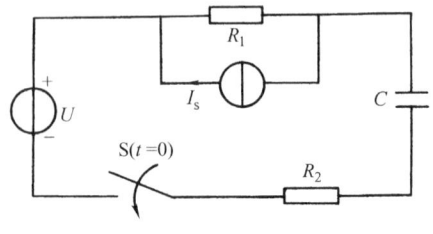

图 5-39 题 5-33 图

5-34 已知图 5-40 所示电路中 $E = 9V$、$R_1 = 6\Omega$、$R_2 = 3\Omega$、$C = 1000\mu F$，且电路原已处于

稳态，$t=0$ 时开关 S 闭合，试求 S 闭合后的 $i(t)$ 和 $u(t)$。

5-35　图 5-41 所示电路原已处于稳态，$t=0$ 时开关 S 接通，试求 S 接通后的电感电压 $u_L(t)$，并画出变化曲线。

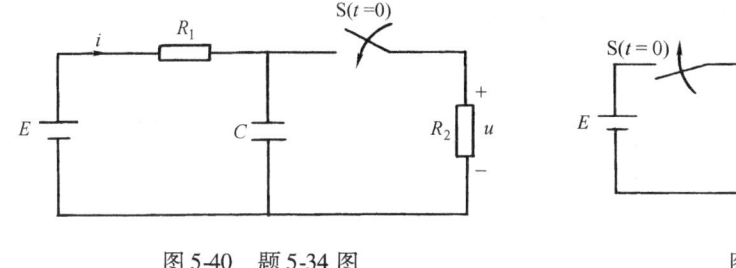

图 5-40　题 5-34 图　　　　　　　　图 5-41　题 5-35 图

5-36　图 5-42 所示电路原已处于稳态，$t=0$ 时开关 S 断开，试求 S 断开后的 $i(t)$ 和 $u_L(t)$。已知：$R_1=10\Omega$、$R_2=20\Omega$、$R_3=10\Omega$、$L=1H$、$E=10V$。

5-37　图 5-43 所示电路中的电容原未充电。$t=0$ 时开关 S 闭合，试求 S 闭合后的电流 $i(t)$ 并画出变化曲线。

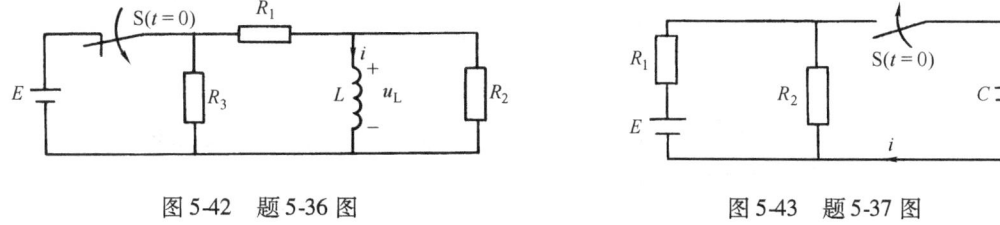

图 5-42　题 5-36 图　　　　　　　　图 5-43　题 5-37 图

5-38　图 5-44 所示电路中的 $E=24V$、$R_1=230\Omega$，KM_D 是直流接触器，它的电阻为 250Ω，吸合时电感为 $25H$，继电器的释放电流为 $4mA$（即电流小于此值时释放）。在 $t=0$ 时开关 S 闭合，试求 S 闭合后经过多少时间继电器才能释放？

5-39　一个已充电的电容器经过电阻 R 放电，已知 $C=2\mu F$，若经过 $15ms$ 电容电压下降到初始值的 5%，试求电阻 R 值。

5-40　图 5-45 所示电路原已处于稳态。$t=0$ 时开关 S 断开，试求 S 断开后的 $u_1(t)$ 和 $u_2(t)$。已知：$R_1=200\Omega$、$R_2=400\Omega$、$C_1=0.1\mu F$、$C_2=0.05\mu F$、$E=25V$。

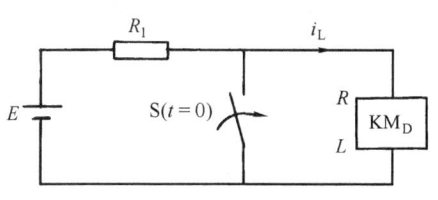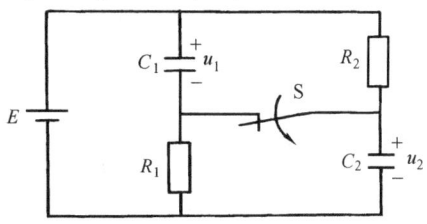

图 5-44　题 5-38 图　　　　　　　　图 5-45　题 5-40 图

5-41　有一 $C=40\mu F$ 的电容器，充电后通过电阻 R 放电。已知其最大放电电流为 $0.5A$，放电期间电阻消耗的能量 $W_R=5J$。试求：1）放电开始瞬间电容器上的电压；2）电阻 R 值；3）放电到 $0.1s$ 时电容器上的电压。

5-42　图 5-46 所示电路原已处于稳态。已知电动势 $E = 10V$,内阻为 R_0,$C = 10\mu F$,R 值远大于 R_0。开关 S 在 $t = 0$ 瞬间断开,经过 0.5s 后电容电压衰减至 1.35V,试求 R 值。

5-43　图 5-47 所示电路原已处于稳态。$t = 0$ 时开关 S 闭合,试求 S 闭合后的 $i_1(t)$ 和 $i_2(t)$。已知:$R_1 = 6\Omega$、$R_2 = 3\Omega$、$C = 0.5F$、$I_s = 2A$。

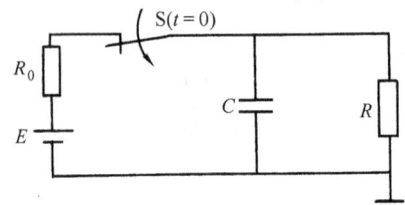

图 5-46　题 5-42 图

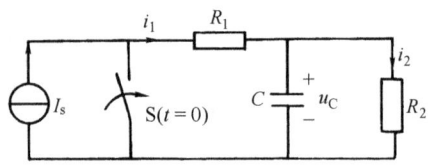

图 5-47　题 5-43 图

5-44　图 5-48 所示电路原已处于稳态。在 $t = 0$ 时开关 S 断开,试求换路后输出电压 $u_o(t)$。已知:$R_1 = R_3 = 5k\Omega$、$R_2 = 10k\Omega$、$C = 100pF$、$E = 12V$。

5-45　图 5-49 所示电路在开关 S 接在"1"时已处于稳态。在 $t = 0$ 时将 S 由"1"换接到"2",试求电流 $i_L(t)$ 及电压 $U_L(t)$。已知:$R_1 = 1\Omega$、$R_2 = R_3 = 2\Omega$、$L = 2H$、$E = 2V$。

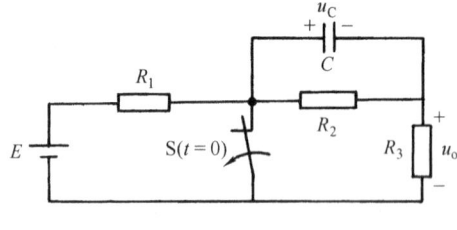

图 5-48　题 5-44 图

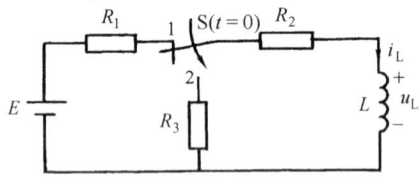

图 5-49　题 5-45 图

5-46　一个电阻为 40Ω、电感为 0.5H 的线圈,在 $t = 0$ 时与 220V 直流电源接通,试求:1)经过 0.01s 时的电流;2)此时磁场中的能量。

5-47　在图 5-50 所示电路中,$t = 0$ 时开关 S 由 a 合向 b,换路前电路已处于稳态,求 $t \geqslant 0$ 时的 $i_L(t)$ 和 $i(t)$,并画出它们的变化曲线。

5-48　已知图 5-51 中 $E_1 = 10V$、$E_2 = 5V$、$R_1 = R_2 = 4k\Omega$、$R_3 = 2k\Omega$、$C = 100\mu F$,开关 S 在位置 a 时电路已处于稳态,试求开关 S 由 a 合向 b 后的 $u_C(t)$ 和 $i_0(t)$。

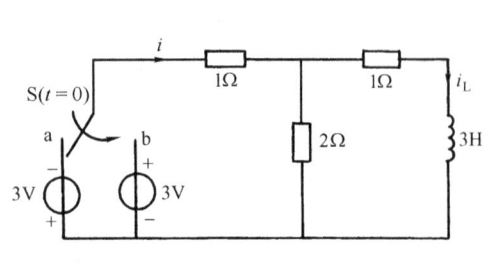

图 5-50　题 5-47 图

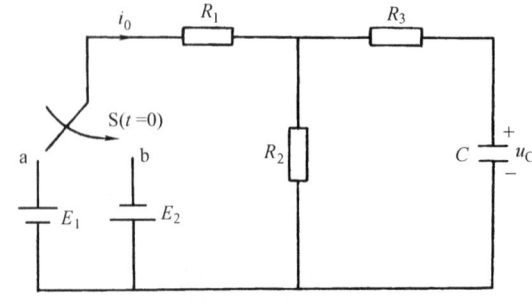

图 5-51　题 5-48 图

5-49　已知图 5-52 所示电路换路前已处于稳态。试求换路后的 $u_C(t)$。

5-50　已知图 5-53 所示电路换路前已处于稳态，试求换路后的 $u_C(t)$ 及 a、b 两点的电位 $V_a(t)$、$V_b(t)$。

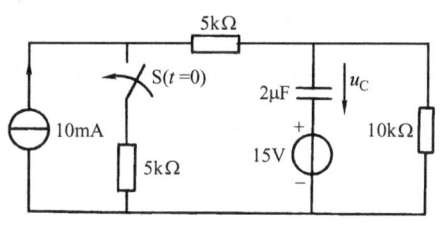

图 5-52　题 5-49 图

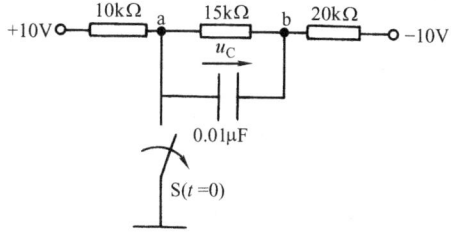

图 5-53　题 5-50 图

5-51　已知图 5-54 所示电路中 $I_s = 10\text{A}$、$R_1 = 1\Omega$、$R_2 = 2\Omega$、$C = 1250\mu\text{F}$，且 $u_C(0_-) = 2\text{V}$，$g_m = 0.25\text{S}$，$t = 0$ 时电路换路，试求 $t \geq 0$ 时的 $i_1(t)$、$i_C(t)$ 和 $u_C(t)$。

5-52　试求图 5-55 所示电路开关 S 闭合后的 $u_C(t)$ 和 $i_2(t)$。

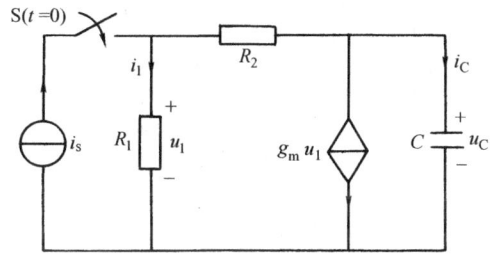

图 5-54　题 5-51 图

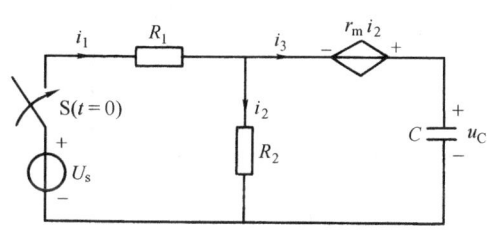

图 5-55　题 5-52 图

5-53　已知图 5-56 所示电路中受控电流源的控制系数 $\beta \neq 1$，$i_L(0) = 0$，当 $t = 0$ 时开关 S 闭合，试求 $t \geq 0$ 时的 $i_L(t)$ 及 $u_L(t)$。

5-54　已知图 5-57 所示电路原已处稳态，且 $i_L(0_-) = 0$，$t = 0$ 时电路换路，求 $t \geq 0$ 时的 $i_L(t)$ 和 $i_1(t)$。

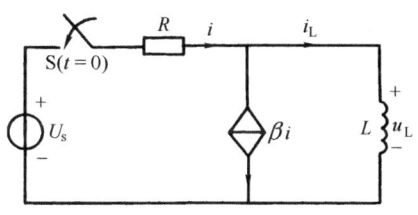

图 5-56　题 5-53 图

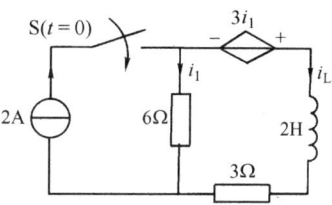

图 5-57　题 5-54 图

5-55　已知图 5-58 所示，电路中 $U = 2\text{V}$、$R_1 = R_3 = 2\Omega$、$R_2 = 4\Omega$、$L = 2\text{mH}$，开关 S 闭合前电路已处于稳态。试求 S 闭合后的电流 $i_L(t)$ 及电压 $u_L(t)$。

5-56　已知图 5-59 所示电路中开关 S 闭合前电路已处于稳态。试求 S 闭合后的 $i_1(t)$、$i_2(t)$ 和 $i_L(t)$。

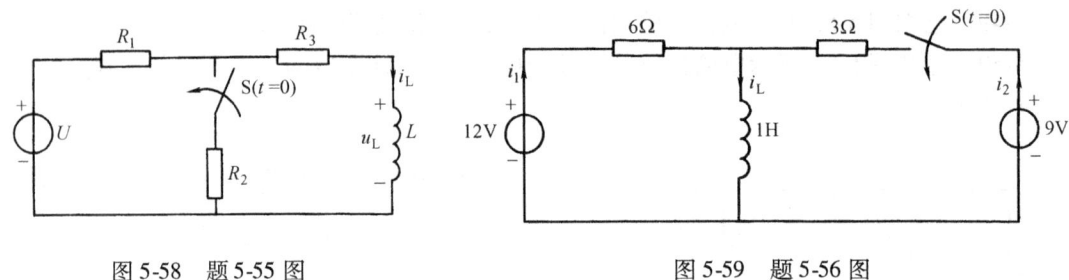

图 5-58　题 5-55 图　　　　　　　　　图 5-59　题 5-56 图

5-57　图 5-60 所示电路中点画线包围的部分为直流电动机的励磁绕组电路,为使电路断开时绕组上的电压不超过 200V 并使电流在 0.03s 内衰减到初始值的 5% 以下,释放电阻 R 的阻值应是多大(忽略二极管的正向电阻)?

5-58　已知图 5-61 所示电路在开关 S 闭合前已处于稳态,试求:1) 开关 S 闭合后的 $i_L(t)$;2) 开关 S 闭合达到稳定状态后再断开的 $i_L(t)$。

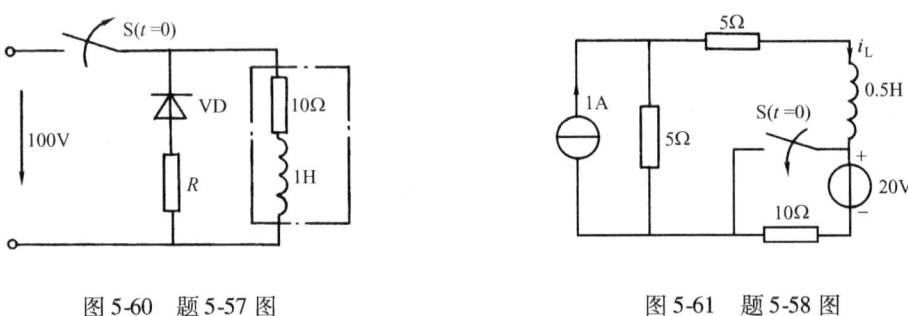

图 5-60　题 5-57 图　　　　　　　　　图 5-61　题 5-58 图

5-59　图 5-62a 所示电路中输入信号电压波形如图 5-62b 所示,已知 $R = 1\text{M}\Omega$、$C = 100\text{pF}$,试求 $t = 2 \times 10^{-4}\text{s}$ 时,使输出电压 $u_o = 0$ 的负脉冲的幅值。设 $u_C(0_-) = 0$。

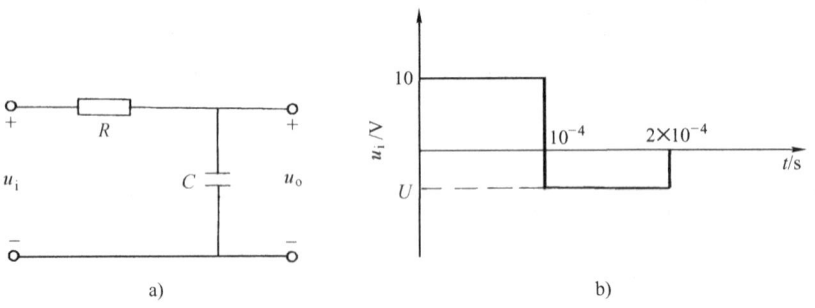

a)　　　　　　　　　　　　　　　b)

图 5-62　题 5-59 图

5-60　图 5-63a 所示电路中输入信号电压波形,如图 5-63b 所示,试画出 u_o 的波形并对 $C = 0.01\mu\text{F}$, $R = 100\Omega$ 和 $C = 10\mu\text{F}$, $R = 100\text{k}\Omega$ 两种情况进行说明。

5-61　试用 EDA 软件对题 5-48 进行仿真研究。

5-62　试用 EDA 软件对题 5-60 进行仿真研究。

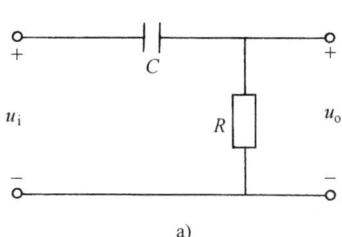 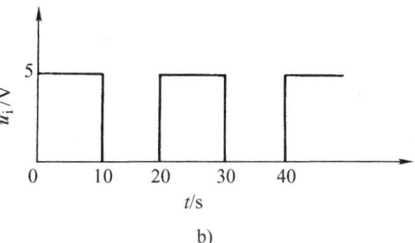

　　　　　　　a)　　　　　　　　　　　　　　　　　　　b)

图 5-63　题 5-60 图

答　　案

5-1　c)　　　5-2　b)　　　5-3　b)　　　5-4　a)　　　5-5　c)　　　5-6　a)　　　5-7　c)　　　5-8　b)

5-9　a)　　　5-10　c)　　　5-11　b)　　　5-12　c)　　　5-13　a)　　　5-14　b)　　　5-15　a)

5-16　d)　　　5-17　b)　　　5-18　a)　　　5-19　a)　　　5-20　c)　　　5-21　b)　　　5-22　b)

5-23　c)

5-24　1) $u_C(0_+) = 0$, $i_L(0_+) = E/R$, $i(0_+) = 0$, $u_R(0_+) = 0$, $i_C(0_+) = E/R$, $u_L(0_+) = E$

　　　2) $i_C(\infty) = 0$, $i_L(\infty) = E/R$, $i(\infty) = E/R$, $u_L(\infty) = 0$, $u_R(\infty) = E$, $u_C(\infty) = E$

5-25　$u_C(0_+) = 4V$, $i_1(0_+) = 1A$, $i_2(0_+) = 0$, $i_C(0_+) = 1A$

5-26　$i_L(0_+) = 1A$, $i_R(0_+) = 0.5A$, $i_C(0_+) = -1.5A$

5-27　1) $i_L(0_+) = 0$, $i_1(0_+) = i_2(0_+) = 1A$, $u_1(0_+) = 1V$, $u_2(0_+) = u_L(0_+) = 99V$

　　　2) $i_1(\infty) = i_L(\infty) = 100A$, $i_2(\infty) = 0$, $u_L(\infty) = 0$, $u_1(\infty) = 100V$, $u_2(\infty) = 0$

5-28　$i_L(0_+) = 0$, $u_C(0_+) = 0$, $i_R(0_+) = i_C(0_+) = 1A$, $u_L(0_+) = 5V$

5-29　$u_C(0_+) = 0$, $u_L(0_+) = 6V$, $i_L(0_+) = i_C(0_+) = 0.15A$, $i_1(0_+) = 0$

5-30　$i_1(0_+) = i_3(0_+) = 0.224mA$, $i_2(0_+) = 0$, $i_4(0_+) = 0.16mA$, $i_C(0_+) = 0.064mA$

　　　$u_{R1}(0_+) = 4.48V$, $u_{R2}(0_+) = 0$, $u_{R3}(0_+) = 6.72V$, $u_{R4}(0_+) = u_C(0_+) = 4.8V$, $u_L(0_+) = 0$

5-31　S 接通时 $\tau = 1.5 \times 10^{-6}s$, S 断开时 $\tau = 2 \times 10^{-6}s$

5-32　S 在"1"位置时 $\tau = 1.25 \times 10^{-6}s$, S 在"2"位置时 $\tau = 5 \times 10^{-7}s$

5-33　$\tau = 0.2s$

5-34　$i(t) = 1 - e^{-500t}$　　$u(t) = 3 + 6e^{-500t}$

5-35　$u_L(t) = [R_2E/(R_1 + R_2)]e^{-t/\tau}$, $\tau = L/R$, $R = R_3 + R_1 \mathbin{/\mkern-5mu/} R_2$

5-36　$i(t) = e^{-10t}A$, $u_L(t) = -10e^{-10t}V$

5-37　$i(t) = E/R_1 e^{-t/\tau}$, $\tau = (R_1 \mathbin{/\mkern-5mu/} R_2)C$

5-38　$t = 0.16s$

5-39　$R = 2500\Omega$

5-40　$u_1(t) = (25 - 8.3e^{-5 \times 10^4 t})V$

　　　$u_2(t) = (25 - 16.7e^{-5 \times 10^4 t})V$

5-41　1) $u_C(0_+) = 500V$, 2) $R = 1k\Omega$, 3) $u_C(0.1s) = 41V$

5-42　$R = 25k\Omega$

5-43　$i_1(t) = -e^{-t}$, $i_2(t) = 2e^{-t}$

5-44　$u_o(t) = (3 + 3e^{-2 \times 10^6 t})V$

5-45　$i_L(t) = \dfrac{2}{3}e^{-2t}A, u_L(t) = -\dfrac{8}{3}e^{-2t}V$

5-46　$3A, 2.25J$

5-47　$i_L(t) = \dfrac{6}{5}(1 - 2e^{-\frac{5}{9}t})A, i(t) = \left(\dfrac{9}{5} - \dfrac{8}{5}e^{-5t/9}\right)A$

5-48　$u_C(t) = (-2.5 + 7.5e^{-2.5t})V, i_o(t) = \left(-\dfrac{5}{8} - \dfrac{15}{16}e^{-2.5t}\right)mA$

5-49　$u_C(t) = (10 + 75e^{-100t})V$

5-50　$u_C(t) = (6.6 - 2.3e^{-10^4 t})V, U_a(t) = (5.6 - 0.8e^{-10^4 t})V$

　　　$U_b(t) = (-1.1 + 1.6e^{-10^4 t})V$

5-51　$u_C(t) = (4 - 2e^{-\frac{1}{3} \times 10^3 t})V, i_1(t) = \left(8 - \dfrac{2}{3}e^{-\frac{1}{3} \times 10^3 t}\right)A, i_C(t) = \dfrac{2.5}{3}e^{-\frac{1}{3} \times 10^3 t}A$

5-52　$u_C(t) = \dfrac{r_m + R_2}{R_1 + R_2}U_s(1 - e^{-t/\tau}), i_L(t) = \dfrac{U_s}{R_1 + R_2}(1 - e^{-t/\tau})$

　　　$\tau = \dfrac{R_1(r_m + R_2)}{R_1 + R_2}C$

5-53　$i_L(t) = (1 - \beta)\dfrac{U_s}{R}(1 - e^{-\frac{R}{L(1+\beta)}t})$

　　　$u_L(t) = U_s e^{-\frac{R}{L(1+\beta)}t}$

5-54　$i_L(t) = e^{-6t}A, i_1(t) = (1 + e^{-6t})A$

5-55　$i_L(t) = \left(\dfrac{1}{5} + \dfrac{2}{15}e^{-2.5 \times 10^3 t}\right)A, u_L(t) = -\dfrac{2}{3}e^{-2.5 \times 10^3 t}V$

5-56　$i_1(t) = (2 - e^{-2t})A, i_2(t) = (3 - 2e^{-2t})A, i_L(\infty) = (5 - 3e^{-2t})A$

5-57　$60\Omega \leqslant R \leqslant 80\Omega$

5-58　1）S 闭合时　$i_L(t) = (0.5 - 1.25e^{-20t})A$

　　　2）S 再断开时　$i_L(t) = [-0.75 + (0.5 + 0.75)e^{-40t}]A = (-0.75 + 1.25e^{-40t})A$

5-59　$U = 3.679V$

5-60　略

5-61　略

5-62　略

第6章 电工测量与安全用电

解 题 概 要

要明确指示仪表的误差、表达形式以及主要技术指标准确度；掌握常用电工仪表的正确使用方法；懂得安全用电的常识和技术。

1. 测量误差与仪表的准确度

1）测量误差的表达形式有绝对误差和相对误差。

2）最大绝对误差 Δ_m 与测量上限 A_m 的百分比定义为仪表的准确度（$\pm K\%$），分为七级，即 0.1，0.2，0.5，1.0，1.5，2.5，5.0。

3）根据所测电物理量的不同选取适当的仪表，同时根据被测量所要求的精确程度的不同选取适当准确度的仪表。

2. 正确使用电流表、电压表、功率表

1）电流表要串联在被测支路内；电压表要并联在被测支路两端；功率表的同名端应连在电源的同一端。

2）根据欲测量的大小，选好量程。

3）电流表内阻较小，电压表内阻较大，在一般情况下可略去其影响。但是在有些场合却要考虑其影响。

3. 安全用电的常识和技术

1）通过人体的电流不能超过 7mA，低于 36V 的电压为安全电压。

2）保护接地应用在三相三线制低压供电系统中，保护接零应用在三相四线制低压供电系统中。

选 择 题

6-1 由于制造工艺技术不精确所造成的电工仪表的测量误差称为（　　）。

a）绝对误差　b）相对误差　c）基本误差

6-2 用准确度为 2.5 级、量程为 10A 的电流表在正常条件下测得电路的电流为 5A 时，可能产生的最大相对误差为（　　）。

a）2.5%　b）5%　c）10%

6-3 一个量程为 30A 的电流表，其最大基本误差为 ±0.45A。用该表测量 20A 的电流时，其相对误差为 2%。则该表的准确度为（　　）。

a）1.5 级　b）2.0 级　c）2.5 级

6-4 用下列三个电压表测量 20V 的电压，测量结果的相对误差最小的是（　　）表。

a）准确度 1.5 级量程 30V　b）准确度 0.5 级量程 150V　c）准确度 1.0 级量程 50V

6-5　当限定测量结果的相对误差必须在 ±2% 之内时，用准确度为 1.0 级、量程为 250V 的电压表所能测量的电压值是（　　）。

a）大于 125V　b）小于 125V　c）不大于 250V

6-6　只能测直流电的仪表是（　　）。

a）磁电式仪表　b）电磁式仪表　c）电动式仪表

6-7　一磁电式表头（测量机构）的额定电流为 50μA，内阻为 1kΩ。若将其改成量程为 50V 的电压表，则所要串联的倍压器的电阻应为（　　）。

a）99kΩ　b）999kΩ　c）1000kΩ

6-8　一磁电式表头（测量机构）的额定电流为 50μA，内阻为 1kΩ。将它并联一个电阻为 0.1001Ω 的分流器后所制成的毫安表的量程是（　　）。

a）50mA　b）500mA　c）5mA

6-9　测量高电阻电路的电压和电流时，其电表有如下两种连接方式，在图 6-1 中（　　）接法测量的精度较高。

a）图 a　b）图 b　c）两者一样

6-10　用伏安法测量低阻值电阻时，图 6-2 中（　　）接法是正确的。

a）图 a　b）图 b　c）两者一样

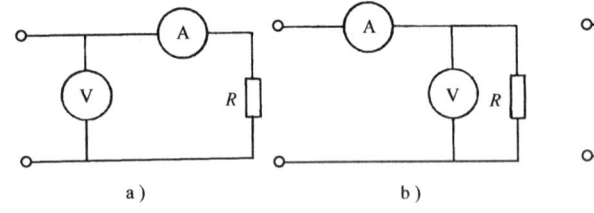

图 6-1　题 6-9 图

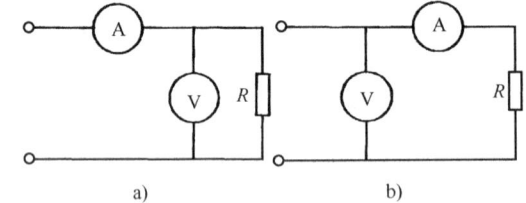

图 6-2　题 6-10 图

6-11　一负载的 $U_N = 220V$，电流 2.5A < I < 5A。用规格为 $U_N = 300V$，150V；$I_N = 2.5A$，5A；$\cos\varphi_N = 1$；刻度 150 格的功率表测量其功率时，若功率表接法正确，其读数为 10 格。则可知该负载的功率值为（　　）。

a）10W　b）100W　c）5W

6-12　用万用表的电阻挡测试阻值较大的电阻时，如果两只手分别握住两个测试表笔的笔尖，得到的结果是（　　）。

a）正确的　b）不正确的

6-13　如图 6-3 所示，用万用表（用 MF 表示）电阻挡测电阻 R_1 的方法是（　　）。

a）错误的　b）正确的　c）当 U < 1.5V 时是正确的

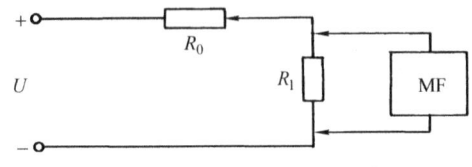

图 6-3　题 6-13 图

6-14 绝缘电阻表（习称兆欧表或摇表）的功用是（ ）。

a）测量绝缘电阻值 b）检查短路 c）测量兆欧级高电阻

6-15 用绝缘电阻表测量电机绕组等电器设备的绝缘电阻时，必须将被测电器设备（ ）。

a）脱离电源 b）接通电源 c）接地

6-16 在三相三线制低压供电系统中，为了防止触电事故，对电气设备应采取（ ）措施。

a）保护接地 b）保护接中性线（接零） c）保护接地或保护接中性线

6-17 保护接中性线应用在（ ）低压供电系统中。

a）三相四线制 b）三相三线制 c）三相三线制或三相四线制

计 算 题

6-18 用 1.5 级上量限为 250V 的电压表分别测量 220V 和 110V 电压，计算其最大相对误差，并说明仪表量程选择的意义。

6-19 用准确度为 2.5 级、量程为 10A 的电流表在正常情况下测得电路的电流为 2A 时，可能产生的最大相对误差是多少？

6-20 一毫安表的内阻为 20Ω，满标值为 12.5mA。如果把它改装成满标值为 250V 的电压表，必须串联多大的电阻？

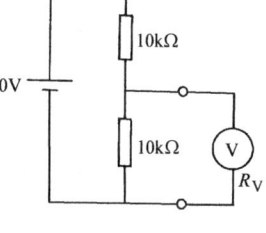

图 6-4 题 6-21 图

6-21 图 6-4 是一电阻分压电路，用一内阻为 1）25kΩ、2）50kΩ、3）500kΩ 的电压表测量时，其读数各为多少？由此可得出什么结论？

6-22 一台 50Hz、110V 的电气设备，其工作电流小于 2A。用规格为 $U_N = 150V$、$I_N = 2A$、$\cos\varphi_N = 0.5$、刻度为 150 格的功率表测得的功率为 100W，则其读数为多少格？

答 案

6-1 c) 6-2 b) 6-3 a) 6-4 a) 6-5 b) 6-6 a)

6-7 b) 6-8 b) 6-9 a) 6-10 a) 6-11 b)

6-12 b) 6-13 a) 6-14 a) 6-15 a) 6-16 a) 6-17 a)

6-18 1.7% 3.4%

6-19 12.5%

6-20 19980Ω

6-21 1) 20.8V 2) 22.73V 3) 24.75V

6-22 100 格

*第7章　非正弦周期信号电路

解 题 概 要

在电信工程及其他领域经常会遇到非正弦周期信号，计算这种信号激励下的线性电路的响应，主要是将非正弦周期信号利用傅里叶级数将其分解为一系列不同频率的正弦量之和，然后分别计算在各种频率正弦量单独作用下在电路中产生的正弦电流（电压）分量，再分别叠加，就可以得到电路中实际的电流（电压）。这种分析方法即为谐波分析法。

一般地，工程上所接触到的非正弦周期信号均可以通过查表的方法获得其傅里叶级数展开式。

周期性非正弦电压和电流的有效值、平均值及平均功率，有如下定义：

1）电压电流有效值为

$$I = \sqrt{I_0^2 + I_1^2 + I_2^2 + I_3^2 + \cdots}$$
$$U = \sqrt{U_0^2 + U_1^2 + U_2^2 + U_3^2 + \cdots}$$

式中，I_1、$I_2\cdots$、U_1、$U_2\cdots$分别为非正弦周期电流、电压各次谐波分量的有效值；I_0、U_0为其恒定分量。

2）电压电流平均值为

$$\bar{I} = \frac{1}{T}\int_0^T i(t)\,dt$$
$$\bar{U} = \frac{1}{T}\int_0^T u(t)\,dt$$

实际上平均值即等于周期信号傅里叶级数展开式中的直流分量。

3）平均功率为

$$P = U_0 I_0 + U_1 I_1 \cos\varphi_1 + U_2 I_2 \cos\varphi_2 + U_3 I_3 \cos\varphi_3 + \cdots$$

式中，$\varphi_n = \varphi_{nu} - \varphi_{ni}$（$n = 1, 2, 3, \cdots$）。

例 题 解 析

例 7-1　在图 7-1 所示电路中，已知 $R = 20\Omega$，$u(t) = (20 + 100\sqrt{2}\sin\omega t + 25\sqrt{2}\sin2\omega t + 10\sqrt{2}\sin3\omega t)\,V$、$\omega L = 20\Omega$。试求电流的有效值及电路的平均功率。

解　先分别计算出各分量单独作用时电流的响应。

1）恒定分量作用

$$U_0 = 20V$$

此时电路总阻抗及电流为

$$Z = R = 20\Omega$$

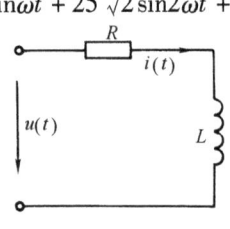

图 7-1　例 7-1 图

$$I_0 = \frac{U_0}{Z} = \frac{20}{20}A = 1A$$

2）基波分量作用

$$u_1 = (100\sqrt{2}\sin\omega t)V$$

用复数表示为

$$\dot{U}_1 = 100\ \underline{/0°}\ V$$

此时电路总阻抗 Z_1 为

$$Z_1 = R + j\omega L = (20 + j20)\Omega = 20\sqrt{2}\ \underline{/45°}\ \Omega$$

$$\dot{I}_1 = \frac{\dot{U}_1}{Z} = \frac{100\ \underline{/0°}}{20\sqrt{2}\ \underline{/45°}}A = 2.5\sqrt{2}\ \underline{/-45°}\ A$$

3）2 次谐波分量作用

$$u_2 = (25\sqrt{2}\sin2\omega t)V$$

$$\dot{U}_2 = 25\ \underline{/0°}\ V$$

$$Z_2 = R + j2\omega L = (20 + j40)\Omega = 44.7\ \underline{/63.4°}\ \Omega$$

$$\dot{I}_2 = \frac{\dot{U}_2}{Z_2} = \frac{25\ \underline{/0°}}{44.7\ \underline{/63.4°}}A = 0.559\ \underline{/-63.4°}\ A$$

4）3 次谐波分量作用

$$u_3 = (10\sqrt{2}\sin3\omega t)V$$

$$\dot{U}_3 = 10\ \underline{/0°}\ V$$

$$Z_3 = R + j3\omega L = (20 + j60)\Omega = 63.2\ \underline{/71.6°}\ \Omega$$

$$\dot{I}_3 = \frac{\dot{U}_3}{Z_3} = \frac{10\ \underline{/0°}}{63.2\ \underline{/71.6°}}A = 0.158\ \underline{/-71.6°}\ A$$

由此可得，电路中电流的有效值为

$$I = \sqrt{I_0^2 + I_1^2 + I_2^2 + I_3^2} = \sqrt{1^2 + (2.5\sqrt{2})^2 + 0.559^2 + 0.158^2}A = 3.72A$$

电路消耗的平均功率为

$$\begin{aligned}
P &= I_0U_0 + I_1U_1\cos\varphi_1 + I_2U_2\cos\varphi_2 + I_3U_3\cos\varphi_3 \\
&= [1 \times 20 + 2.5\sqrt{2} \times 100\cos(0 + 45°) + \\
&\quad 0.559 \times 25\cos(0° + 63.4°) + \\
&\quad 0.158 \times 10\cos(0° + 71.6°)]W \\
&= (20 + 250 + 6.26 + 0.499)W = 277W
\end{aligned}$$

例 7-2　电路如图 7-2 所示。图中 $R_1 = 100\Omega$、$R_2 = 30\Omega$、$1/(\omega C) = 30\Omega$、$u_i(t) = (55 + 60\sqrt{2}\sin\omega t)$ V。试求电路总电流的有效值与平均值及电压表的读数。

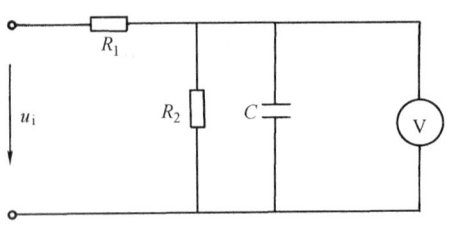

图 7-2　例 7-2 图

解　直流分量 $U_0 = 55$ V 单独作用。

$$I_0 = \frac{U_0}{R_1 + R_2} = \frac{55\text{V}}{(100 + 30)\Omega} = 0.423\text{A}$$

一次谐波 $u_1 = 60\sqrt{2}\sin\omega t$ V 单独作用

$$Z_1 = R_1 + \frac{-jR_2 \times 30}{R_2 - j30} = \left(100 + \frac{900\,\underline{/-90°}}{42.43\,\underline{/-45°}}\right)\Omega$$

$$= (100 + 21.2\,\underline{/-45°})\Omega$$

$$= [100 + 21.2\cos(-45°) + j21.2\sin(-45°)]\Omega$$

$$= (115 - j15)\Omega$$

$$= 116\,\underline{/-7.43°}\,\Omega$$

$$\dot{I}_1 = \frac{\dot{U}_1}{Z_1} = \frac{60\,\underline{/0°}}{116\,\underline{/-7.43°}}\text{A} = 0.517\,\underline{/7.43°}\,\text{A}$$

电流有效值为

$$I = \sqrt{I_0^2 + I_1^2} = \sqrt{0.423^2 + \left(\frac{0.517}{\sqrt{2}}\right)^2}\text{A} = 0.56\text{A}$$

平均值 $\bar{I} = I_0 = 0.423\text{A}$

电容两端电压表的读数为

$$I_0 R_2 = 0.423 \times 30\text{V} = 12.69\text{V}$$

例 7-3　已知 RLC 串联电路，$R = 100\Omega$，$L = 100\text{mH}$，$C = 200\mu\text{F}$，电源 $u(t) = (25 + 100\sqrt{2}\sin\omega t + 25\sqrt{2}\sin 2\omega t + 10\sqrt{2}\sin 3\omega t)$ V，$\omega = 314\text{rad/s}$。试利用 EDA 软件仿真求解电路中电流有效值 I，并观测仿真合成的电源波形。

解　在 EWB 中创建仿真电路并求得电流有效值 $I = 1.018\text{A}$，与理论计算值（1.015A）基本一致，见图 7-3a；用虚拟示波器观测的电源合成波形见图 7-3b。

注意：若电源中含有直流分量，一般不能用交流电流表测量电流有效值，此例中因为负载中含有电容元件，使得直流电流分量为零，即可直接测量电流有效值了，属于特例。

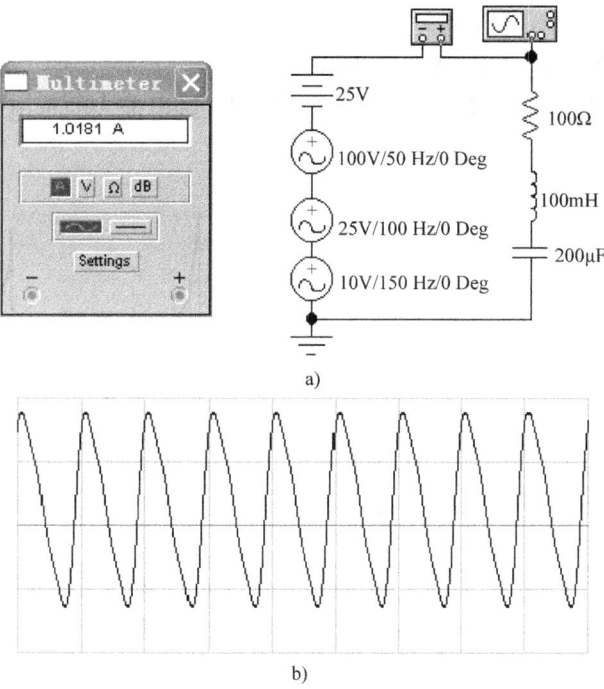

图 7-3　例 7-3 仿真结果

选　择　题

7-1　任意给出几种常见的非正弦周期信号的波形图,你能否确定其傅里叶级数展开式中有无恒定分量(　　)。

a)不能　b)能　c)不确定

7-2　某方波信号的周期 $T = 5\mu s$,则此方波的基波频率为(　　),3 次谐波频率为(　　)。

a) $1 \times 10^6 Hz$　b) $2 \times 10^5 Hz$　c) $2 \times 10^6 Hz$　d) $6 \times 10^5 Hz$

7-3　一个含有直流分量的非正弦周期信号作用于一单端口线性网络,则网络的响应电流中一定会(　　)。

a)含有直流分量　b)不含有直流分量　c)不确定是否含有直流分量

7-4　用直流电压表测量如图 7-4 所示的电压信号,则表的示值应为(　　)。

a) 7.07V　b) 10V　c) 5V　d) 0V

7-5　已知基波的频率为 120Hz,则 3 次谐波的频率为(　　)Hz。

a) 180　b) 240　c) 300　d) 360

7-6　周期性非正弦信号的傅里叶级数展开式中,谐波的频率越高,其幅值越(　　)。

a)大　b)小　c)稳定

7-7　非正弦周期电压的有效值等于其直流分量和各次谐波电压(　　)平方和的平方根。

a)有效值　b)平均值　c)最大值　d)瞬时值

7-8　已知一电流信号, $i(t) = (10 + 10\sqrt{2}\sin 2\omega t)$A,则电流的有效值 I 为(　　),而电

流的平均值为（　　）。

　　a）$20\sqrt{2}$A　　b）10A　　c）$10\sqrt{2}$A　　d）20A

　　7-9　用直流电流表测量如图 7-5 所示的电流信号，则电流表的示值应为（　　）。

　　a）7.07A　　b）10A　　c）5A　　d）0A

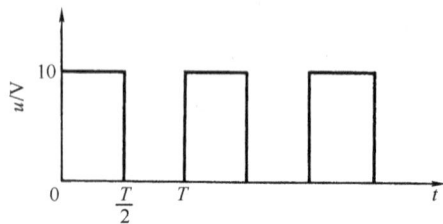

图 7-4　题 7-4 图

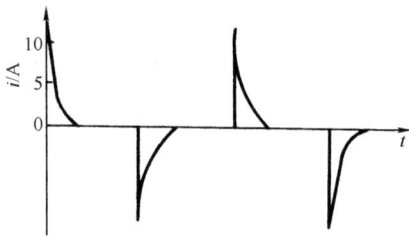

图 7-5　题 7-9 图

　　7-10　已知一电压信号 $u = (20\sqrt{2} + 10\sqrt{2}\sin\omega t + 9\sin 3\omega t - 5\sqrt{2}\sin 5\omega t)$V，则它的有效值为（　　）。

　　a）$\sqrt{20^2 + 10^2 + 9^2 + 5^2}$V　　b）$\sqrt{20^2 + 10^2 + \left(\dfrac{9}{\sqrt{2}}\right)^2 + 5^2}$V

　　c）$\sqrt{(20\sqrt{2})^2 + 10^2 + \left(\dfrac{9}{\sqrt{2}}\right)^2 + 5^2}$V

　　d）$\sqrt{(20\sqrt{2})^2 + (10\sqrt{2})^2 + (9\sqrt{2})^2 + (5\sqrt{2})^2}$V

　　7-11　求解非正弦周期信号电路的响应时，应分别计算各次谐波单独作用时电路的响应，最终的结果是把各个响应的（　　）加起来，才是电路总的响应。

　　a）有效值　　b）瞬时值　　c）相量　　d）最大值

计　算　题

　　7-12　已知电路如图 7-6 所示，$R = 20\Omega$、$u = (25 + 100\sqrt{2}\sin\omega t + 25\sqrt{2}\sin 2\omega t + 10\sqrt{2}\sin 3\omega t)$V、$\omega L = 20\Omega$。试求电流的有效值 I、平均值 $\bar{I}$ 及电路消耗的平均功率。

　　7-13　电路如图 7-7 所示，其中 $R = 20\Omega$、$\omega L = (10/3)\Omega$、$1/(\omega C) = 60\Omega$、$u(t) = (200 + 100\sqrt{2}\sin 3\omega t)$V，求电流 $i(t)$ 及电感两端电压 u_L 的谐波分量表达式。

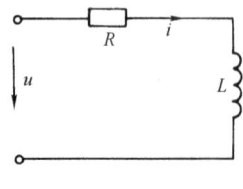

图 7-6　题 7-12 图

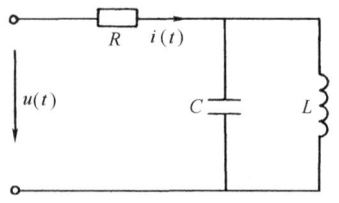

图 7-7　题 7-13 图

7-14　已知 RC 串联电路的电流为 $i(t)=(2\sin314t+\sin942t)\,\text{A}$，总电压用直流电压表量为零，用交流电压表量为 155V，电路消耗的功率为 120W。求 R 和 C 的值。

7-15　已知 RLC 串联电路中，$R=10\,\Omega$、$C=200\,\mu\text{F}$、$L=100\,\text{mH}$、$f=50\,\text{Hz}$，总电压 $u(t)=[20+20\sin\omega t+10\sin(3\omega t+90°)]\,\text{V}$，试求：1）总电流 $i(t)$ 及电容上电压 $u_{\text{C}}(t)$；2）总电压和总电流的有效值、平均值；3）电路中消耗的有功功率。

7-16　已知某一非正弦周期电压的傅里叶展开式为 $u(t)=\dfrac{4}{\pi}\left[\dfrac{1}{2}-\dfrac{1}{1\times3}\cos2\omega t-\dfrac{1}{3\times5}\cos4\omega t-\dfrac{1}{5\times7}\cos6\omega t-\cdots\right]$，其中 $\omega=314\,\text{rad/s}$。试用 EDA 仿真合成该电压波形。

7-17　已知某信号的傅里叶级数展开式为 $f(t)=7.64\left(\cos\omega t-\dfrac{1}{3}\cos3\omega t+\dfrac{1}{5}\cos5\omega t-\dfrac{1}{7}\cos7\omega t+\dfrac{1}{9}\cos9\omega t-\cdots\right)$ 其中取 $\omega=314\,\text{rad/s}$。1）用 EDA（电子设计自动化）软件中的虚拟示波器观测前 5 次谐波作用时合成的波形，它近似什么信号？周期是多少？打印（或画出）此波形。2）画出前 9 次谐波作用时合成的波形，周期是多少？比较 1）、2）波形有何不同。

7-18　对习题 7-15，利用 EDA 在计算机上仿真合成波形。

答　　案

7-1　b）　7-2　b）d）　7-3　c）　7-4　c）　7-5　d）　7-6　b）　7-7　a）　7-8　c）b）　7-9　d）　7-10　c）　7-11　b）

7-12　$I=3.79\text{A}$　$\bar{I}=1.25\text{A}$　$P=288\text{W}$

7-13　$i(t)=[10+5\sin(3\omega t-45°)]\,\text{A}$　$u_{\text{L}}(t)=100\sin(3\omega t+45°)\,\text{V}$

7-14　$R=48\,\Omega$　$C=33.8\,\mu\text{F}$

7-15　$i(t)=[0.764\sqrt{2}\sin(\omega t-63.5°)+0.079\sqrt{2}\sin(3\omega t+2.87°)]\,\text{A}$

　　　$u_{\text{C}}(t)=[20+12.14\sqrt{2}\sin(\omega t-147.2°)+0.42\sqrt{2}\sin(3\omega t-83.6°)]\,\text{V}$

　　　$I=0.768\text{A}$　$U=23.4\text{V}$

　　　$\bar{I}=0\text{A}$　$\bar{U}=20\text{V}$　$P=5.91\text{W}$

7-16　答案见图 7-8。

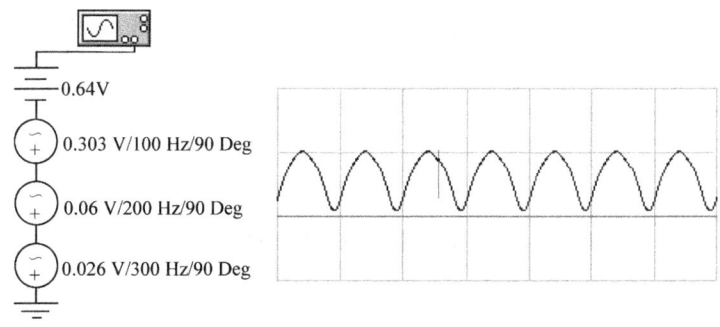

图 7-8　题 7-16 答案（仿真电路与合成波形）

7-17　答案见图 7-9 和图 7-10、图 7-9 为前 5 次谐波合成的波形，图 7-10 为前 9 次谐波合成的波形，它们均近似矩形波。

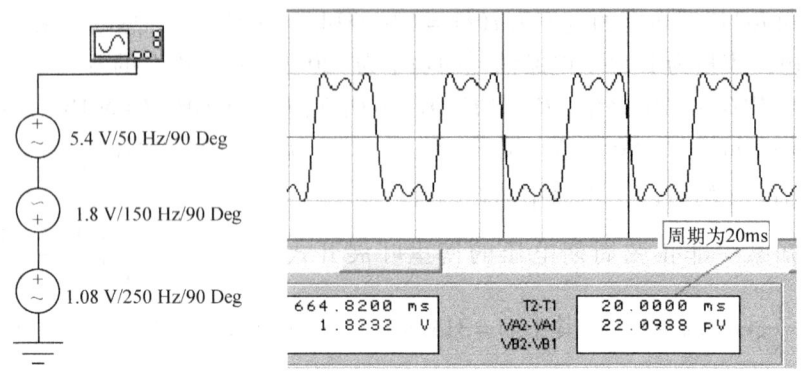

图 7-9　题 7-17 前 5 次谐波合成结果

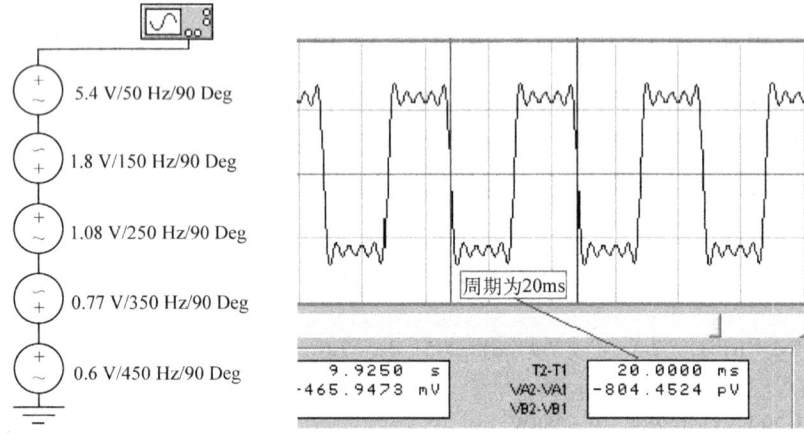

图 7-10　题 7-17 前 9 次谐波合成结果

7-18　答案见图 7-11。

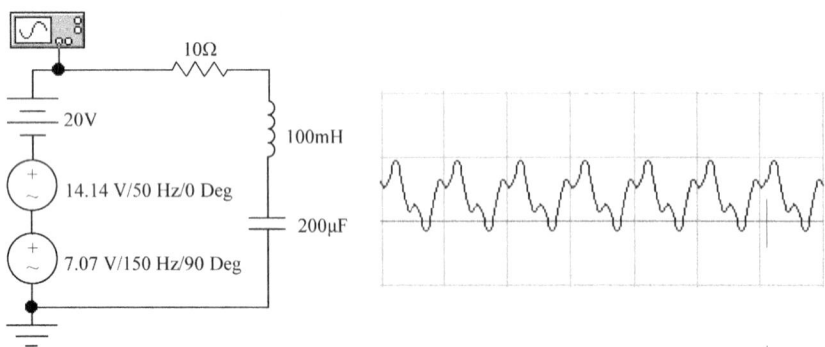

图 7-11　题 7-18 答案（仿真电路与合成波形）

第8章 铁心线圈与变压器

解 题 概 要

本章要重点掌握磁路的基本概念与定律，理解直流、交流铁心线圈的电磁关系，以及直流、交流电磁铁和变压器的各种关系。解题时常用到如下关系式：

1. 磁路欧姆定律

$$\Phi = \frac{F_m}{R_m} = \frac{IN}{\dfrac{l}{\mu S}}$$

上式常用于磁路的定性分析。

2. 磁路的基尔霍夫磁通定律

$$\Sigma \Phi_i = 0$$

3. 磁路的基尔霍夫磁压降定律

$$\Sigma \Phi R_m = \Sigma IN$$

或

$$\Sigma Hl = \Sigma IN$$

上两式常用于磁路的计算。

4. 直流铁心线圈的励磁电流 I 与功率损耗 P

$$I = \frac{U}{R}$$

$$P = I^2 R$$

5. 直流电磁铁的电磁吸力

$$F = 4B_0^2 S_0 \times 10^5$$

6. 交流铁心线圈的电压平衡方程式

$$U \approx E = 4.44 fN\Phi_m$$

上式是分析、计算交流磁路的基本关系式。

7. 交流铁心线圈的功率损耗

$$P = P_{Cu} + \Delta P_h + \Delta P_e$$

8. 交流电磁铁的平均吸力

$$F = 2B_m^2 S_0 \times 10^5$$

9. 变压器运行的三个基本方程式分别称作：一次电压平衡方程；二次电压平衡方程；磁动势平衡方程

$$\dot{U}_1 = -\dot{E}_1 + R_1 \dot{I}_1 + jX_{L1} \dot{I}_1 \approx -\dot{E}_1$$

$$\dot{U}_2 = \dot{E}_2 - \dot{I}_2 R_2 - jX_{L2} \dot{I}_2 \approx \dot{E}_2$$

$$\dot{I}_1 N_1 + \dot{I}_2 N_2 = \dot{I}_0 N_1$$

10. 变压器有电压、电流和阻抗变换三种功能，它们都与一次绕组匝数 N_1 与二次绕组匝数 N_2 之比（称为电压比）$k = N_1/N_2$ 有关，即

$$\frac{U_1}{U_2} = k$$

$$\frac{I_1}{I_2} = \frac{1}{k}$$

$$|Z|' = k^2|Z|$$

11. 变压器的功率损耗 ΔP 由可变损耗 $\Delta P_{Cu} = I_1^2 R_1 + I_2^2 R_2$ 和不变损耗 $\Delta P_{Fe} = \Delta P_h + \Delta P_e$ 构成，即

$$\Delta P = \Delta P_{Cu} + \Delta P_{Fe}$$

12. 变压器的效率可用输出功率 P_2 与输入电功率 P_1 之比表示，P_1 与 $P_2 + \Delta P$ 相平衡，即

$$\eta = \frac{P_2}{P_1} = \frac{P_2}{U_1 I_1 \cos\varphi_1} = \frac{P_2}{P_2 + \Delta P}$$

13. 变压器的额定值

1）一次额定电压 U_{1N} 是指正常工作情况下，一次绕组应当施加的电压有效值。

2）一次额定电流 I_{1N} 是指正常工作，一次侧允许长期通过的最大电流有效值。

3）二次额定电压 U_{2N}，是指二次侧空载电压。

4）二次额定电流 I_{2N}，是指二次侧允许长期通过的最大电流有效值。

5）变压器容量 $S_N = U_{2N} I_{2N}$，即输出的额定视在功率。

例 题 解 析

例 8-1　铸钢制成的均匀螺线环如图 8-1 所示，已知其截面积 $S = 2\text{cm}^2$，平均长度 $l = 40\text{cm}$，线圈匝数 $N = 800$ 匝，要求磁通 $\Phi = 2 \times 10^{-4}\text{Wb}$，铸钢材料的 B—H 曲线数据见下表。求线圈中的电流 I。

B/T	0.5	0.6	0.7	0.8	0.9	1.0	1.2	1.3	1.4
H/A·m^{-1}	380	470	550	680	800	920	1280	1570	2080

解　由已知条件可先求出环内的磁感应强度

$$B = \frac{\Phi}{S} = \frac{2 \times 10^{-4}\text{Wb}}{2 \times 10^{-4}\text{m}^2} = 1\text{T}$$

查铸钢 B—H 曲线数据表，当 $B = 1\text{T}$ 时，查得 $H = 920\text{A/m}$。由 $Hl = IN$ 得

$$I = \frac{Hl}{N} = \frac{920 \times 0.4}{800}\text{A} = 0.46\text{A}$$

线圈中需通入电流 0.46A。

例 8-2　试分析交流铁心线圈铁心中的磁感应强度和线圈中的电流怎样变化。1）电源电压和频率不变，绕组匝数增加；2）

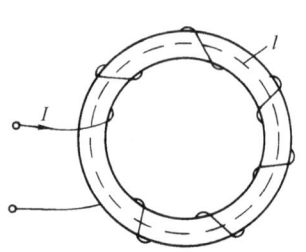

图 8-1　例 8-1 图

电源电压不变，（匝数 N 不变），频率减小；3）电源电压不变，（匝数 N 和频率 f 不变），铁心截面积减小；4）电源电压增大，其他不变。

解　由公式 $U \approx 4.44fN\Phi_m$ 可知：

1）当式中 U，f 不变时

$$N\uparrow \to \Phi_m\downarrow \to \text{由公式 } B_m = \frac{\Phi_m}{S(-定)} \to B_m\downarrow$$

$$\to \text{由公式 } \Phi_m = \frac{NI}{R_m} \to I\downarrow$$

2）U 不变，N 也不变时

$$f\downarrow \to \Phi_m\uparrow \to B_m\uparrow$$
$$\to I\uparrow$$

3）U 不变，N 和 f 也不变，显然

$$\Phi_m\text{不变} \to \left(B_m = \frac{\Phi_m}{S}\right) \to S\downarrow \to B_m\uparrow$$

$$\to \Phi_m = \frac{NI}{R_m} \to R_m = \frac{l}{\mu S} \to S\downarrow \to R_m\uparrow \to I\uparrow$$

4）N 和 f 不变时

$$U\uparrow \to \Phi_m\uparrow \to B_m\uparrow$$
$$\to I\uparrow$$

例 8-3　变压器的额定电压 10000V/230V，额定电流 5A/215A。在空载时，高压绕组从 10000V 的电源取用功率 340W，电流 0.43A。求：1）这台变压器的电压比 k；2）空载电流占额定电流的百分比；3）空载时一次绕组的功率因数。

解　变压器的电压比

$$k = \frac{10000\text{V}}{230\text{V}} = 43.5$$

空载电流占额定电流的百分比

$$\frac{I_0}{I_{1N}} = \frac{0.43\text{A}}{5\text{A}} = 8.6\%$$

空载时一次绕组的功率因数

$$\cos\varphi_1 = \frac{P_0}{S_0} = \frac{340\text{W}}{10000 \times 0.43\text{W}} = 0.079$$

例 8-4　一台额定容量 $S_N = 10\text{kV} \cdot \text{A}$ 的变压器，做空载和短路实验时分别测得铁损耗 $\Delta P_{Fe} = 300\text{W}$，铜损耗 $\Delta P_{Cu} = 330\text{W}$，若向功率因数 $\cos\varphi = 0.85$ 的感性负载供电。1）求变压器满载情况下的效率 η；2）求这台变压器的无功功率 Q。

解　输出有功功率

$$P_2 = S\cos\varphi = 10 \times 10^3 \times 0.85\text{W} = 8500\text{W}$$

输入有功功率

$$P_1 = P_2 + \Delta P_{Fe} + \Delta P_{Cu} = (8500 + 300 + 330)\text{W} = 9130\text{W}$$

变压器满载时的效率

$$\eta = \frac{P_2}{P_1} = \frac{8500\text{W}}{9130\text{W}} = 93\%$$

变压器的无功功率

$$Q = \sqrt{S^2 - P^2} = \sqrt{(10^4)^2 - 8500^2}\,\text{var} = 5300\text{var}$$

或者

$$Q = S\sin\varphi = 10^4 \times \sin31.8°\,\text{var} = 5300\text{var}$$

变压器空载实验时测得的损耗即是变压器的铁损耗；变压器短路实验测得的损耗即是变压器的满载时的铜损耗。

例 8-5　有一个电动式扬声器的电阻 $R = 3.2\Omega$，信号源的内电阻 $R_0 = 10\text{k}\Omega$，为了使扬声器获得最大的功率，匹配的变压器的电压比应是多少？

解　扬声器折算到一次侧的等效电阻为

$$R_1 = \left(\frac{N_1}{N_2}\right)^2 R = k^2 R$$

当 $R_1 = R_0$ 时，扬声器获得最大功率。

$$10000\Omega = k^2 \times 3.2\Omega$$

$$k = \sqrt{\frac{10000}{3.2}} \approx 56$$

例 8-6　一台三相变压器，一次绕组每相匝数 $N_1 = 2050$ 匝，二次绕组每相匝数 $N_2 = 82$ 匝，如果一次绕组加线电压 $U_{1l} = 6000\text{V}$。求：

1）在 Yyn 联结时，二次绕组的线电压和相电压；

2）在 Yd 联结时，二次绕组的线电压和相电压。

解　1）变压器的电压比

$$k = \frac{N_1}{N_2} = \frac{2050}{82} = 25$$

二次绕组线电压

$$U_{2l} = \frac{U_{1l}}{k} = \frac{6000\text{V}}{25} = 240\text{V}$$

二次绕组相电压

$$U_{2p} = \frac{U_{2l}}{\sqrt{3}} = \frac{240\text{V}}{\sqrt{3}} = 138\text{V}$$

2）Yd 联结时一次绕组的相电压

$$U_{1p} = \frac{U_{1l}}{\sqrt{3}} = \frac{6000\text{V}}{\sqrt{3}} = 3464\text{V}$$

二次绕组的相电压

$$U_{2p} = \frac{U_{1p}}{k} = \frac{3464\text{V}}{25} = 138\text{V}$$

二次绕组的线电压

$$U_{2l} = U_{2p} = 138\text{V}$$

选 择 题

8-1　在相等的电压情况下，将一直流电磁铁接到交流电源上，此时磁路中的磁通 Φ 将（　　）。

a）增大　b）减小　c）保持不变

8-2　在电压相等的情况下，将一交流电磁铁接到直流电源上，此时磁路中的磁通 Φ 将（　　）。

a）增大　b）减小　c）保持不变

8-3　一个铁心线圈，接在直流电压不变的电源上，当铁心的横截面积变大而磁路的平均长度不变时，则励磁电流将（　　）。

a）增大　b）减小　c）保持不变

8-4　一个铁心线圈，接在交流电压不变的电源上，当铁心的横截面积变大而磁路的平均长度不变时，则励磁电流将（　　）。

a）增大　b）减小　c）保持不变

8-5　两个交流铁心线圈除了匝数不同（$N_1 = 2N_2$）外，其他参数都相同，若将这两个线圈接在同一交流电源上，它们的电流 I_1 和 I_2 的关系为（　　）。

a）$I_1 > I_2$　b）$I_1 < I_2$　　c）$I_1 = I_2$

8-6　一个交流铁心线圈，分别接在电压相同而频率不同（$f_1 > f_2$）的交流电源上，此时两种情况下的磁感应强度 B_1 和 B_2 关系为（　　）。

a）$B_1 > B_2$　b）$B_1 < B_2$　　c）$B_1 = B_2$

8-7　直流电磁铁，接有恒定电压 U，当气隙长度 δ 增大时，线圈中电流 I 将（　　）。

a）增大　b）减小　c）保持不变

8-8　两个直流铁心线圈除了铁心截面积不同（$S_1 = 2S_2$）外，其他参数都相同。若磁感应强度相等，则两线圈的电流 I_1 和 I_2 的关系为（　　）。

a）$I_1 = 2I_2$　b）$I_1 = 1/2I_2$　　c）$I_1 = I_2$

8-9　直流电磁铁线圈通电时，衔铁吸合前后的线圈电流将（　　）。

a）增大　b）减小　c）保持不变

8-10　交流电磁铁线圈通电时，衔铁吸合前后的线圈电流将（　　）。

a）增大　b）减小　c）保持不变

8-11　直流电磁铁线圈通电时，衔铁吸合前后的电磁铁的吸力将（　　）。

a）增大　b）减小　c）保持不变

8-12　交流电磁铁线圈通电时，衔铁吸合前后的电磁铁的吸力将（　　）。

a）增大　b）减小　c）保持不变

8-13　变压器的铁损耗包含（　　），它们与电源的电压和频率有关。

a）滞阻损耗和磁滞损耗　b）磁滞损耗和涡流损耗　c）涡流损耗和磁化饱和损耗

8-14　有负载时变压器的主磁通是由（　　）产生。

a）一次绕组的电流 I_1　b）二次绕组的电流 I_2

c）一次绕组电流 I_1 与二次绕组电流 I_2 共同

8-15　变压器二次额定电压是指一次绕组接额定电压时二次绕组的（　　）。

a）满载时的端电压　b）开路时的端电压　c）满载和空载时端电压的平均值

8-16　变压器空载运行时，自电源输入的功率等于（　　）。

a）铜损　b）铁损　c）零

8-17　一台变压器（单相）的额定容量 $S_N = 50\mathrm{kV \cdot A}$，额定电压为 10kV/230V，满载时二次侧端电压为 220V，则其额定电流 I_{1N} 和 I_{2N} 分别为（　　）。

a）5A 和 227A　b）227A 和 5A　c）5A 和 217A

8-18　一台单相变压器的额定容量 $S_N = 50\mathrm{kV \cdot A}$，额定电压为 10kV/230V，空载电流 I_0 为额定电流的 3%，则其空载电流为（　　）。

a）0.15A　b）6.51A　c）1.7A

8-19　一个负载 R_L 经理想变压器接到信号源上，已知信号源的内阻 $R_0 = 800\Omega$，变压器的电压比 $k = 10$，若该负载折算到一次侧的阻值 R_L' 正好与 R_0 达到阻抗匹配，则负载 R_L 为（　　）。

a）80Ω　b）0.8Ω　c）8Ω

8-20　一个 $R_L = 8\Omega$ 的负载，经理想变压器接到信号源上。信号源的内阻 $R_0 = 800\Omega$，变压器一次绕组的匝数 $N_1 = 1000$ 匝，若要通过阻抗匹配使负载得到最大功率，则变压器二次绕组的匝数 N_2 应为（　　）。

a）100 匝　b）1000 匝　c）500 匝

8-21　变压器在额定容量下运行时，其输出有功功率的大小取决于（　　）。

a）负载阻抗的大小　b）负载功率因数的大小　c）负载的连接方式

8-22　变压器的铜损与负载的关系是（　　）。

a）与负载电流的平方成正比　b）与负载电流成正比　c）与负载无关

8-23　输出变压器一次侧匝数为 N_1，二次绕组有匝数为 N_2 和 N_3 的两个抽头。将 16Ω 的负载接 N_2 抽头，将 4Ω 的负载接 N_3 抽头，它们换算到一次侧的阻抗相等，均能达到阻抗匹配，则 $N_2 : N_3$ 应为（　　）。

a）4:1　b）1:1　c）2:1

8-24　有一台单相变压器，$S_N = 50\mathrm{kV \cdot A}$，额定电压为 10kV/230V，空载电流 I_0 为额定电流的 3%，满载时二次电压为 220V，则其电压调整率 $\Delta U_0\%$ 为（　　）。

a）0　b）3%　c）4.35%

8-25　变压器运行时的功率损耗包括（　　）等项。

a）铁心的损耗及一次、二次绕组的铜损耗　b）磁滞损耗、涡流损耗及风阻摩擦损耗

c）一次、二次绕组的电阻损耗

计　算　题

8-26　一台容量 $S_N = 20\mathrm{kV \cdot A}$ 的照明变压器，它的电压为 6600V/220V，问它能够正常供应 220V、40W 的白炽灯多少盏？能供给 $\cos\varphi = 0.6$、电压 220V、功率 40W 的荧光灯多少盏？

8-27　直流电磁铁的两个磁极的面积 $S_1 = S_2 = 1\mathrm{cm}^2$，磁通为 $\varPhi_m = 10^{-4}\mathrm{Wb}$，求电磁吸力？

8-28　交流电磁铁、励磁线圈的额定电压为 $U_1 = 220V$，匝数 $N = 10^4$ 匝，铁心截面积 $S_1 = S_2 = 1cm^2$，试求最大电磁吸力？

8-29　图 8-2 所示输出变压器的二次绕组有中间抽头，以便接 9Ω 或 4Ω 的扬声器，两者都能达到阻抗匹配，试求二次绕组匝数比 $N_2 : N_3$？

8-30　某单相照明变压器，容量为 $10kV \cdot A$，电压为 3300/220V，今欲在二次侧接上 60W、220V 的白炽灯，如果变压器在额定情况下运行。求：1）这种电灯可接多少盏？2）一次、二次绕组的额定电流。

8-31　图 8-3 所示电路中，若 $N_1 = 3000$ 匝，线圈铜阻 $R_1 = 30\Omega$，$N_2 = 4000$ 匝，线圈铜阻 $R_2 = 40\Omega$。两线圈以下列 4 种方式接到 $U = 115V$ 的直流电源上，分别求出磁路的总磁通势和磁通 Φ 的方向。1）将 1、2 点连接，1、4 点间接直流电源正、负极；2）将 1、3 点连接接电源正极，2、4 点连接接电流负极；3）将 2、4 点连接，1 点接电源正，3 点接电源负；4）将 1、4 点连接接电源正，2、3 点连接接电源负。

8-32　某三相变压器，一次绕组每相匝数 $N_1 = 2080$ 匝，二次绕组每相匝数 $N_2 = 80$ 匝，如果一次绕组端加线电压 $U_l = 6000V$。求：1）在 Yyn0 联结时，二次绕组端的线电压和相电压；2）在 Yd11 联结时，二次绕组端的线电压和相电压。

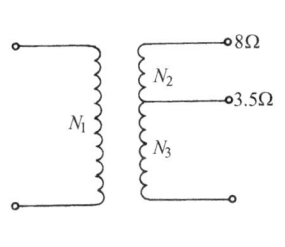

图 8-2　题 8-29 图

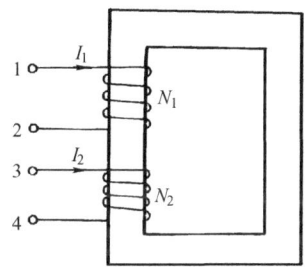

图 8-3　题 8-31 图

答　案

8-1　b)　8-2　a)　8-3　c)　8-4　b)　8-5　b)　8-6　b)　8-7　c)　8-8　c)　8-9　c)　8-10 b)　8-11　a)　8-12　c)　8-13　b)　8-14　c)　8-15　b)　8-16　b)　8-17　c)　8-18　a) 8-19　c)　8-20　a)　8-21　b)　8-22　a)　8-23　c)　8-24　c)　8-25　a)　8-26　500 个，300 个 8-27　80N　8-28　78.4N　8-29　$N_2 : N_3 = 1 : 2$

8-30　1）可接 220V、60W 的白炽灯

$$n = \frac{10 \times 10^3}{60} \approx 166.67 盏 = 166 盏$$

2）一次侧额定电流 $I_1 = \dfrac{P}{U_1} = 3.03A$

二次侧额定电流 $I_2 = \dfrac{P}{U_2} = 45.46A$

8-31　1）$F_m = I(N_1 + N_2) = \dfrac{U}{R_1 + R_2}(N_1 + N_2) = 11500A$；磁通 Φ 方向为顺时针沿铁心闭合。

2）$F_m = I_1 N_1 + I_2 N_2 = \dfrac{U_1}{R_1} N_1 + \dfrac{U_2}{R_2} N_2 = 23000A$；磁通 Φ 方向为顺时针沿铁心闭合。

3）$F_{\mathrm{m}} = IN_1 - IN_2 = \dfrac{U}{R_1 + R_2}N_1 - \dfrac{U}{R_1 + R_2}N_2 = -1642\mathrm{A}$；磁通 $\varPhi$ 方向为逆时针沿铁心闭合。

4）$F_{\mathrm{m}} = I_1 N_1 - I_2 N_2 = \dfrac{U}{R_1}N_1 - \dfrac{U}{R_2}N_2 = 0$；此种情况磁通势为零，磁通 $\varPhi = 0$

8-32　1）$k = \dfrac{N_1}{N_2} = 26$

$$U_{2l} = \dfrac{U_{1l}}{k} = 230\mathrm{V}$$

$$U_{2p} = \dfrac{U_{2l}}{\sqrt{3}} = 133\mathrm{V}$$

2）$U_{1p} = 3468\mathrm{V}$

$$U_{2p} = \dfrac{U_{1p}}{k} = 133\mathrm{V}$$

$$U_{2l} = U_{2p} = 133\mathrm{V}$$

第 9 章　异步电动机

解 题 概 要

1. 掌握三相异步电动机的工作原理、等效电路、运行参数、电磁转矩机械特性以及起动、反转、调速和制动的基本原理和方法。

2. 熟悉三相异步电动机的铭牌数据，并能分析三相异步电动机的运行性能和计算三相异步电动机的技术数据。常用的分析计算公式有

同步转速
$$n_1 = \frac{60f_1}{p}$$

额定转差率
$$s_N = \frac{n_1 - n_N}{n_1} \times 100\%$$

电动机转速
$$n = (1-s)n_1 = (1-s)\frac{n_1-n}{n_1}$$

输入电功率
$$P_{1N} = \sqrt{3}U_N I_N \cos\varphi_N$$

额定效率
$$\eta_N = \frac{P_N}{P_{1N}}$$

转子电动势
$$E_2 = sE_{20}$$

转子频率
$$f_2 = sf_1$$

转子漏磁感抗
$$X_2 = sX_{2s}$$

转子每相电流
$$I_2 = \frac{sE_{2s}}{\sqrt{R_2^2 + (sX_{2s})^2}}$$

转子每相功率因数
$$\cos\varphi_2 = \frac{R_2}{\sqrt{R_2^2 + (sX_{2s})^2}}$$

电磁转矩
$$T = k\frac{sR_2U_1^2}{R_2^2 + (sX_{2s})^2}$$

额定转矩
$$T_N = 9550\frac{P_N}{n_N}$$

（P_N 的单位为 kW，n_N 的单位为 r/min）

起动转矩
$$T_{st} = K\frac{R_2U_1^2}{R_2^2 + X_{2s}^2}$$

3. 掌握三相异步电动机的转矩特性及机械特性。

4. 掌握三相异步电动机的起动方法

1）笼型电动机的起动方法有直接起动和减压起动两种。减压起动通常采用丫-△起动。丫-△起动时，起动电流和起动转矩分别为

$$I'_{st} = \frac{1}{3}I_{st} \qquad T'_{st} = \frac{1}{3}T_{st}$$

自耦变压器减压起动的起动电流和起动转矩公式为

$$I'_{st} = \frac{1}{k^2}I_{st} \qquad T'_{st} = \frac{1}{k^2}T_{st}$$

式中，k 是自耦变压器的电压比。

2）绕线转子异步电动机的起动方法有转子串电阻和串频敏变阻器两种。

5. 掌握以下平衡关系

电压平衡关系式为

$$\dot{U}_1 \approx -\dot{E}_1 = 4.44 f_1 N_1 \Phi_m$$

磁通势平衡关系式　　　　　$\dot{I}_1 N_1 + \dot{I}_2 N_2 = \dot{I}_0 N_1$

功率平衡关系式　　$P_1 = P_{Fe} + P_{Cu1} + P_{Cu2} + P_0 + P_\Delta + P_2 = \Sigma \Delta P + P_2$

式中，P_2 表示输出功率；P_0 表示机械损耗功率；P_Δ 表示附加损耗功率。

例 题 解 析

例 9-1　一台三相异步电动机的额定数据如下：$U_N = 380V$，$I_N = 4.9A$，$f_N = 50Hz$，$\eta_N = 0.82$，$n_N = 2970r/min$，$\cos\varphi_N = 0.83$，△联结。试问这是一台几极的电动机？在额定工作状态下的转差率、转子电流的频率、输出功率和额定转矩各是多少？

解　由 $n_N = 2970r/min$ 可知，这是一台 2 极的电动机。即 $p = 1$，$n_1 = 3000r/min$。

在额定工作状态下的转差率、转子电流频率、输出功率和额定转矩分别为

$$s_N = (n_1 - n_N)/n_1 = 0.01$$

$$f_{2N} = s_N f_{1N} = 0.5Hz$$

$$P_N = \eta_N \sqrt{3} I_N U_N \cos\varphi_N = 2195W$$

$$T_N = 9550 \frac{P_N}{n_N} = 7.06N \cdot m$$

例 9-2　试说明三相异步电动机定子接额定电压，转子回路不串电阻的情况下，从空载起动到加上额定负载的过程中，其输出转矩、输出功率、电流、功率因数及效率等变化规律。

解　空载运转时，输出转矩 $T_2 \approx 0$，转子电流 $I_2 \approx 0$，定子电流 $I_1 = I_0$（励磁电流）很小，此时的功率因数 $\cos\varphi_1$ 和效率 η 最低，输出功率 $P_2 = 0$。

随着负载的增加直至加额定负载的过程中，输出功率和输出转矩均越来越大，定、转子电流也越来越大，I_1 与 I_2 近似为正比关系；在接近额定负载时，功率因数及效率均达到最高值。

例 9-3　某三相异步电动机的电源频率为 50Hz，线电压为 380V，当电动机输出转矩为 40N·m 时，测得其输入功率为 5kW，线电流为 11A，转速为 950r/min。问电动机的极数，

此时的功率因数、效率和转子电流频率各是多少?

解　由转速知：$n_1 = 1000\text{r/min}$，则 $p = 3$，极数为 6

$$\cos\varphi = \frac{P}{\sqrt{3}UI} = 0.69$$

$$P_2 = nT/9550 = 3.98\text{kW}$$

$$\eta = P_2/P_1 = 79.6\%$$

$$f_2 = sf_1 = \frac{n_1 - n}{n_1}f_1 = 2.5\text{Hz}$$

例 9-4　一台三相笼型异步电动机，△联结，$P_{2N} = 28\text{kW}$，$U_N = 380\text{V}$，$I_{1N} = 58\text{A}$，$\cos\varphi_{1N}$ $= 0.88$，$n_N = 1455\text{r/min}$，起动电流倍数为 6，起动转矩倍数为 1.1，过载系数为 2.3，供电变压器要求起动电流不大于 150A，负载起动转矩为 73.5N·m。试选择一种适当的减压起动方法。自耦变压器抽头有 55%、64%、73% 三档。

解　供选择的减压起动方法中，仅考虑丫-△转换起动和自耦减压起动两种。方法能否适用的关键有两条：一条是起动电流不能超过要求；另一条是起动转矩必须大于负载起动转矩。

1）采用丫-△转换起动时，起动电流为

$$I'_{\text{st}} = \frac{1}{3}I_{\text{st}} = \frac{1}{3} \times 6 \times 58\text{A} = 116\text{A}$$

该电流小于 150A，满足变压器对起动电流的要求。

起动转矩为

$$T'_{\text{st}} = \frac{1}{3}T_{\text{st}} = \frac{1}{3} \times 1.1 T_{2N} = \frac{1}{3} \times 1.1 \times \left(9550\frac{P_{2N}}{n_N}\right)$$

$$= \frac{1}{3} \times 1.1 \times 9550 \times \frac{28}{1455}\text{N·m} = 67.36\text{N·m}$$

这个起动转矩小于负载起动转矩（73.5N·m）。所以，不能采用丫-△转换起动的方法。

2）采用自耦减压起动时，对三个抽头档位分别进行校核。

抽头为 55% 档时

$$I'_{\text{st}} = 0.55^2 I_{\text{st}} = 0.55^2 \times 6 \times 58\text{A} = 105.27\text{A} < 150\text{A}$$

$$T'_{\text{st}} = 0.55^2 T_{\text{st}} = 0.55^2 \times 1.1 \times 183.8\text{A} = 61.15\text{N·m} < 73.5\text{N·m}$$

不能采用。

抽头为 64% 档时

$$I'_{\text{st}} = 0.64^2 I_{\text{st}} = 0.64^2 \times 348\text{A} = 142.5\text{A} < 150\text{A}$$

$$T'_{\text{st}} = 0.64^2 T_{\text{st}} = 0.64^2 \times 1.1 \times 183.8\text{N·m} = 82.8\text{N·m} > 73.5\text{N·m}$$

可以采用。

抽头为 73% 档时

$$I'_{\text{st}} = 0.73^2 I_{\text{st}} = 0.73^2 \times 348\text{A} = 185.45\text{A} > 150\text{A}$$

$$T'_{\text{st}} = 0.73^2 T_{\text{st}} = 0.73^2 \times 1.1 \times 183.8\text{N·m} = 107.7\text{N·m} > 73.5\text{N·m}$$

不能采用。

显然，只有采用自耦减压，且取抽头为 64% 档时，才同时满足起动电流和负载起动转矩两项要求，因而可以采用。

例9-5　已知三相异步电动机的铭牌数据：$U_N = 380V$，$I_N = 72A$，$T_{st}/T_N = 1.3$，$n_N = 2950r/min$，$\eta_N = 0.89$，$\cos\varphi_N = 0.88$。试求：

1）额定转差率 s_N、额定输出功率 P_N 和额定转矩 T_N；

2）负载转矩 T_L 由额定转矩变至 $130N \cdot m$ 时，电动机的转速升高还是降低？

3）采用自耦变压器减压起动，使起动转矩降为额定转矩的 60%，自耦变压器二次电压与一次电压的比。

解　1）

$$s_N = \frac{3000 - 2950}{3000} = \frac{1}{60} = 0.0167$$

$$P_N = \sqrt{3}U_N I_N \cos\varphi_N \eta = \sqrt{3} \times 380 \times 72 \times 0.88 \times 0.89 kW$$
$$= 37.113kW$$

$$T_N = 9550 \times \frac{37.113}{2950}N \cdot m = 120.15N \cdot m$$

2）$T_L \uparrow \rightarrow n \downarrow$

3）$\begin{aligned}T_{st}' &= k^2 T_{st} \\ T_{st}' &= 0.6T_N\end{aligned}$　　$k = \sqrt{\frac{0.6T_N}{1.3T_N}} = 0.68$

例9-6　某三相异步电动机，△联结，频率 $50Hz$，其他技术数据如下：

功率	转速	电压	效率	功率因数	I_{st}/I_N	T_{st}/T_N
30kW	1450r/min	380V	0.87	0.85	7	1.2

试求：1）起动转矩和额定转矩；

2）转子感应电动势的频率；

3）当负载转矩为额定转矩的 45% 时，定量说明能否采用 Y-△减压起动。

解　1）额定转矩

$$T_N = 9550 \times \frac{5.5}{1440}N \cdot m = 36.48N \cdot m$$

$$T_{st} = 1.2T_N = 237.1N \cdot m$$

2）转子感应电动势的频率

$$f_2 = sf_1 = \frac{1500 - 1450}{1500} \times 50Hz = 1.67Hz$$

3）

$$T_L = 0.45T_N$$

$$T_{st}' = \frac{1}{3}T_{st} = 0.4T_N$$

$$T_L > T_{st}'　故不能采用 Y-△减压起动$$

例9-7　一台 15kW 三相异步电动机，接在 50Hz 的三相交流电源上，已知额定电压下满载运行时的转速为 940r/min，起动系数为 1.5。求：1）满载时的转差率；2）额定转矩；3）

转差率为 0.04 时的转速和转子电流的频率；4）当负载转矩为 80N·m，定量说明能否采用丫-△换接起动？

解　1）转差率

$$s_N = \frac{1000 - 940}{1000} = 0.06$$

2）额定转矩

$$T_N = 9550 \times \frac{15}{940} \text{N·m} = 152.39 \text{N·m}$$

3）转速和转子电流的频率

$$n = (1 - s)n_1 = (1 - 0.04) \times 1000 \text{r/min}$$
$$= 960 \text{r/min}$$
$$f_2 = sf_1 = 2 \text{Hz}$$

4）能否采用丫-△换接起动？

$$T_{st} = 1.5T_N$$
$$T'_{st} = \frac{1}{3}T_{st} = 76.2 \text{N·m} < T_L$$

故不能采用丫-△换接起动

选 择 题

9-1　笼型与绕线转子异步电动机的（　　）不同。

a）定子结构　b）转子结构　c）定、转子结构均

9-2　三相异步电动机在额定电压和额定频率下运行时，若负载发生变化，则旋转磁场的每极磁通（　　）。

a）基本保持不变　b）随负载增大而增大　c）随负载增大而减小

9-3　变极对数的多速电动机的结构属于（　　）三相异步电动机。

a）笼型　b）绕线转子　c）笼型或绕线转子

9-4　三相笼型异步电动机在空载和满载两种情况下的起动电流的关系是（　　）。

a）满载起动电流较大　b）空载起动电流较大　c）两者相等

9-5　三相异步电动机当负载转矩从 T_1 增到 T_2 时，将稳定运行在图 9-1 所示机械特性曲线的（　　）点。

a）E　b）F　c）D

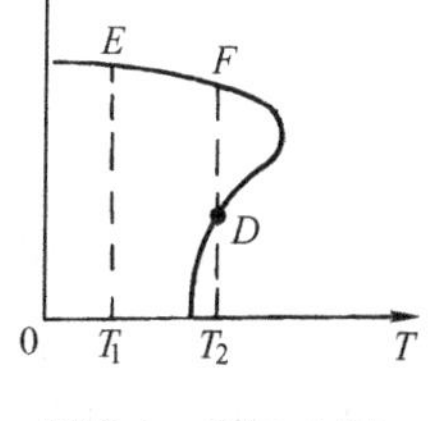

9-6　在三相电源断一相的情况下，三相异步电动机（　　）。

a）能起动并正常运行　b）起动后低速运行　c）不能起动

9-7　三相异步电动机在额定转速下运行时，其转差率（　　）。

a）小于 0.1　b）接近 1　c）大于 0.1

9-8　三相笼型异步电动机转子感应电动势 E_2 与转差率 s 的关系是（　　）。

a）$E_2 \propto s$　b）$E_2 \propto 1/s$　c）两者无关

图 9-1　题 9-5 图

9-9 三相绕线转子异步电动机转子上的三个集电环和三个电刷的功能是 （　　　）。

a）连接三相电源　b）通入励磁电流　c）短接转子绕组或接入起动、调速电阻

9-10 三相异步电动机的转速越高，其转子感应电动势（　　　）。

a）越大　b）越小　c）越稳定

9-11 三相异步电动机的转速越高，其转差率（　　　）。

a）越大　b）越小　c）越稳定

9-12 三相异步电动机的旋转方向由（　　　）决定。

a）电源电压大小　b）电源频率高低　c）定子电流的相序

9-13 三相异步电动机的同步转速由（　　　）决定。

a）电源频率　b）磁极对数　c）电源频率和磁极对数

9-14 在额定电压下运行的三相异步电动机，负载在额定负载附近变动，电动机的转速（　　　）。

a）稍有变化　b）变化很大　c）不变

9-15 对于起动并不频繁的三相笼型异步电动机，适当降低其起动电流是为了（　　　）。

a）防止电动机烧坏　b）防止熔体熔断　c）防止电网电压过度降低

9-16 绕线转子三相异步电动机在负载不变的情况下，增加转子电路电阻会使其转速（　　　）。

a）增高　b）降低　c）稳定不变

9-17 三相绕线转子异步电动机的定子绕组与转子绕组的极对数（　　　）。

a）必须相等　b）不必须相等　c）不相等

9-18 三相笼型异步电动机的机械特性属于（　　　）。

a）硬特性　b）软特性　c）绝对硬性

9-19 若三相异步电动机在运行中提高其供电频率，该电动机的转速将（　　　）。

a）基本不变　b）增加　c）降低

9-20 在起重设备中常选用（　　　）异步电动机。

a）笼型　b）绕线转子　c）单相

9-21 额定电压为 380V/220V 的三相异步电动机，在 Y 和 △ 联结两种情况下运行时，其额定输出功率 P_Y 和 $P_\triangle$ 的关系是（　　　）。

a）$P_Y = P_\triangle/\sqrt{3}$　b）$P_Y = \sqrt{3}P_\triangle$　c）$P_Y = P_\triangle$

9-22 一般规定电动机工作电压允许的波动范围是（　　　）。

a）±1%　b）±2%　c）±5%

计　算　题

9-23 已知 Y90S-4 型异步电动机的下列技术数据：1.1kW，380V，50Hz，△联结，效率 0.78，功率因数 0.78，转速 1400r/min。求：1）线电流和相电流的额定值；2）额定转矩；3）转差率和转子频率的额定值。

9-24 有 Y112M-2 型和 Y160M1-8 型异步电动机各一台，额定功率都是 4kW，但前者转速为 2890r/min，后者为 720r/min。试比较它们的额定转矩，并由此说明电动机的极数、转

速及转矩三者之间的关系。

9-25 有一台 4 极、50Hz、1425r/min 的三相异步电动机，转子电阻 $R_2 = 0.02\Omega$，感抗 $X_{2s} = 0.08\Omega$，$E_1/E_{2s} = 10$。当 $E_1 = 200V$ 时，求：1）电动机起动初始瞬间（$n = 0$，$s = 1$）转子每相电路的电动势 E_{2s}、电流 I_{2s} 和功率因数 $\cos\varphi_{2s}$；2）额定转速时的 E_2、I_2 和 $\cos\varphi_2$。比较在上述两种情况下转子电路各物理量（电动势、频率、感抗、电流及功率因数）的大小。

9-26 已知 Y132S-4 型三相异步电动机的额定数据如下：

功　率	转　速	电　压	效　率	功率因数	I_{st}/I_N	T_{st}/T_N	T_{max}/T_N
5.5kW	1440r/min	380V	85.5%	0.84	7	2.2	2.2

电源频率为 50Hz。求：1）额定转差率 s_N；2）额定电流 I_{1N}；3）额定输出转矩 T_{2N}；4）起动电流 I_{st}；5）起动转矩 T_{st}；6）最大转矩 T_{max}。

9-27 Y180L-6 型电动机额定功率为 15kW，额定转速为 970r/min，频率为 50Hz，最大转矩为 295.36N·m。求电动机的过载系数。

9-28 一台 4 极三相异步电动机的额定功率为 30kW，额定电压为 380V，△联结，频率为 50Hz。在额定负载下运行时其转差率为 0.02，效率为 90%，线电流为 57.5A。求：1）转子旋转磁场对转子的转速（提示 $n_2 = 60f_2/p = sn_1$）；2）额定转矩；3）电动机的功率因数。

9-29 题 9-22 中电动机的 $T_{st}/T_N = 1.2$，$I_{st}/I_N = 7$。求：1）用 Y-△换接起动时的起动电流和起动转矩；2）当负载转矩为额定转矩的 60% 和 25% 时，用 Y-△换接起动是否可以？

9-30 在题 9-22 中，如果采用自耦减压起动，而使电动机的起动转矩为额定转矩的 85%，试求：1）自耦变压器的电压比；2）电动机每相起动电流和线路上的起动电流。

9-31 一台三相单绕组双速电动机进行变极调速，低速和高速的旋转方向不同，而电源相序并无变动，试说明原因（揭示：图 9-2 给出了变极调速时 U 相定子绕组的两种连接法，注意电流方向的变化）。

9-32 有一带负载起动的短时运行的三相异步电动机，折算到轴上的转矩为 130N·m，转速为 730r/min，试求电动机的功率。取过载系数 $\lambda = 2$。

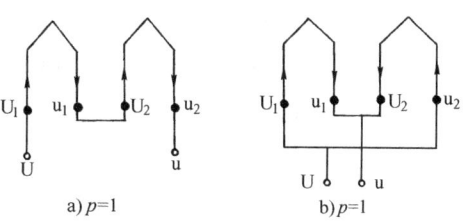

图 9-2 题 9-31 图

9-33 一台三相异步电动机，铭牌数据如下：Y 联结，$P_N = 2.2kW$，$U_N = 380V$，$n_N = 2970r/min$，$\eta_N = 82\%$，$\lambda_N = 0.83$。试求此电动机的额定相电流、线电流及额定转矩，并问这台电动机能否采用 Y-△起动方法来减小起动电流？为什么？

9-34 某三相异步电动机，铭牌数据如下：△联结，$P_N = 10kW$，$U_N = 380V$，$I_N = 19.9A$，$n_N = 1450r/min$，$I_{st}/I_N = 7$，$T_{st}/T_N = 1.4$，若负载转矩为 25N·m，电源允许最大电流为 60A。试问应采用直接起动还是 Y-△方法起动？

答　案

9-1　b)　9-2　a)　9-3　a)　9-4　a)　9-5　b)　9-6　c)　9-7　a)　9-8　a)　9-9　c)　9-10　b)
9-11　b)　9-12　c)　9-13　c)　9-14　a)　9-15　c)　9-16　b)　9-17　a)　9-18　a)　9-19　b)　9-20
b)　9-21　c)　9-22　c)

9-23　1) $I_{1N} = \dfrac{P_{2N}}{\sqrt{3}U_N\cos\varphi_N\eta_N} = \dfrac{1100}{\sqrt{3}\times 380\times 0.78\times 0.78}A = 2.747A$

$I_{pN} = I_{1N}/\sqrt{3} = 1.586A$

2) $T_N = 9550\dfrac{P_{1N}}{n_1} = 9550\dfrac{P_{2N}/\eta_N}{n_1} = \dfrac{9550\times 1.1}{1500\times 0.78}N\cdot m = 8.98N\cdot m$

3) $s_N = \dfrac{n_1 - n_N}{n_1} = \dfrac{1500 - 1400}{1500} = 0.067$

$f_{2N} = s_N f_{1N} = 0.067\times 50Hz = 3.33Hz$

9-24　Y112M-2 的额定转矩为 $T_{2N} = 9550\times\dfrac{4}{2890}N\cdot m = 13.2N\cdot m$

Y160M1-8 的额定转矩为 $T'_{2N} = 9550\times\dfrac{4}{720}N\cdot m = 53.1N\cdot m$

可见，极数增加时，转速近于成比例下降，而转矩近于成比例增大。

9-25　1) $E_{2s} = E_1/10 = 20V$

$I_{2s} = \dfrac{E_{2s}}{\sqrt{R_2^2 + X_{2s}^2}} = \dfrac{20}{\sqrt{0.02^2 + 0.08^2}}A = 242.5A$

$\cos\varphi_{2s} = \dfrac{R_2}{\sqrt{R_2^2 + X_{2s}^2}} = \dfrac{0.02}{\sqrt{0.02^2 + 0.08^2}} = 0.243$

2) $s_N = \dfrac{1500 - 1425}{1500} = 0.05$

$E_2 = sE_{2s} = 0.05\times 20V = 1V$

$I_2 = \dfrac{sE_{2s}}{\sqrt{R_2^2 + (sX_{2s})^2}} = \dfrac{0.05\times 20}{\sqrt{0.02^2 + (0.05\times 0.08)^2}}A = 49A$

$\cos\varphi_2 = \dfrac{R_2}{\sqrt{R_2^2 + (sX_{2s})^2}} = \dfrac{0.02}{\sqrt{0.02^2 + (0.05\times 0.08)^2}} = 0.981$

转子电路的电动势、频率和感抗都与转差率成正比，额定负载运行时 s_N 很小，所以上述三个物理量均很小；起动时电流 I_{2s} 很大、功率因数 $\cos\varphi_{2s}$ 很低，额定负载运行时 I_2 变小很多，$\cos\varphi_2$ 提高到近于1。

9-26　1) $s_N = \dfrac{n_1 - n_N}{n_1} = \dfrac{1500 - 1440}{1500} = 0.04$

2) $I_{1N} = \dfrac{P_{2N}}{\sqrt{3}U_N\cos\varphi_N\eta_N} = \dfrac{5500}{\sqrt{3}\times 380\times 0.84\times 0.855}A = 11.64A$

3) $T_{2N} = 9550\dfrac{P_{2N}}{n_N} = 9550\times\dfrac{5.5}{1440}N\cdot m = 36.48N\cdot m$

4) $I_{st} = 7I_{1N} = 7\times 11.64A = 81.48A$

5) $T_{st} = 2.2T_{2N} = 2.2\times 36.48N\cdot m = 80.26N\cdot m$

6）$T_{max} = 2.2 T_{2N} = 80.26 N \cdot m$

9-27　$T_{2N} = 9550 \dfrac{P_{2N}}{n_N} = 9550 \times \dfrac{15}{970} N \cdot m = 147.68 N \cdot m$

$\lambda = \dfrac{T_{max}}{T_{2N}} = \dfrac{295.36}{147.68} = 2.0$

9-28　1）$n_1 = \dfrac{60 f_1}{p} = \dfrac{60 \times 50}{2} r/min = 1500 r/min$

$n_2 = s n_1 = 0.02 \times 1500 r/min = 30 r/min$

2）$T_{2N} = 9550 \dfrac{P_{2N}}{n_N} = 9550 \times \dfrac{30}{(1 - 0.02) \times 1500} N \cdot m = 9550 \times \dfrac{30}{1470} N \cdot m = 194.9 N \cdot m$

3）$\cos\varphi_{1N} = \dfrac{P_{2N}}{\sqrt{3} U_N I_N \eta_N} = \dfrac{30000}{\sqrt{3} \times 380 \times 57.5 \times 0.9} = 0.88$

9-29　1）直接起动电流 $I_{st} = 7 I_N = 7 \times 57.5 A = 402.5 A$

丫-△起动时 $I_{stY} = \dfrac{1}{3} I_{st\triangle} = \dfrac{1}{3} \times 402.5 A = 134.17 A$

$T_{stY} = \dfrac{1}{3} T_{st\triangle} = \dfrac{1}{3} \times (1.2 \times 194.9) N \cdot m = 77.96 N \cdot m$

2）$\dfrac{0.6 T_{2N}}{T_{stY}} = \dfrac{0.6 \times 194.9}{77.96} = \dfrac{116.94}{77.96} > 1$，不可以。

$\dfrac{0.25 T_{2N}}{T_{stY}} = \dfrac{0.25 \times 194.9}{77.96} = \dfrac{48.725}{77.96} < 1$，可用丫-△起动。

9-30　1）设电压比为 k，则二次电压抽头比为 $1/k$。

自耦减压起动转矩 $T'_{st} = \dfrac{1}{k^2} T_{st} = \dfrac{1}{k^2} \times (1.2 \times 194.9) N \cdot m = \dfrac{1}{k^2} \times 233.88 N \cdot m$

应有 $\dfrac{233.88}{k^2} = 0.85 T_{2N} = 0.85 \times 194.9 N \cdot m$，$k = 1.19$，$1/k = 0.84$

2）自耦减压（一次侧线路上）起动电流 $I'_{st} = \left(\dfrac{1}{k}\right)^2 I_{st} = 0.84^2 \times 402.5 A = 284 A$

电动机的定子（变压器二次侧线电流）$I''_{st} = \left(\dfrac{1}{k}\right) I_{st} = 0.84 \times 402.5 A = 338.1 A$

电动机的每相起动电流（△联结）$I'''_{st} = \dfrac{1}{\sqrt{3}} I''_{st} = \dfrac{1}{\sqrt{3}} \times 338.1 A = 195.2 A$

9-31　两个线圈没有反并联（U_1 与 u_2，U_2 与 u_1 分别相连后接电源），而是进行了正并联，从而改变了旋转磁场的方向。

9-32　轴上转矩所对应的功率 $P_\lambda = \dfrac{T_\lambda n}{9550} = \dfrac{130 \times 730}{9550} kW = 9.94 kW$

电动机的实际铭牌功率 $P = P_\lambda / \lambda = (9.94 / 2) kW = 4.97 kW$（理论值）

9-33　电动机丫联结，$I_l = I_p = I_N = \dfrac{P_N}{\eta_N \sqrt{3} U_N \lambda_N} = 4.91 A$

$T_N = 9550 \dfrac{P_N}{n_N} = 7.07 N \cdot m$

因为电动机在额定运行时的定子绕组为丫联结，所以不能采用丫-△起动法降低起动电流。

9-34　由铭牌数据先求出额定转矩

$$T_N = 9550 \frac{P_N}{n_N} = 65.86 \text{N} \cdot \text{m}$$

直接起动：

$$T_{st\triangle} = 1.4 T_N = 92.2 \text{N} \cdot \text{m}$$

$$I_{st\triangle} = 7 I_N = 139.3 \text{A}$$

丫-△起动：

$$T_{stY} = \frac{1}{3} T_{st\triangle} = 30.73 \text{N} \cdot \text{m} > 25 \text{N} \cdot \text{m}$$

$$I_{stY} = \frac{1}{3} I_{st\triangle} = 46.4 \text{A} < 60 \text{A}$$

应采用丫-△起动。

第 10 章　电动机的继电器—接触器控制

解 题 概 要

本章的总体要求是：对简单的三相异步电动机的继电—接触器控制系统能够分析和设计。为此，提出以下解题要点。

1. 熟悉常用控制电器的结构、原理、功能、图形与文字符号，达到灵活使用的目的。

2. 对控制系统的分析问题，先由主电路（控制目标）分析出主要控制目的；再由控制电路的起动按钮入手分析其控制过程；分析控制过程时，应以执行元件——继电器、接触器的工作状态为核心。

3. 对控制系统的设计问题，要先搞清控制要求（工艺要求），以确定电动机、接触器、继电器等主要设备、器件的数量；再设计主电路，主电路应考虑常规的短路、过载、零电压与欠电压等保护措施；然后设计控制电路，控制电路图应基本按控制过程中动作的先后顺序，由左至右、由上至下平行绘制；最后应保证在出现常规事故和任意操作情况下，系统不会损坏。

4. 应以最简单、最基本的三相异步电动机的直接起、停控制系统为切入点，熟练掌握其系统构成和功能，才能由易到难、由浅入深地学好本章内容，并为可编程序控制器（PLC）的学习打下基础。

例 题 解 析

例 10-1　图 10-1 所示电路为某控制电路的一部分，其中时间继电器 KT（断电延时型）的动作时间整定为 7s，ST 为行程开关。试说明按下起动按钮 SB_1 后接触器 KM_1 何时通电动作？何时断电恢复常态？

解　该题属于控制系统的分析问题，应从起动按钮 SB_1 着手进行分析如下：

1）按下 SB_1 后，KM 通电并自锁，同时 KT、KM_1 通电动作。

2）当行程开关 SQ 被断开后，KT 线圈断电，经 7s 后 KT 延时触点闭合，接通 KM_2 线圈，KM_2 的常闭触点断开，KM_1 断电恢复常态。

3）等 SQ 再次闭合，KT 线圈再次被接通，其触点断开，KM_2 断电，KM_1 再次通电动作。

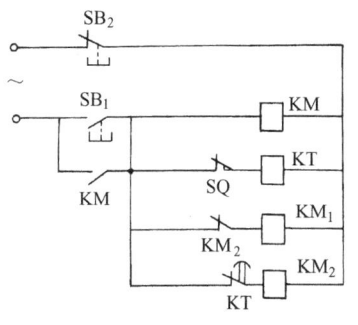

图 10-1　例 10-1 图

4）KM_1 如上述通、断交替运行，直至按 SB_2 后全部断电。

该段控制电路每当行程开关闭合时，KM_1 就工作；SQ 断开经 7s 后，KM_1 断电恢复常态。按停车按钮 SB₂ 停止工作。

例 10-2 试画出两台电动机顺序起停的控制电路，控制要求是：M₁ 起动后 M₂ 才能起动，M₂ 停车后 M₁ 才能停车，用接触器 KM₁ 控制 M₁，KM₂ 控制 M₂（不画主电路）。

解 该题属于三相异步电动机的控制系统的设计问题。按题中要求画出控制电路如图 10-2 所示。

例 10-3 图 10-3 为一个不完整的起重电动机升降点动控制电路。该电路应具有短路、过载和限位保护功能，且升降到位时能自动停车并有灯光显示。请将电路填补完整，并说明 SQ 元件的功能。

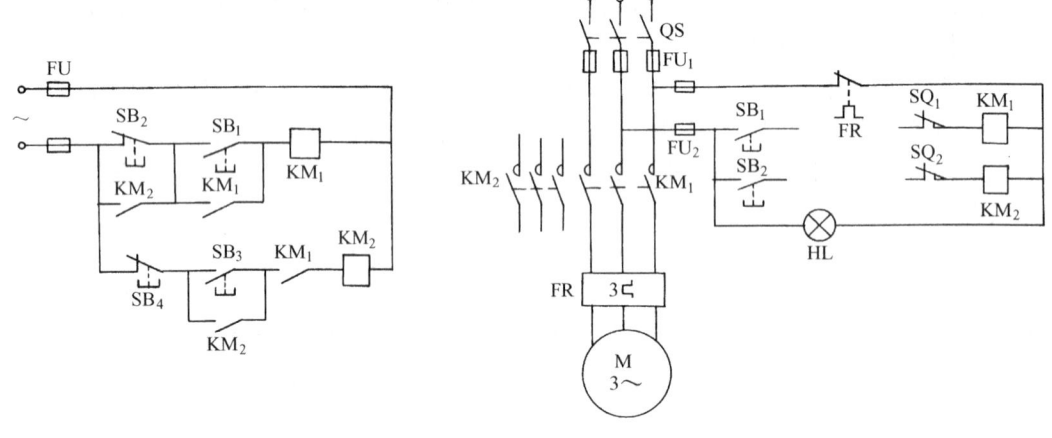

图 10-2 例 10-2 图   图 10-3 例 10-3 图

解 该题属于三相异步电动机控制系统的设计问题。控制电路应具有正、反转、限位、自动停车并有灯光显示、互锁（联锁）等功能，线路中需要 4 个限位开关。完整的控制电路图如图 10-4 所示。

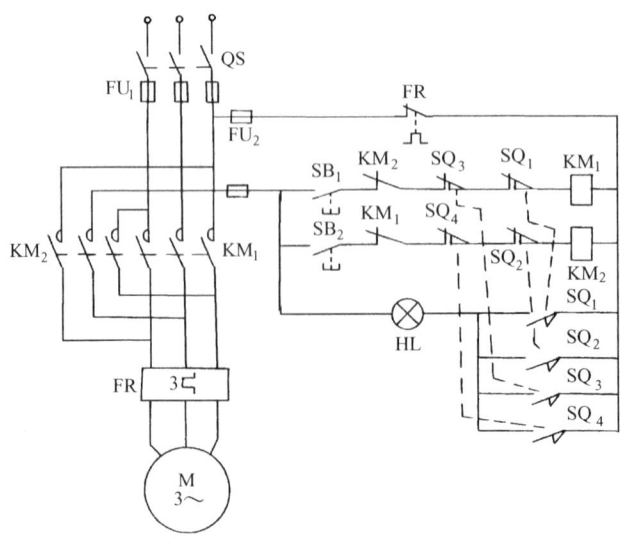

图 10-4 例 10-3 答案

图中 SQ_1、SQ_2 为双向机械操作型的行程开关，作行程控制用，当起重机上升到位时（设 SB_1 为控制上升的按钮），将自动停止并使信号灯 HL 亮。SQ_3 为限位保护，起重机一旦上升到该位置时，将自动停止并使 HL 亮。SQ_1 和 SQ_3 实现双重限位保护作用。SB_2 为下降按钮，下降过程由 SQ_2 和 SQ_4 双重限位。

选 择 题

10-1　刀开关的文字符号是（　　）。

a）SB　b）QS　c）FU

10-2　熔断器的文字符号是（　　）。

a）SB　b）QS　c）FU

10-3　交流接触器的文字符号是（　　）。

a）FU　b）KM　c）FR

10-4　热继电器的文字符号是（　　）。

a）FR　b）FU　c）KT

10-5　中间继电器的文字符号是（　　）。

a）KA　b）KM　c）KT

10-6　时间继电器的文字符号是（　　）。

a）KA　b）KM　c）KT

10-7　行程开关的常开（动合）触点与常闭（动断）触点的文字符号是（　　）。

a）QS　b）SQ　c）KT

10-8　熔断器具有（　　）保护的功能。

a）过载　b）短路　c）零压

10-9　交流接触器和按钮组成的控制电路具有（　　）保护作用。

a）零电压或欠电压　b）过载　c）短路

10-10　热继电器具有（　　）保护的功能。

a）欠电压　b）短路　c）过载

10-11　行程开关具有（　　）保护的功能。

a）过载　b）限位　c）短路

10-12　时间继电器具有（　　）控制的功能。

a）定时　b）定位　c）速度或温度

10-13　自锁环节的功能是保证电机控制系统（　　）。

a）有点动功能　b）有定时控制功能　c）起动后连续运行

10-14　自锁环节应将 KM 的（　　）触点并联于起动按钮两端。

a）常开　b）常闭　c）常开或常闭

10-15　自锁环节应将 KM 的常开触点与（　　）按钮相并联。

a）停车　b）起动　c）常开或常闭

10-16　当 KM_1 与 KM_2 形成互锁时，应将 KM_1 的（　　）触点串联于 KM_2 的控制回路中。

a) 常开　b) 常闭　c) 常开或常闭

10-17　当 KM_1 与 KM_2 形成互锁时，应将 KM_2 的常闭触点串联于（　　）的控制回路中。

a) KM_1　b) KM_2　c) KT

10-18　在图 10-5 所示电路中具有（　　）保护功能。

a) 短路、终端、零电压　b) 过载、零电压　c) 短路、过载、零电压或欠电压

10-19　图 10-6 所示的控制电路在接通电源后将出现（　　）的现象。

a) 按一下 SB_2，接触器 KM 长期吸合　b) 接触器的线圈交替通电、断电造成触点不停地跳动　c) 按下 SB_2，接触器不能吸合

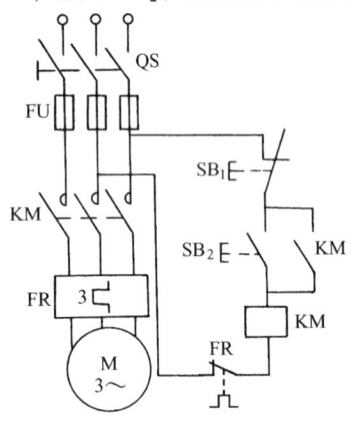

图 10-5　题 10-18 图

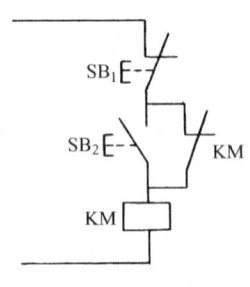

图 10-6　题 10-19 图

10-20　在图 10-7 所示的控制电路中，接触器 KM_1 控制电动机 M_1，KM_2 控制电动机 M2，若要起动 M_1 和 M_2 运行，试判断下面的操作顺序哪个是正确的（　　）。

a) 无限定操作顺序　b) 先按 SB_1 起动 M_1，再按 SB_2 起动 M_2　c) 先按 SB_2 起动 M_2，再按 SB_1 起动 M_1

10-21　图 10-8 所示电路中，接触器 KM_1 和 KM_2 均已通电。此时若按动 SB_3，试判断下面的结论哪个是正确的（　　）。

a) 接触器 KM_1 和 KM_2 均断电停止运行　b) 只有接触器 KM_1 断电停止运行　c) 只有接触器 KM_2 断电停止运行

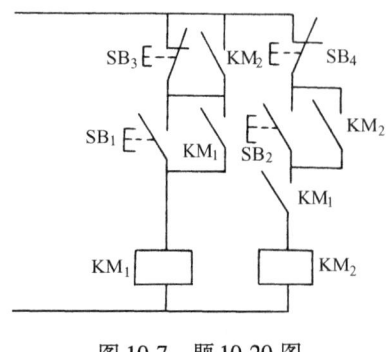

图 10-7　题 10-20 图

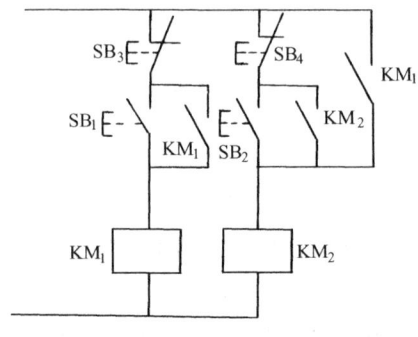

图 10-8　题 10-21 图

10-22 图 10-8 所示电路中，接触器 KM_1 和 KM_2 均已通电动作。此时若按动 SB_4，试判断下面的结论哪个是正确的（ ）。

a）接触器 KM_1 和 KM_2 均断电停止运行 b）只有接触器 KM_2 断电停止运行 c）接触器 KM_1 和 KM_2 均不能断电停止运行

10-23 在图 10-8 所示的控制电路中，若按动 SB_2，试判断下面的结论哪个是正确的（ ）。

a）接触器 KM_2 通电动作后 KM_1 跟着动作 b）只有接触器 KM_2 通电动作 c）只有接触器 KM_1 通电动作

10-24 图 10-9 所示的三相异步电动机控制电路接通电源后的控制作用是（ ）。

a）按下 SB_2，电动机不能运转 b）按下 SB_2，电动机点动 c）按下 SB_2，电动机起动连续运行；按下 SB_1，电动机停转

10-25 图 10-10 所示控制电路的作用是（ ）。

a）按下 SB_1，接触器 KM 通电，并连续运行 b）SB_1 是点动按钮 c）当 KM 已经通电运行时，按 SB_1，KM 即断电

图 10-9 题 10-24 图　　　　　　图 10-10 题 10-25 图

分　析　题

10-26 图 10-11 是一个不完整的三相异步电动机正反转控制电路。该电路应具有短路、过载和正转、反转限位保护功能。主电路电压为 380V，控制电器的额定电压为 200V。请将电路填补完整，并注明图中文字符号所代表的元器件名称。

10-27 图 10-12 所示电路为三相异步电动机 M_1 和 M_2 顺序起停控制电路。起停的顺序要求是：M_1 起动后才能起动 M_2，先停 M_2 才能停 M_1，还要求电路具有短路和过载保护功能。试检查电路中是否有错误，说明错在哪里，并画出正确的控制电路。

10-28 试分析图 10-13 所示电路的控制过程。

10-29 图 10-14 是三相异步电动机 M_1 和 M_2 按顺序起停的控制电路。要求 M_1 起动后，隔一定时间 M_2 自动投入运行，并同时使 M_1 停转，KT 断电。电路还应具有短路、过载、零电压保护功能。请找出图中的错误，并画出正确的电路。

10-30 图 10-15 所示电路为某控制电路的一部分，其中时间继电器 KT 的动作时间整定为 7s，行程开关 SQ_1 和 SQ_2 联动，试说明按下 SB_1 后哪些电器通电，接触器 KM_2 何时通电动作，何时断电恢复常态。

10-31　图 10-16 是三相异步电动机 M_1、M_2 的控制电路。请分析该电路的功能，并回答下列问题：1）熔断器 FU 安装的位置是否正确？2）当电动机 M_1 发生短路时，KM_1 的常开主触点是处于断开状态吗？

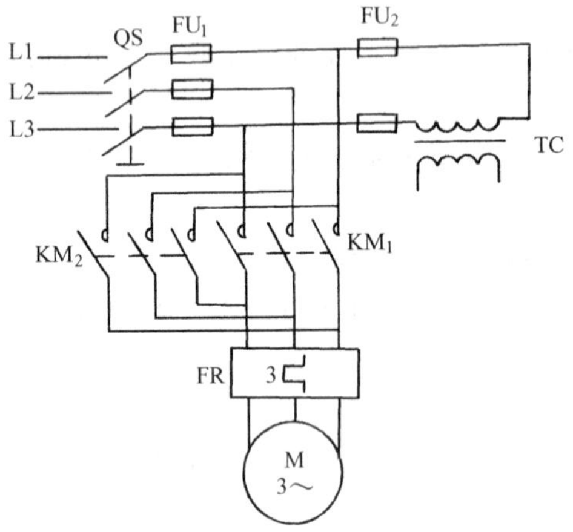

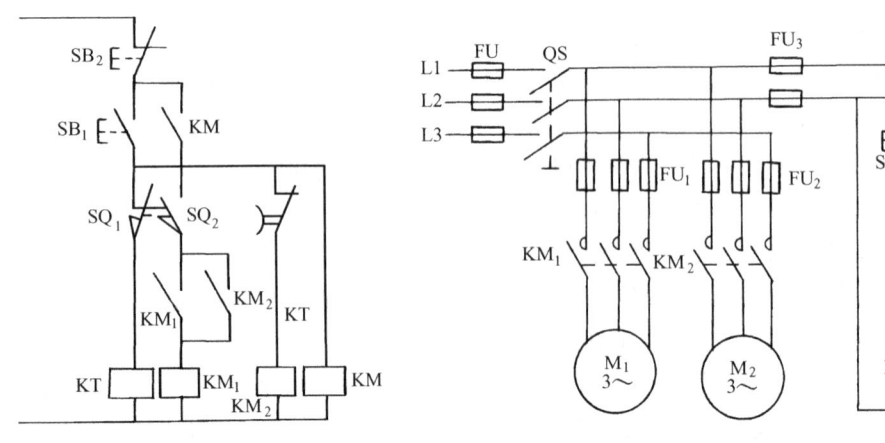

图 10-11　题 10-26 图 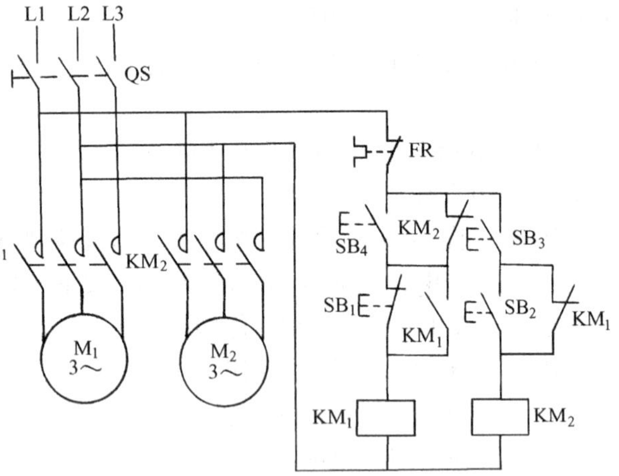　　　　　　　　图 10-12　题 10-27 图

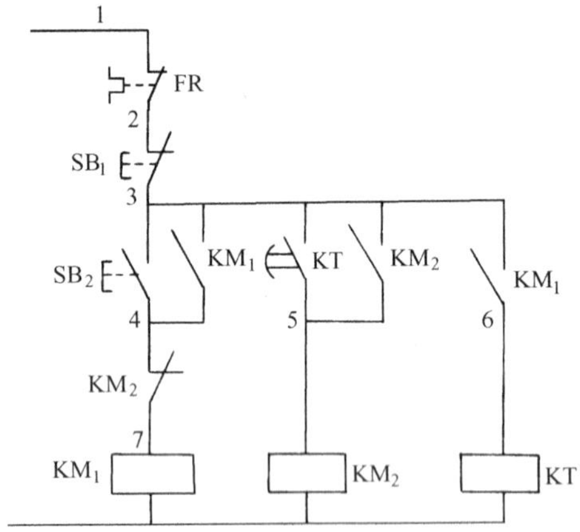

图 10-13　题 10-28 图 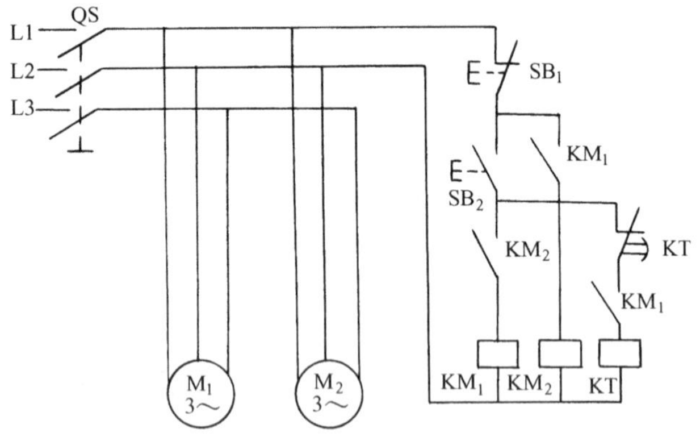　　　　　　　　图 10-14　题 10-29 图

图 10-15　题 10-30 图 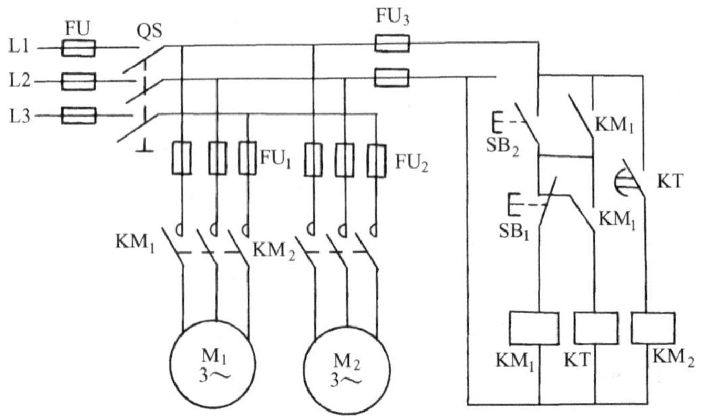　　　　　　　　图 10-16　题 10-31 图

10-32　试画出小车可在 A、B 两点之间往复运行的行程控制电路。

10-33　试设计可在甲、乙两地控制一台电动机起、停止的控制电路。

10-34　试设计两台电动机顺序起动、同时停止的控制电路。

10-35　试述图 10-17 所示控制电路的工作过程。

10-36　图 10-18 所示的各电路有什么错误？会造成什么后果？应如何改正？

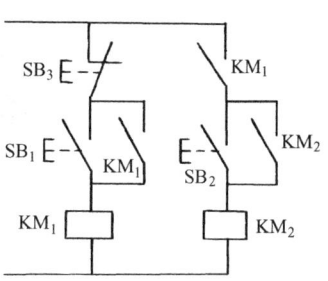

图 10-17　题 10-35 图

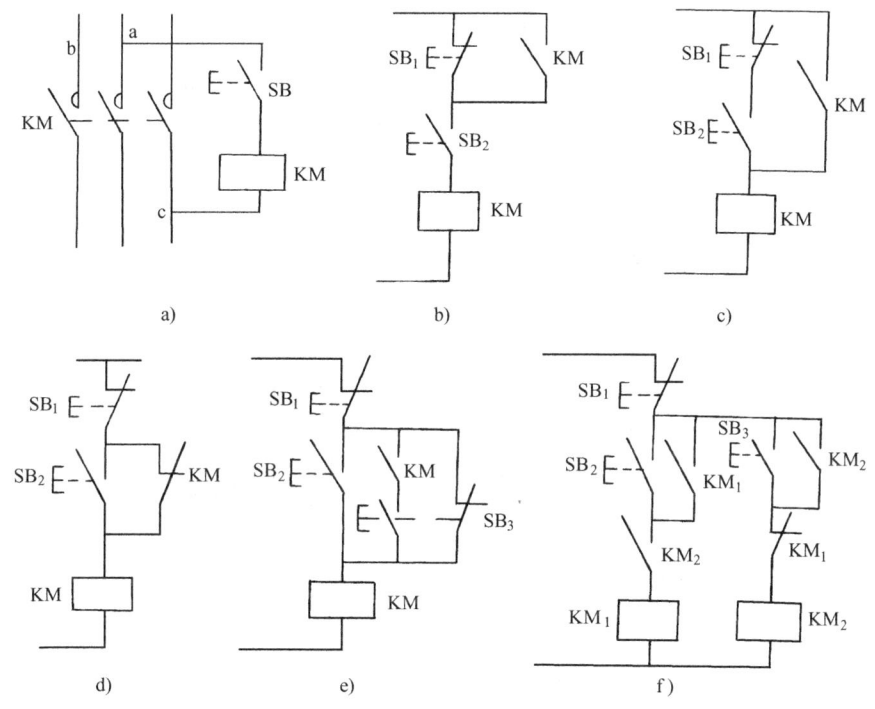

图 10-18　题 10-36 图

答　案

10-1　b)　10-2　c)　10-3　b)　10-4　a)　10-5　a)　10-6　c)　10-7　b)　10-8　b)　10-9　a)　10-10　c)　10-11　b)　10-12　a)　10-13　c)　10-14　a)　10-15　b)　10-16　b)　10-17　a)　10-18　c)　10-19　b)　10-20　b)　10-21　b)　10-22　b)　10-23　b)　10-24　c)　10-25　b)

10-26　完整的电路图如图 10-19 所示。

元件名称：QS 为组合开关；FU 为熔断器；KM 为交流接触器；FR 为热继电器；SQ 为行程开关；TC 为控制变压器；SB 为按钮。

10-27　原图错误之处有：

1）主电路中缺热继电器的发热元件；2）控制电路中应有 FR_1、FR_2 两个常闭触点；3）主电路、控制电路中缺熔断器；4）KM_1、KM_2 的自锁有错误；5）缺少起动顺序连锁和停车顺序连锁；6）SB_1、SB_3 的触点不对。正确电路如图 10-20 所示。

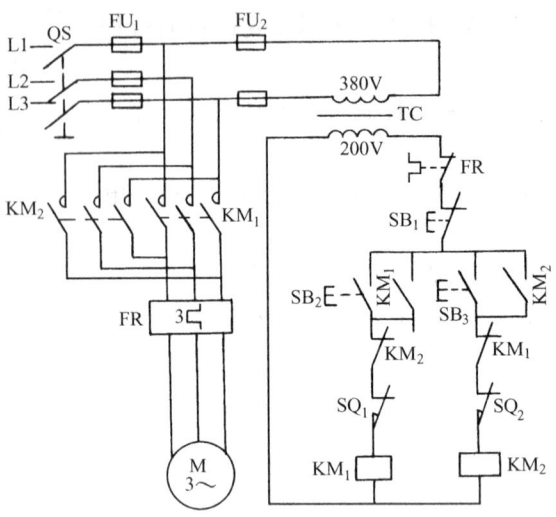

图 10-19　题 10-26 答案

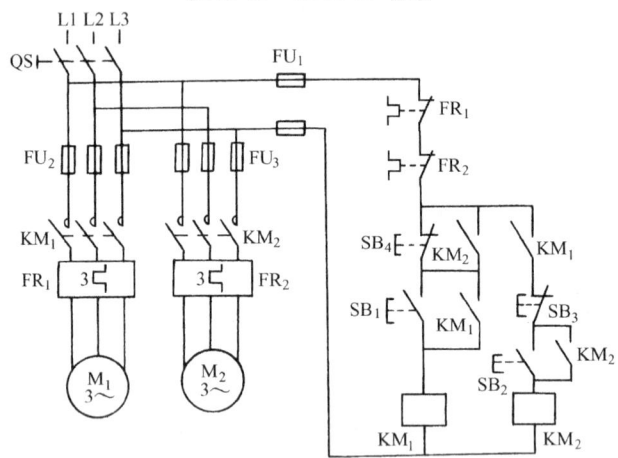

图 10-20　题 10-27 答案

10-28　控制过程如下：

按下 SB₂→ $\boxed{\text{KM}_1}$ 得电
→ KM₁(3—4) 合 (自锁)
→ KM₁(主) 合 → M₁ 起动
→ KM₁(3—6) 合 → $\boxed{\text{KT}}$ 得电 ⋯⋯⋯⋯⋯ 经时间t(单位为s) ⋯⋯⋯⋯⋯ KT(合) → $\boxed{\text{KM}_2}$ 得电
→ KM₂(3—5) 合 (自锁)
→ KM₂(主) 合 → M₂ 起动
→ KM₂(4—7) 开 → *

* → $\boxed{\text{KM}_1}$ 失电
→ KM₁(3—4) 开
→ KM₁(主) 开 → M₁ 停
→ KM₁(3—6) 开 → $\boxed{\text{KT}}$ 失电 → KT 开

由上面的分析知，M₁ 起动后经过一定时间 t 秒 (由时间继电器整定时间) M₂ 自行起动，M₂ 起动后 M₁ 停转。

10-29　原电路错误：

1) 主电路缺熔断器、接触器的主触点和热继电器的热元件；2) 控制电路缺熔断器和热继电器的常闭触点；3) KM₁ 和 KM₂ 之间的联锁有错，KM₂ 缺自锁。正确电路如图 10-21 所示。

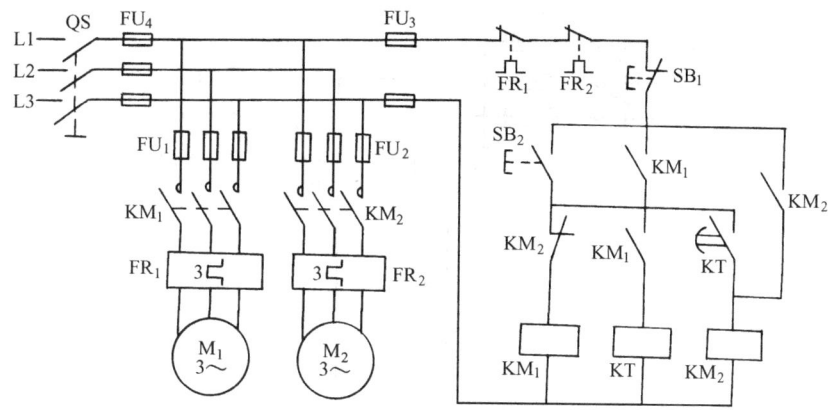

图 10-21　题 10-29 答案

10-30　1）按下 SB_1 后 KT、KM、KM_2 通电动作；2）待 SQ_1 断开，KT 断电后再经过 7s 后 KM_2 断电恢复常态；3）当 SQ_1 再闭合后 KT 和 KM_2 再次动作，并按上述情况 KM_2 通、断交替运行，直至按 SB_2 为止。

10-31　1）不正确，应安装在 QS 的右侧；2）M_1 短路时 KM_1 常开主触点仍然闭合。

10-32　答案示于图 10-22 中。

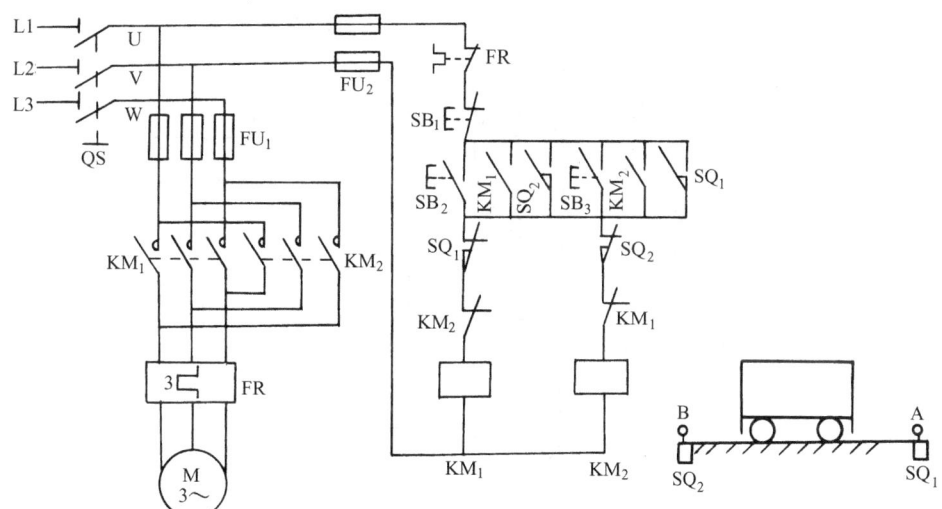

图 10-22　题 10-32 答案

10-33　答案示于图 10-23 中。

10-34　答案示于图 10-24 中。

10-35　起动时，先按 SB_1，KM_1 得电后，按 SB_2 才能使 KM_2 得电；停车时，按 SB_3，KM_1、KM_2 都失电。

10-36　图 10-18a 图控制电路不能跨接在 KM 主触点上。如此接法，控制电路不能有电。改正办法是把 c 点改接到 b 点，图 10-18b 自锁触点不能接在停止按钮上。这样接不能实现长动控制。改正办法是把 KM 辅助常开触点并接在起动按钮 SB_2 上；图 10-18c 中 KM 辅助触点不能跨接在 SB_1、SB_2 两个按钮上，这种接法使停止按钮失去作用。改正办法是把 KM 辅助触点并接在起动按钮 SB_2 上；图 10-18d 自锁触点应是常开触点，不能用常闭触点，这样接会使 KM 线圈时而得电，时而失电，出现触点颤动现象。改正办法是把 KM 常闭触点换成 KM 常开触点；图 10-18e 这原本是一个既可长动，又可点动的控制电路。电路的错误是 KM

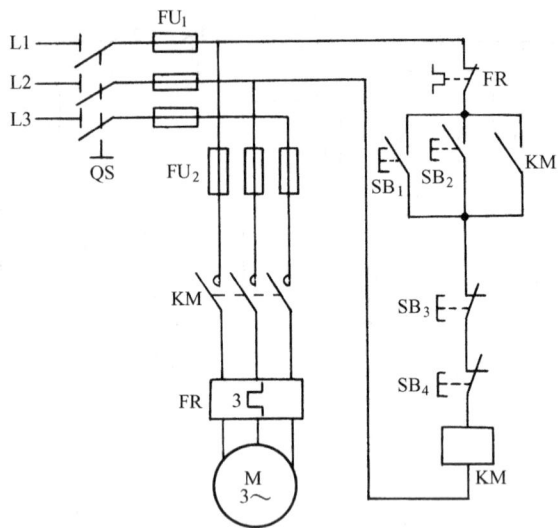

图 10-23 题 10-33 答案

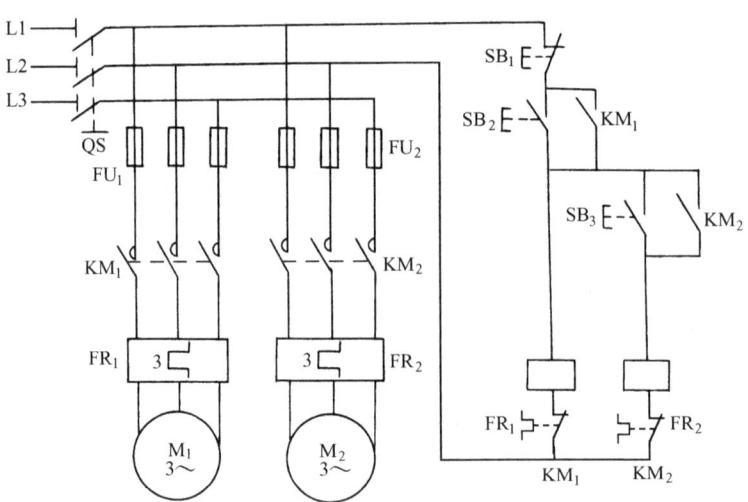

图 10-24 题 10-34 答案

常开触点不应与 SB_3 的常开触点串联，而应与 SB_3 的常闭触点串联。这种接法使长动按钮 SB_2 失去了作用；图 10-18f 电路的错误是接触器 KM_1 支路中的互锁触点 KM_2 用了常开触点。正确的接法是应使用 KM_2 的常闭触点。这种接法使得 KM_1 线圈应得电时而不能得电。从另一个角度看，该控制电路是 KM_2、KM_1 顺序起动、运行，同时停止（失电）的控制电路。

第11章 其他常用电动机

解 题 概 要

伺服电动机是最为常见的一种控制电动机，它作为一种执行元件，在自动控制装置及数控系统等方面得到广泛应用。它的作用原理与普通电动机理论一样，也是基于电与磁的相互作用。本章控制电动机主要介绍交流伺服电动机、直流伺服电动机和步进电动机。

交流伺服电动机需外加励磁电压和控制电压，靠两者的相位差在电动机内产生旋转磁场，从而把电压信号转换为电动机轴上的角位移或角速度输出。其控制转速的方式有三种，即双相控制、幅值控制和相位控制。双相控制时，电动机内的磁场为圆磁场，而其他控制方式时为非对称控制，电动机内的磁场为椭圆形磁场。交流伺服电动机的机械特性比较软，且为非线性。

直流电动机中，功率较小，专用于控制用途的电动机称为直流伺服电动机，其控制转速的方法是改变控制电压的大小，控制转向是改变控制电压的极性。控制电压加在电枢绕组两端，称为电枢控制；加在励磁绕组两端称为磁极控制。工程上多采用电枢控制方式。直流伺服电动机的最大优点是它的机械特性与调节特性均为理想直线，调速范围宽。

三相反应式步进电动机，其功用是将电脉冲信号转换为相应的角位移或直线位移。负载一定时，它的转速与频率对应成正比。

反应式步进电动机按励磁绕组通入脉冲的方式分为单三拍、双三拍和单—双六拍控制方式。步距角 θ 与转子齿数 z_r 及运行拍数 m 之间有如下关系：

$$\theta = 360°/(z_r m)$$

步进电动机的转速 n 为

$$n = 60f/(z_r m)$$

例 题 解 析

例 11-1 有一电枢控制的直流伺服电动机，带上某固定负载时的死区电压为 $U_0 = 1.5\text{V}$。当控制电压 $U = 24\text{V}$ 时，转速为 $n = 3000\text{r/min}$，试计算当 $U = 12\text{V}$ 时，电动机转速为多少？

解 直流伺服电动机的机械特性方程为

$$n = U/(C_e \Phi) - TR_a/(C_T C_e \Phi^2)$$

因为电枢控制且负载固定，所以式中除 n、U 外均为常数。令

$$A = 1/(C_e \Phi)$$
$$B = TR_a/(C_T C_e \Phi^2)$$

则有
$$n = AU - B$$

根据已知有

$$1.5A - B = 0$$
$$24A - B = 3000$$
$$12A - B = n$$

以上三式联立解得 $n = 1400 \text{r/min}$。

例 11-2 一台三相反应式步进电动机，其步距角为 $1.5°/0.75°$，试问该电动机的转子齿数为多少？若输入脉冲频率为 2000Hz，则电动机单三拍运行时的转速是多少？六拍时的转速是多少？

解 步距角为 $1.5°/0.75°$，即单三拍运行方式时 $\theta = 1.5°$，而六拍运行方式时 $\theta = 0.75°$。

根据式　$\theta = 360°/(z_r m)$

则得　　$z_r = 360°/(\theta m) = 360°/(1.5 \times 3) = 80$

根据式　$n = 60f/(z_r m)$

得　　$n = 60 \times 2000/(80 \times 3) \text{r/min}$

　　　　$= 500 \text{r/min}$

六拍时　$n = 60 \times 2000/(80 \times 6) \text{r/min}$

　　　　$= 250 \text{r/min}$

选　择　题

11-1　交流伺服电动机调速方式有三种，其中双相控制指的是（　　），幅值控制指的是（　　）。

a）U_c 与 U_f 同时改变幅值且始终保持两者相位差 $90°$　　b）同时改变 U_c 与 U_f 的大小和两者的相位差　　c）保持 U_c 与 U_f 幅值相等不变，改变两者相位差　　d）保持 U_f 与相位差 $90°$ 不变，改变 U_c 的大小

11-2　当控制电压 U_c 与励磁电压 U_f 等幅且相位差 $90°$ 时，电动机内的旋转磁场为（　　）。

a）圆磁场　b）椭圆形磁场　c）脉动磁场

11-3　对于交流伺服电动机，工程上用得较为普遍的调速方式是（　　）。

a）双相控制　b）幅值控制　c）相位控制

11-4　一般的直流伺服电动机，其机械特性和调节特性均为（　　）。

a）线性　b）非线性

11-5　直流伺服电动机的灵敏度较差，带负载工作，其电枢电压必须大于死区电压时，电动机才开始起动。对应不同的负载，死区电压是（　　），而当电动机空载时，死区电压（　　）。

a）不变的　b）变化的　c）应为零　d）仍不为零

11-6　对于直流伺服电动机，工程上控制其转速常采用（　　）。

a）磁极式　b）永磁式　c）电枢式

11-7　某一三相反应式步进电动机，转子齿数为 50，则单三拍运行时的步距角为（　　）。

a) 3.6°　b) 2.4°　c) 1.2°　d) 1.5°

11-8　三相反应式步进电动机的步距角为 1.5°，若脉冲频率为 2000Hz，则电动机的转速为（　　）。

a) 750r/min　b) 500r/min　c) 1000r/min　d) 600r/min

11-9　一台五相反应式步进电动机，其步距角为 1.5°/0.75°，则该电动机的转子齿数是（　　）。

a) 40 个　b) 60 个　c) 50 个　d) 48 个

计　算　题

11-10　有一电枢控制的直流伺服电动机，带某一固定负载，现测得死区电压为 1.2V，且当控制电压为 24V 时，转速 $n = 3000$r/min，试计算当控制电压为 12V 时，转速 $n = ?$

11-11　一台他励直流电动机，励磁绕组另用恒压电源供电。已知额定电枢电压 $U_N = 220$V，额定电枢电流 $I_{aN} = 53$A，额定转速 $n_N = 1100$r/min，电枢电阻 $R_a = 0.328\Omega$，用可调电源供电，电源内阻为 0.1Ω，试求：1）在额定负载下，达到 1000r/min 的转速时，电源电压应调至多大？2）如果电源电压可以连续调节，起动时最大电流限制在 $2I_{aN}$，问起动开始允许加上的电枢电压为多少？

11-12　一台他励电动机，电枢电阻 $R_a = 0.25\Omega$，励磁绕组电阻 $R_f = 153\Omega$，电枢电压和励磁电压为 $U_a = U_f = 220$V，电枢电流 $I_a = 60$A，效率 $\eta = 0.85$，转速 $n = 1000$r/min。求：1）励磁电流；2）电枢电动势；3）输出功率。

11-13　有一台 Z2-32 型他励电动机，其额定数据如下：$P_2 = 2.2$kW，$U = U_f = 110$V，$n = 1500$r/min，$\eta = 0.8$；并已知 $R_a = 0.4\Omega$，$R_f = 82.7\Omega$。试求：1）额定电枢电流；2）额定励磁电流；3）励磁功率；4）额定转矩；5）额定电流时的反电动势。

11-14　对上题的电动机，试求：1）起动初始瞬间的起动电流；2）如果使起动电流不超过额定电流的 2 倍，求起动电阻，并问起动转矩为多少？

11-15　对习题 11-13 的电动机，如果保持额定转矩不变，试求用下列两种方法调速时的转速：

1）磁通不变，电枢电压降低 20%；

2）磁通和电枢电压不变，与电枢串联一个 1.6Ω 的电阻。

11-16　对习题 11-13 的电动机，允许削弱磁场调到最高转速 3000r/min。试求当保持电枢电流为额定值的条件下，电动机调到最高转速后的电磁转矩。

答　案

11-1　a) d)　11-2　a)　11-3　b)　11-4　a)　11-5　b) d)　11-6　c)　11-7　b)　11-8　b)

11-9　d)　11-10　1421r/min　11-11　206.9V；34.77V

11-12　$I_f = 1.44$A；$E_a = 205$V；$P_2 = 11.49$kW　11-13　25A；1.33A；146.3W；14N·m；100V

11-14　275A；1.8Ω；28N·m　11-15　1170r/min；900r/min　11-16　7N·m

*第 12 章　可编程序控制器

解 题 概 要

掌握可编程序控制器（PLC）的使用方法，并能解决工程实际问题，是学习本章的目的。为此对 PLC 的基本结构、工作原理要有充分了解，对 PLC 的基本技术性能、内存分配、I/O 点数、指令系统和编程方法应熟练掌握。

1. PLC 采用典型的计算机结构，主要包括 CPU、RAM、ROM 和输入、输出接口等电路。其内部采用总线结构，进行数据和指令的传输。如果把 PLC 看作一个系统，该系统由输入变量→PLC→输出变量组成，外部的各种开关信号、模拟信号、传感器检测的各种信号均作为 PLC 的输入变量。它们经 PLC 外部输入端子输入到内部寄存器中，经 PLC 内部逻辑运算或其它各种运算、处理后送到输出端子，形成 PLC 的输出变量。由这些输出变量对外围设备进行各种控制。因而可将 PLC 看作是一个中间处理器或变换器，以将输入变量变换为输出变量。

2. PLC 工作原理上的特点是采用循环扫描工作方式。在 PLC 中用户程序按先后顺序存放，CPU 从第一条指令开始执行程序，直至遇到结束符后又返回第一条。如此周而复始不断循环。每一个循环称为一个扫描周期。一个扫描周期大致可分为 I/O 刷新和执行指令两个阶段。

I/O 刷新即是对 PLC 的输入进行一次读取，将输入端各变量的状态重新读入 PLC 中存入内部寄存器，同时将新的运算结果送到输出端。这实际是将存放输入、输出状态的寄存器内容进行了一次更新，故称为 I/O 刷新。

若输入变量在 I/O 刷新其间状态发生变化，则本次扫描期间输出端也会相应地发生变化，即输出对输入产生了响应。反之，若在本次 I/O 刷新之后，输入变量才发生变化，则本次扫描输出不变。即不响应，而要到下次扫描期间输出才会响应。由于 PLC 采用循环扫描工作方式，所以它的输出对输入的响应速度受扫描周期的影响。扫描周期的长短主要取决于 CPU 执行指令的速度及每条指令占用的时间和指令条数的多少（即程序的长短）。

3. 对 PLC 的内存分配、I/O 点数要心中有数，才能在使用时得心应手。不同的机型内存编号方式有所不同，但内部寄存器大体上分为下面几个区域：

1）I/O 区。

2）内部辅助寄存器区。

3）特殊功能寄存器区。

4）数据区。

每个区分配一定数量的寄存器单元，并按不同的区编号。PLC 寄存器的种类越多，说明其硬件功能越强。

4. PLC 的指令系统可分为基本指令和应用指令两部分，指令种类越多，说明 PLC 的软件功能越强。初学者应重点掌握基本指令，为进一步学习和开发 PLC 打下基础。

5. 目前已有的编程语言有：指令表（助记符）语言、梯形图语言、流程图（SFC）语言和布尔代数语言等。其中前两种编程语言是常用的。熟练编程语言，掌握编程技巧和方法是学习和使用 PLC 的要点之一。

选　择　题

12-1　PLC 的基本结组成主要包括(　　)。

a) CPU、RAM、ROM 输入开关、模拟信号　b) CPU、RAM、ROM、I/O 接口等　c) CPU、RAM、ROM、输入开关、模拟信号、输出外围设备

12-2　PLC 的内部存储器 RAM（随机存取存储器）主要用于存放(　　)。

a) 暂存数据、中间结果和用户正在调试的程序　b) 监控程序　c) 用户已调试好的应用程序

12-3　PLC 的内部存储器 ROM（只读存储器）主要用于存放(　　)。

a) 暂存数据、中间结果和用户正在调试的程序　b) 监控程序　c) 用户已调试好的应用程序

12-4　PLC 抗电磁干扰能力强，可靠性高是因为(　　)。

a) I/O 接口均采用光电隔离　b) 采用继电器输出　c) 采用晶闸管或晶体管输出

12-5　PLC 采用(　　)工作方式。

a) 键盘扫描　b) I/O 扫描　c) 循环扫描

12-6　PLC 的扫描周期取决于(　　)。

a) CPU 执行指令的速度　b) 每条指令占用的时间　c) 指令程序的长短

12-7　PLC 输出对输入的响应速度取决于(　　)。

a) PLC 的扫描周期　b) 指令程序的长短　c) CPU 执行指令的速度

12-8　下列 PLC 扫描速度最快的是(　　)。

a) $1.6\mu s/step$　b) $6.06\mu s/step$　c) 12ms/K 字节

12-9　下列 PLC 性能规格中用户程序容量最大的是(　　)。

a) 1KB　b) 1.5K 步　c) 900 步

12-10　PLC 具有的指令种类越多其(　　)功能越强；内部寄存器种类越多其(　　)功能越强。

a) 硬件　b) 软件

12-11　PLC 的编程语言有(　　)。

a) 指令表（助记符）语言　b) 梯形图语言　c) 流程图（SPC）语言　d) 布尔代数语言

分　析　题

12-12　画出与下列助记符程序表对应的梯形图。

步序	指令	操作数
0000	LOAD	P000
0001	OR	M000
0002	AND NOT	P000
0003	OUT	M000
0004	LOAD	M000
0005	OUT	P021
0006	AND	P002
0007	SET	M001
0008	LOAD	P003
0009	AND NOT	M000
0010	RST	M000
0011	LOAD	M000
0012	AND NOT	P004
0013	LOAD	P021
0014	AND	P005
0015	OR LOAD	
0016	OUT	P002
0017	END	

12-13 按下面助记符程序清单画出对应的梯形图。

步序	指 令	操作数	步序	指 令	操作数
0000	LOAD	P001	0013	OUT	M002
0001	AND NOT	M002	0014	LOAD	M001
0002	OR	M001	0015	AND NOT	M002
0003	LOAD NOT	P002	0016	OUT	P021
0004	OR NOT	M002	0017	LOAD	M001
0005	AND LOAD		0018	OUT	P022
0006	OUT	M001	0019	LOAD NOT	M001
0007	LOAD	M001	0020	ADN	M002
0008	AND	M001	0021	OUT	P023
0009	OR	M002	0022	LOAD	M001
0010	LOAD NOT	P003	0023	OR	M002
0011	OR	M001	0024	OUT	P024
0012	AND LOAD		0025	END	

12-14 某运料小车的顺序控制梯形图如图 12-1 所示，试写出相应的助记符指令表。

12-15 试写出图 12-2 所示的控制梯形图的助记符程序清单。

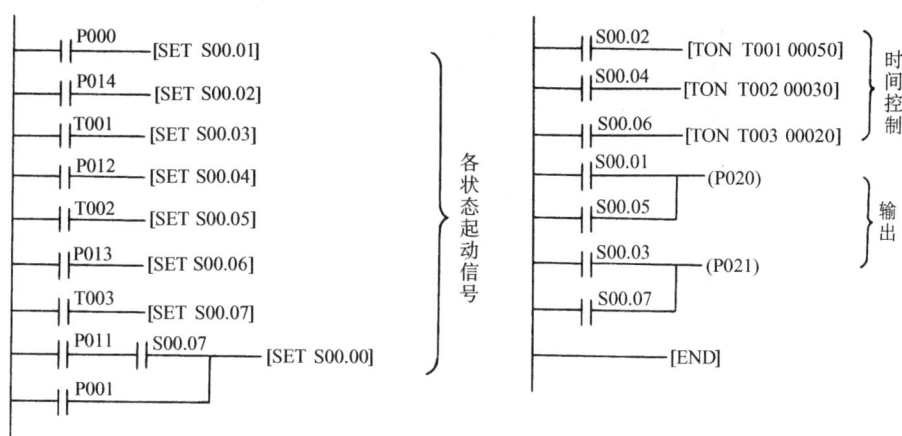

图 12-1　题 12-14 梯形图

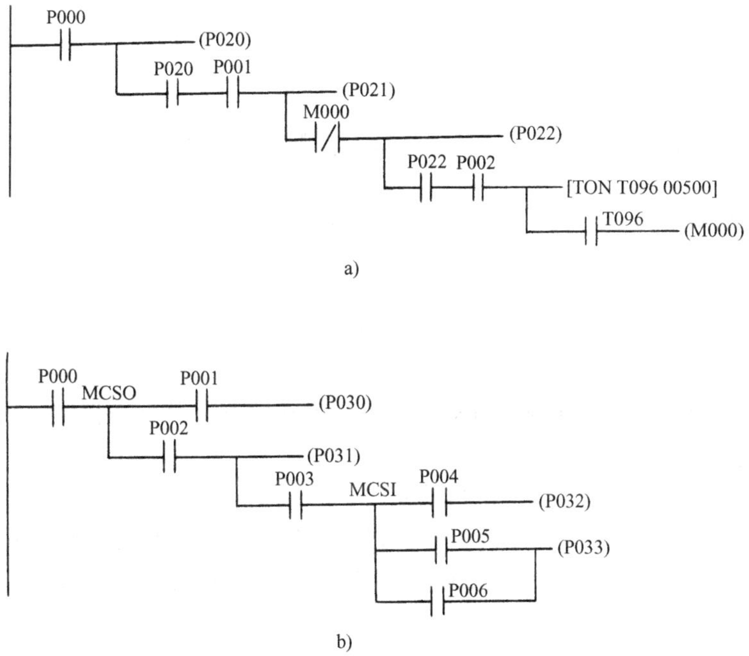

a)

b)

图 12-2　题 12-15 图

12-16　绘出下列助记符程序的梯形图。

步序	指令	操作数
0000	LOAD	P000
0001	AND NOT	M006
0002	LOAD	M000
0003	AND	P004
0004	OR	P002
0005	AND	P005
0006	OR LOAD	

0007	LOAD NOT	P030
0008	OR	C000
0009	AND LOAD	
0010	OR	P021
0011	OUT	P020
0012	AND	P006
0013	OUT	M001
0014	AND	P007
0015	TON	T096
0016	< DATA >	00500

12-17　试述图 12-3 所示各电路的工作过程，并写出其助记符程序。

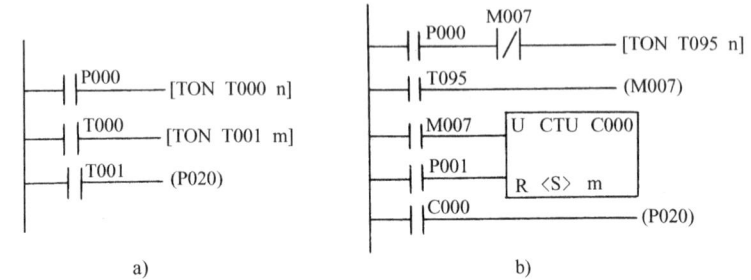

图 12-3　题 12-17 图

12-18　试用 PLC 实现三相异步电动机的正、反转控制以及点动控制，画出接线图、梯形图并列出助记符程序清单。

12-19　有一用三条带传动组成的传输系统，分别用三台电动机 M_1、M_2、M_3 带动，控制要求是：起动时，M_3 起动后经 5s 钟 M_2 起动，再经 5s 钟 M_1 起动；停止时，M_1 停止后经 5s 钟 M_2 停止，再经 5s 钟 M_3 停止。试用 PLC 构成该控制系统，画出控制梯形图、接线图并写出助记符程序清单。

12-20　两台电动机 M_1、M_2 的控制要求是：M_1 起动 2s 后 M_2 起动，M_2 起动 5s 后 M_1 停机，M_1 停机 2s 后 M_2 停机。试用 PLC 实现上述控制要求，画出梯形图、接线图并列助记符程序清单。

答　案

12-1　b)　　12-2　a)　　12-3　b) c)　　12-4　a)　　12-5　c)

12-6　a) b) c)　　12-7　a)　　12-8　a)　　12-9　b)　　12-10　b) a)

12-11　a) b) c) d)

12-12　答案如图 12-4 所示。

12-13　答案如图 12-5 所示。

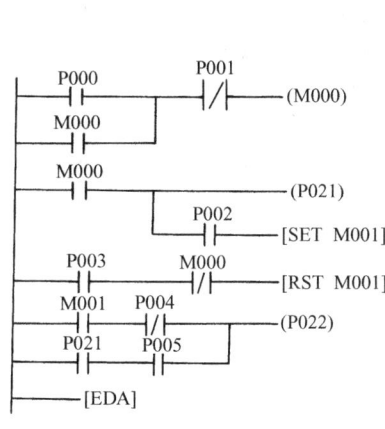

图 12-4　题 12-12 答案

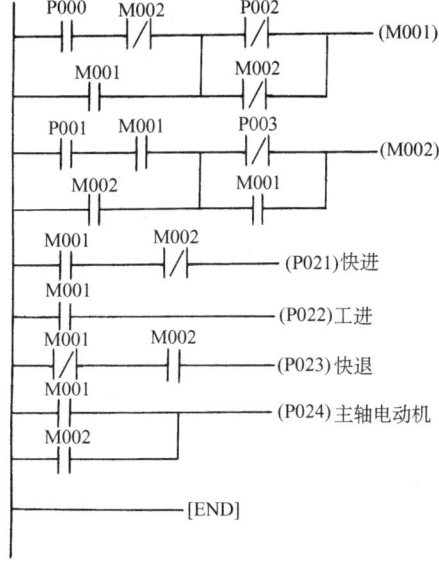

图 12-5　题 12-13 答案

12-14　运料小车的控制程序指令表如下：

步序	指　令	操作数	步序	指　令	操作数
0000	LOAD	P000	0024	SET	S00. 00
0001	SET	S00. 01	0026	LOAD	S00. 02
0003	LOAD	P014	0028	TON	T001
0004	SET	S00. 02	0029	< DATA >	00050
0006	LOAD	T001	0030	LOAD	S00. 04
0007	SET	S00. 03	0032	TON	T002
0009	LOAD	P012	0033	< DATA >	00030
0010	SET	S00. 04	0034	LOAD	S00. 06
0012	LOAD	T002	0036	TON	T003
0013	SET	S00. 05	0037	< DATA >	00020
0015	LOAD	P013	0038	LOAD	S00. 01
0016	SET	S00. 06	0040	OR	S00. 05
0018	LOAD	T003	0042	OUT	P020
0019	SET	S00. 07	0043	LOAD	S00. 03
0021	LOAD	P011	0045	OR	S00. 07
0022	AND	S00. 07	0047	OUT	P021
0023	OR	P001	0048	END	

12-15　助记符程序如下：

a 图指令表		
步序	指令	操作数
0000	LOAD	P020
0001	AND	P020
0002	AND	P001
0003	OUT	P021
0004	AND NOT	P022
0005	AND	P022
0006	AND	P002
0007	TON	T096
0008	<DATA>	00500
0009	AND	T096
0010	OUT	M000

b 图指令表		
步序	指令	操作数
0000	LOAD	P000
0001	MCS0	
0002	LOAD	P001
0003	OUT	P030
0004	LOAD	P002
0005	OUT	P031
0006	AND	P003
0007	MCS1	
0008	LOAD	P004
0009	OUT	P032
0010	LOAD	P005
0011	OR	P006
0012	OUT	P033
0013	MCS CLR0	

12-16　按助记符程序画出图 12-6 所示梯形图。

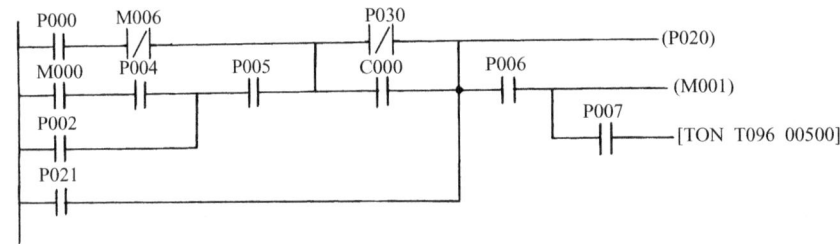

图 12-6　题 12-16 答案

12-17　图 12-3a 中：当 P000 接通后经 $0.1(m+n)$ s 时 P020 接通（m、n 的取值范围 $1\sim65535$ 整数）

助记符程序如下：

步序	指令	操作数
0000	LOAD	P000
0001	TON	T000
0002	<DATA>	n
0003	LOAD	T000
0004	TON	T001
0005	<DATA>	m
0006	LOAD	T001
0007	OUT	P020

图 12-3b 中：当 P000 接通后经 $0.1mn$ s 时 P020 接通。（n 取值范围 $1\sim65535$ 整数；m 取值范围 $1\sim65535$ 整数）

助记符程序如下：

步序	指令	操作数
0000	LOAD	P000

0001	AND NOT	M007
0002	TON	T095
0003	< DATA >	n
0004	LOAD	T095
0005	OUT	M007
0006	LOAD	M007
0007	LOAD	P001
0008	CTU	C000
0009	< DATA >	m
0010	LOAD	C000
0011	OUT	P020

12-18　梯形图和接线图如图 12-7 所示。

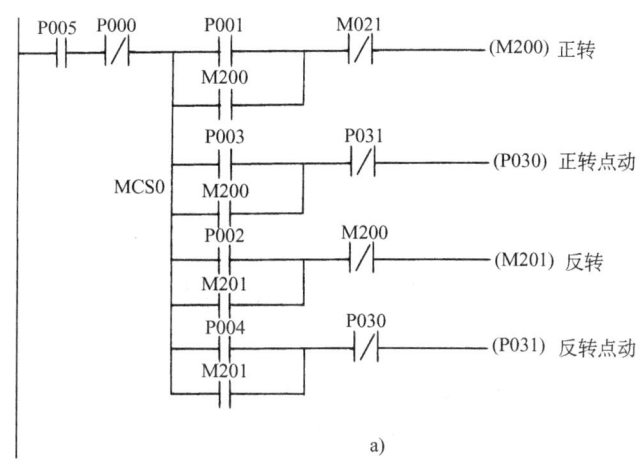

a)

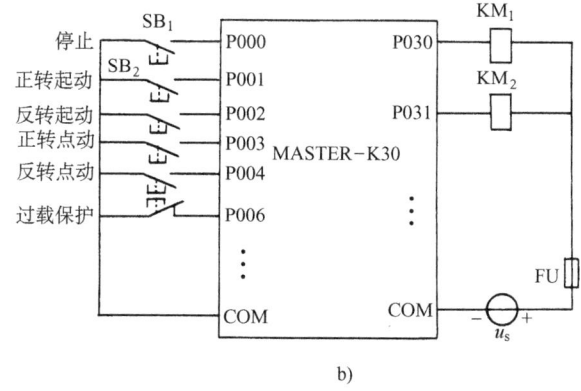

b)

图 12-7　题 12-18 答案

a）正、反转及点动梯形图　b）接线图

12-19　梯形图和接线图如图 12-8 所示。

12-20　略。

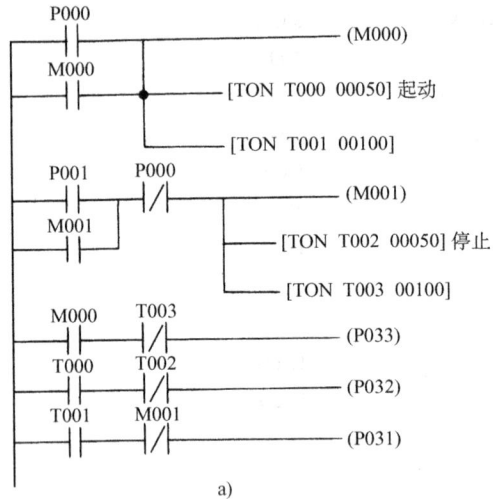

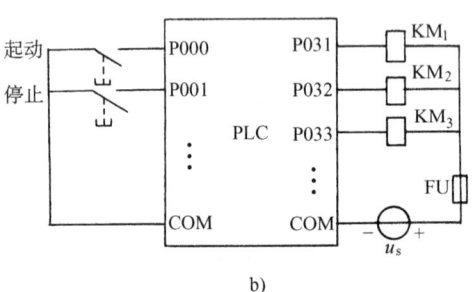

a)

b)

图 12-8　题 12-19 答案
a) 梯形图　b) 接线图

第13章　通用试题试卷、答案及评分标准

本章由"电工技术基础试题试卷"和"答案及评分标准"两部分组成。

13.1　电工技术基础试题试卷

电工技术基础试题试卷（Ⅰ）

1. 单项选择题：在下列各题中，有 4 个备选答案，请将其中唯一正确的答案填入题干的括号中。（本大题共 15 小题，总计 30 分）

1）图 13-1 所示电路中的等效电阻 R_{AB} 为（　　　）。

a）4.4Ω 　　　　　　b）5Ω 　　　　　　c）5.75Ω 　　　　　　d）10Ω

2）图 13-2 所示电路中的电流 I 值为（　　　）。

a）0.5A 　　　　　　b）1A 　　　　　　c）2A 　　　　　　d）3A

3）图 13-3 所示电路中 A 点的电位为（　　　）。

a）5V 　　　　　　b）10V 　　　　　　c）15V 　　　　　　d）20V

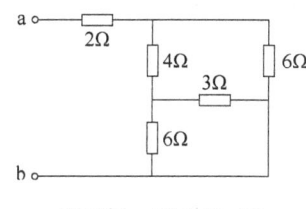 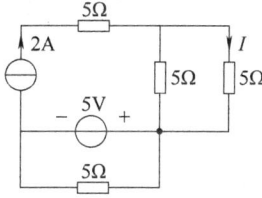 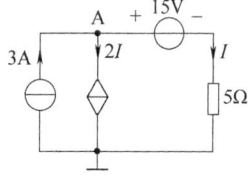

图 13-1　题 1-1）图　　　　　图 13-2　题 1-2）图　　　　　图 13-3　题 1-3）图

4）图 13-4 中图 1 所示电路的最简等效电路为图 2 中的（　　　）。

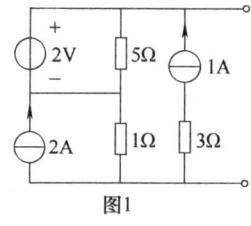 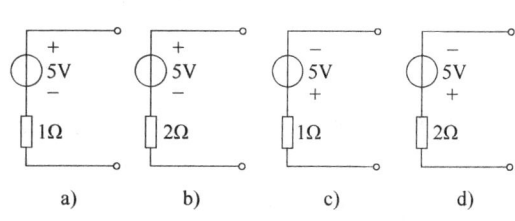

图 13-4　题 1-4）图

5）实验测得图 13-5 中图 1 所示线性有源二端网络的外特性如图 13-5 中图 2 所示，则该网络的戴维南等效电路的参数为（　　　）。

a）$U_{oc} = 2V$，$R_o = 1Ω$ 　　　　　　b）$U_{oc} = 5V$，$R_o = 2Ω$

c）$U_{oc} = 10V$，$R_0 = 4\Omega$　　　　　d）$U_{oc} = 10V$，$R_0 = 5\Omega$

6）串联谐振电路如图 13-6 所示，若电压表 V_1、V_2 的读数分别为 100V 和 80V，则电压表 V 的读数为（　　）。

　　a）20V　　　　　b）60V　　　　　c）128V　　　　　d）180V

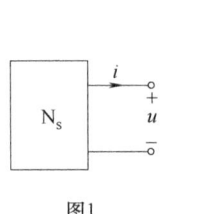

图1　　　　　　　图2

图 13-5　题 1-5）图

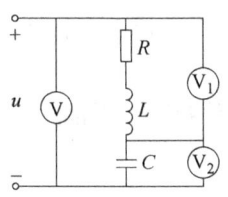

图 13-6　题 1-6）图

7）提高电路功率因数的目的是（　　）。

a）增加用电设备的有功功率，提高电源设备的容量

b）减少用电设备的无功功率，降低电源设备的容量

c）减少输电线路的功率损耗，提高电源设备的利用率

d）增加用电设备的有功功率，提高电源设备的利用率

8）如图 13-7 所示电路已达稳态，$t = 0$ 时开关 S 断开，则 $i_C(0_+)$ 为（　　）。

　　a）2A　　　　　b）$-2A$　　　　　c）$-1.5A$　　　　　d）0

9）图 13-8 所示电路原处于稳态，$t = 0$ 时开关闭合，则该电路产生的响应是（　　）。

　　a）零状态响应　　　b）零输入响应　　　c）稳态响应　　　d）全响应

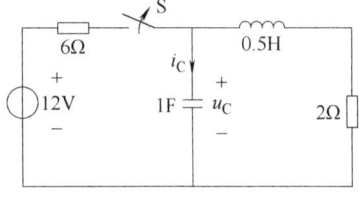

图 13-7　题 1-8）图

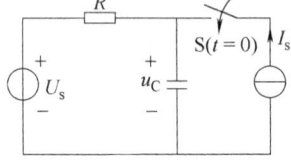

图 13-8　题 1-9）图

10）一交流铁心线圈，当电源频率增加，其他参数不变时，则线圈中电流 I 的变化为（　　）。

　　a）增加　　　　　b）减少　　　　　c）不变　　　　　d）不确定

11）直流电磁铁线圈通电时，衔铁吸合后与吸合前相比，线圈电流将（　　）。

　　a）增大　　　　　b）减少　　　　　c）保持不变　　　　　d）先增大后减小

12）变压器负载运行时磁通的产生是由（　　）。

a）一次绕组和二次绕组电流共同作用产生的

b）一次绕组电压产生的

c）二次绕组电流产生的

d）一次绕组电流产生的

13）三相异步电动机的同步转速（　　）。

a）与电源频率成正比，与磁极对数成反比

b）与电源频率成反比，与磁极对数成正比

c）与电源电压成正比，与磁极对数成反比

d）与电源电压成反比，与磁极对数成正比

14）当电网电压下降 10% 时，在恒转矩负载下运行的三相异步电动机，稳定后的状态是（   ）。

a）转矩不变，转速上升

b）转矩不变，转速下降

c）转矩增大，转速不变

d）转矩减小，转速不变

15）三相异步电动机的控制电路如图 13-9 所示，该电路实现的控制功能为（   ）。

a）点动控制

b）连续控制

c）正、反转控制

d）既可以点动又可以连续控制

2. 试用叠加定理求图 13-10 所示电路中的电流 I_1。

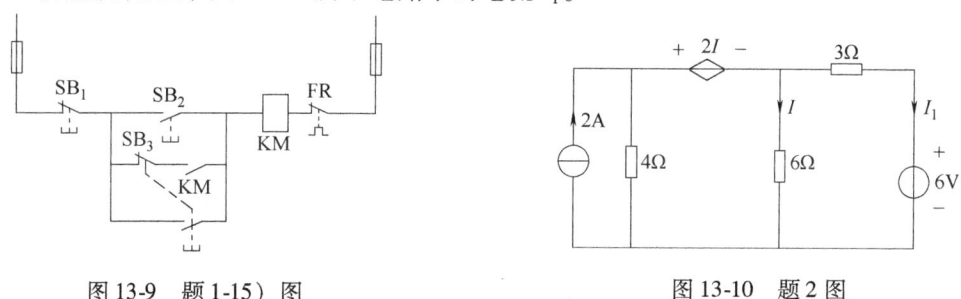

图 13-9 题 1-15）图   图 13-10   题 2 图

3. 试用节点电压法求图 13-11 所示电路中的支路电流 I。

4. 电路及参数如图 13-12 所示，电流 $\dot{I}_2 = 10\sqrt{2}\angle -45°\,\mathrm{A}$，求：1）电流 $\dot{I}_1$、$\dot{I}_3$ 和电压 $\dot{U}_2$、$\dot{U}_s$；3）说明电路呈何性质。

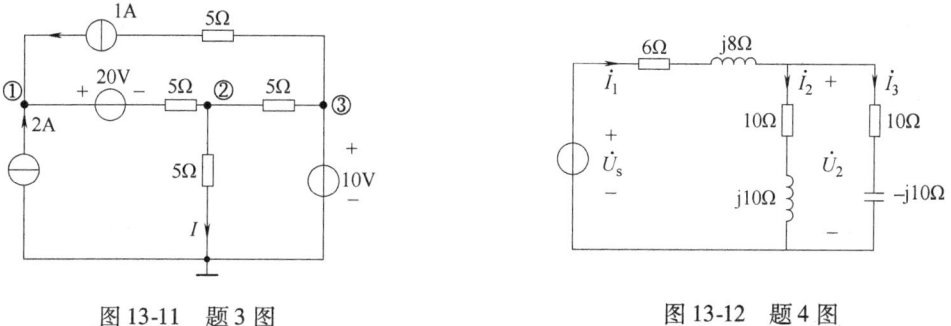

图 13-11   题 3 图   图 13-12   题 4 图

5. 三相对称电路如图 13-13 所示，电源线电压 $U_l = 380\mathrm{V}$，负载为 $Z = (6 + \mathrm{j}8)\,\Omega$，试求：1）负载相电流；2）线电流；3）无功功率 Q 和功率因数。

6. 图 13-14 所示电路换路前已处稳态，$t=0$ 时开关 S 闭合，求 $t \geqslant 0$ 时的电压 u_C，并定性画其随时间变化的曲线。

7. 一台三相异步电动机的技术数据如下：额定功率 $P_N=40\text{kW}$，额定电压 $U_N=380\text{V}$，额定电流 $I_N=77.2\text{A}$，额定转速 $n_N=980\text{r/min}$，功率因数 $\cos\varphi_N=0.87$，过载系数 $\lambda=1.8$。试求：1）额定转差率 s_N；2）额定效率 η_N；3）额定转矩 T_N 和最大转矩 $T_{\max}$。

8. 三相异步电动机丫-△减压起动的控制电路如图 13-15 所示，已知时间继电器的整定时间为 15s，试回答：1）按下 SB_2 后，电动机的起动过程；2）动断触点 $KM_\curlyvee$ 和 $KM_\triangle$ 的作用；3）按下 SB_2，经过 15s 后，哪些线圈处于通电状态？

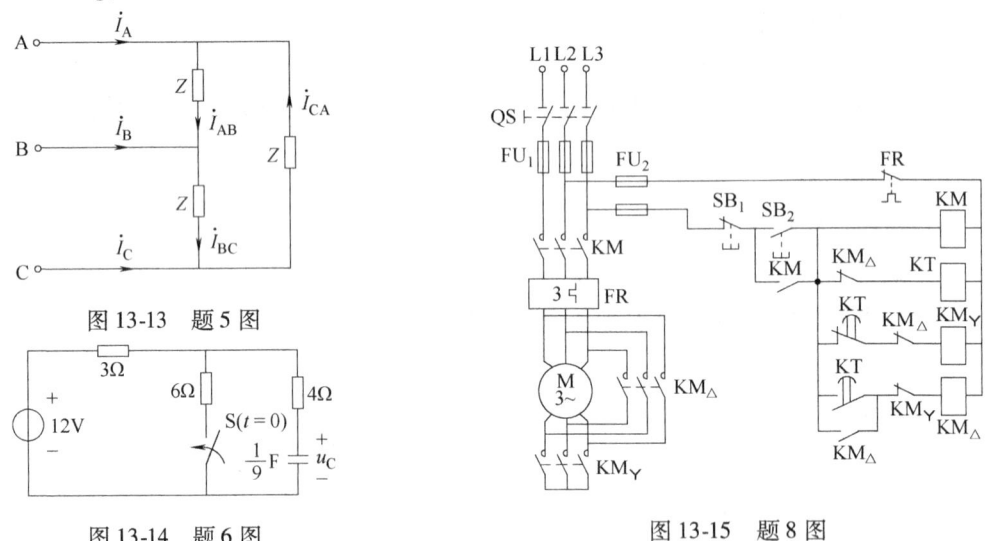

图 13-13　题 5 图

图 13-14　题 6 图

图 13-15　题 8 图

电工技术基础试题试卷（Ⅱ）

1. 单项选择题：在下列各题中，有 4 个备选答案，请将其中唯一正确的答案填入题干的括号中。（本大题共 15 小题，总计 30 分）

1）图 13-16 所示电路中 3A 电流源的功率为（　　）。

a）30W　　　　　　b）-30W　　　　c）210W　　　　　d）-210W

2）图 13-17 所示电路中的电流 I 为（　　）。

a）2A　　　　　　b）1A　　　　　c）0.5A　　　　　d）-1A

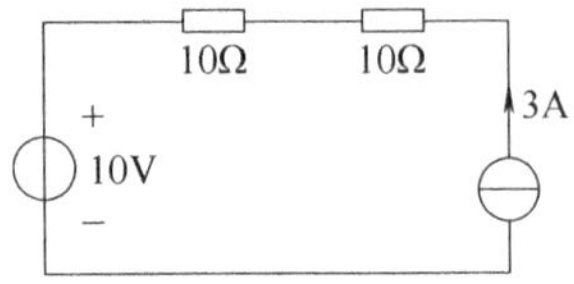

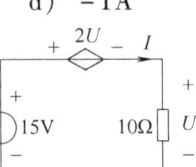

图 13-16　题 1-1）图

图 13-17　题 1-2）图

3）图 13-18 所示电路中，当开关 S 打开时 A 点的电位 V_A 为（　　）。

a）0　　　　　　　b）3V　　　　　c）-6V　　　　　d）-9V

4）图 13-19 所示电路中节点电压 U_{20} 的值为（　　）。

a）−3V　　　　　　b）3V　　　　　　c）6V　　　　　　d）9V

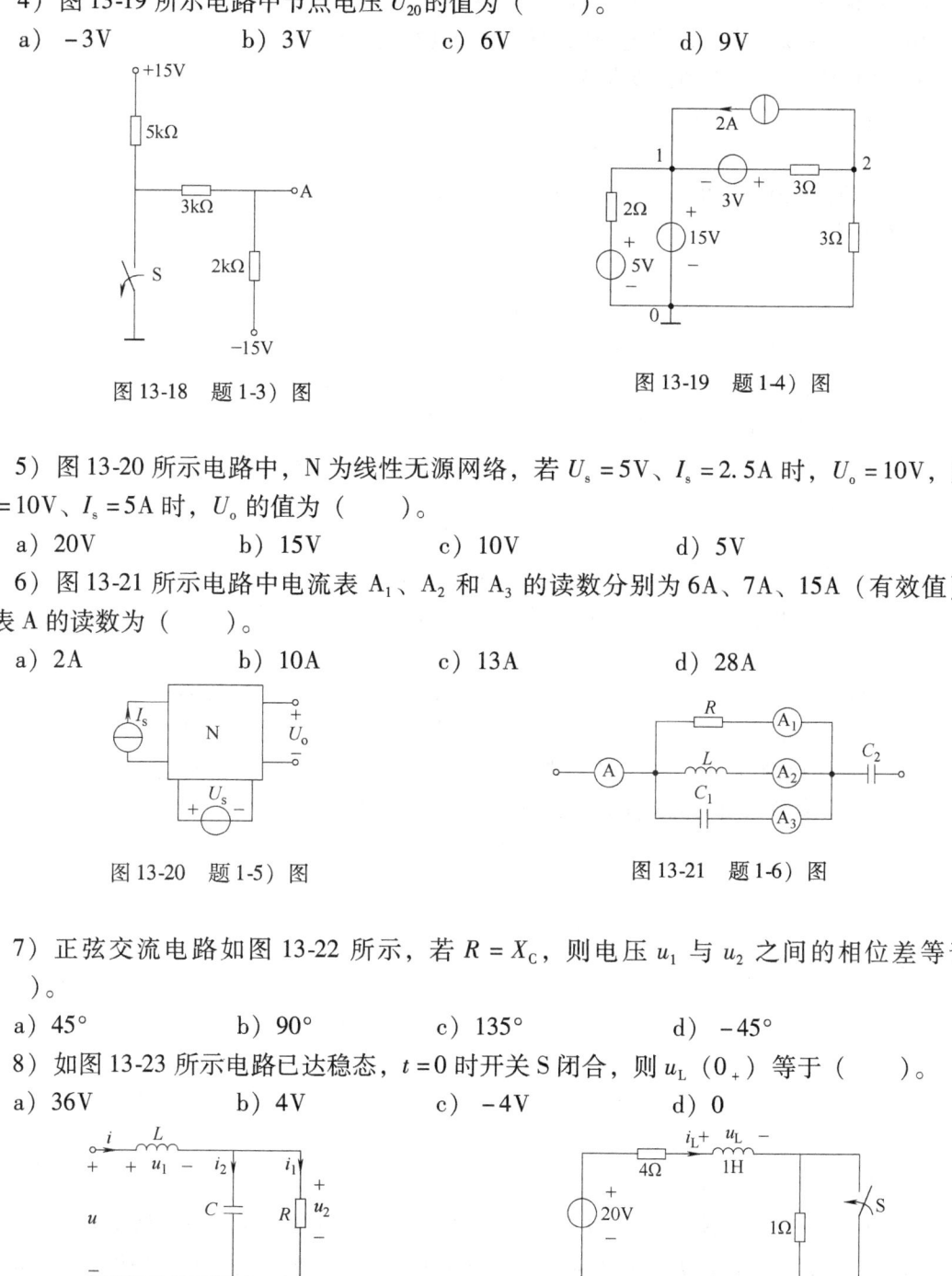

图 13-18　题 1-3）图

图 13-19　题 1-4）图

5）图 13-20 所示电路中，N 为线性无源网络，若 $U_s = 5V$、$I_s = 2.5A$ 时，$U_o = 10V$，则 $U_s = 10V$、$I_s = 5A$ 时，U_o 的值为（　　）。

a）20V　　　　　　b）15V　　　　　　c）10V　　　　　　d）5V

6）图 13-21 所示电路中电流表 A_1、A_2 和 A_3 的读数分别为 6A、7A、15A（有效值），则表 A 的读数为（　　）。

a）2A　　　　　　b）10A　　　　　　c）13A　　　　　　d）28A

图 13-20　题 1-5）图

图 13-21　题 1-6）图

7）正弦交流电路如图 13-22 所示，若 $R = X_C$，则电压 u_1 与 u_2 之间的相位差等于（　　）。

a）45°　　　　　　b）90°　　　　　　c）135°　　　　　　d）−45°

8）如图 13-23 所示电路已达稳态，$t = 0$ 时开关 S 闭合，则 $u_L(0_+)$ 等于（　　）。

a）36V　　　　　　b）4V　　　　　　c）−4V　　　　　　d）0

图 13-22　题 1-7）图

图 13-23　题 1-8）图

9）图 13-24 所示电路原处于稳定状态，$t = 0$ 时开关闭合，则该电路产生的响应是（　　）。

　a）零状态响应　　　b）零输入响应　　c）稳态响应　　　　d）全响应

10）一交流铁心线圈，当电源频率降低其他参数不变时，铁心中磁感应强度 B 值的变化为（　　）。

　a）增加　　　　　　b）减少

　c）不变　　　　　　d）不确定

11）交流电磁铁线圈通电时，衔铁吸合后与吸合前相比，线圈电流将（　　）。

　a）增加　　　　　　　b）减少

　c）保持不变　　　　　d）先增大后减小

12）变压器铜耗与负载的关系是（　　）。

　a）与负载的阻抗成正比　　　　　　b）与负载电流成正比

　c）与负载电流的二次方成正比　　　d）与负载无关

13）三相异步电动机在额定电压和额定频率下运行时，若负载发生变化，则旋转磁场的每极磁通将（　　）。

　a）基本保持不变　　　　　　　　　b）随负载增大而增大

　c）随负载增大而增大　　　　　　　d）无法确定

14）一台三相异步电动机的铭牌数据中额定电压为 380V，绕组联结为丫形，则定子绕组的相电压为（　　）。

　a）400V　　　　　b）380V　　　　c）230V　　　　d）220V

15）三相异步电动机的控制电路如图 3-25 所示，该电路实现的控制功能为（　　）。

　a）正反转控制　　　b）多地点控制　　c）时间控制　　　d）顺序控制

2. 电路及参数如图 13-26 所示，试用电源等效变换法求电流 I。

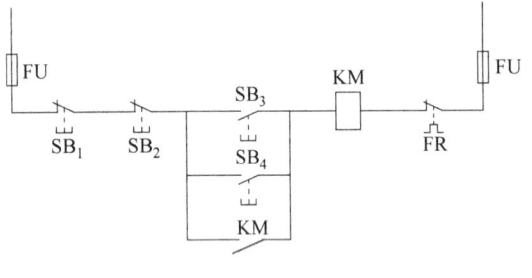

图 13-25　题 1-15）图

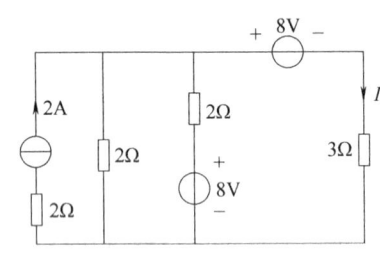

图 13-26　题 2 图

3. 试用戴维南定理求图 13-27 所示电路中的电流 I_x。

4. 图 13-28 所示电路，$U = 220 \angle 0° \text{V}$，$f = 50\text{Hz}$，$R_1 = 10\Omega$，$X_1 = 10\sqrt{3}\Omega$，$R_2 = 5\Omega$，$X_2 = 5\sqrt{3}\Omega$。试求：1）电流 $\dot{I}$；2）电路的有功功率 P 和功率因数 $\cos\varphi$；3）欲使电路的功率因数提高到 0.866，需要并联的电容值。

5. 对称三相电路如图 13-29 所示，已知 $\dot{U}_A = 220 \angle 0° \text{V}$，$Z = (6 + \text{j}8) \ \Omega$。试求：1）电路中的电流 $\dot{I}_A$、$\dot{I}_{AB}$；2）三相负载吸收的有功功率 P 和无功功率 Q。

6. 图 13-30 所示电路换路前已处稳态，$t = 0$ 时开关 S 闭合，求 $t \geq 0$ 时的电流 i_L，并定性画其随时间变化的曲线。

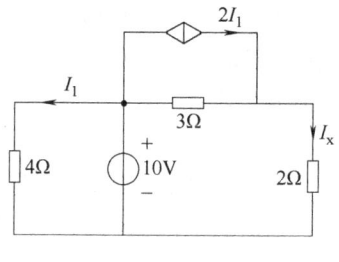

图 13-27 题 3 图

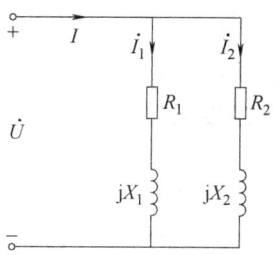

图 13-28 题 4 图

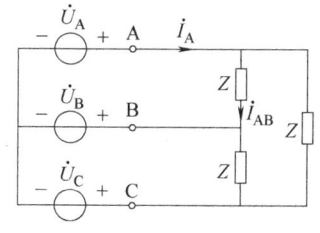

图 13-29 题 5 图

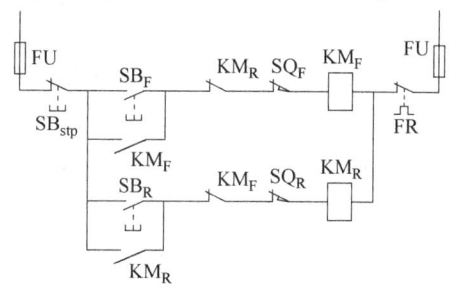

图 13-30 题 6 图

7. 某四极三相异步电动机的技术数据如下：额定功率 $P_N = 40\text{kW}$，额定转速 $n_N = 1470$ r/min，额定频率 $f_N = 50\text{Hz}$，起动系数 $T_{st}/T_N = 1.2$。试求：1）额定转差率 s_N；2）起动转矩 T_{st}；3）转子电流频率 f_2；4）若负载转矩 $T_L = 200\ \text{N·m}$，当电源电压 $U = 0.9U_N$ 时电动机能否直接起动？

8. 三相异步电动机的控制电路如图 13-31 所示。1）说明该电路的控制功能；2）说明动合触点 KM_F 和 KM_R 的作用和动断触点 KM_F 和 KM_R 的作用；3）指出电路具有哪些保护功能；4）改进控制电路，使其具有机械互锁功能。

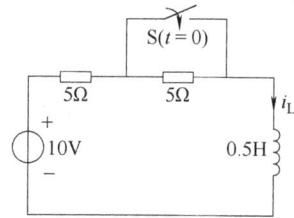

图 13-31 题 8 图

电工技术基础试题试卷（Ⅲ）

1. 单项选择题：在下列各题中，有 4 个备选答案，请将其中唯一正确的答案填入题干的括号中。（本大题共 15 小题，总计 30 分）

1）图 13-32 所示电路中电压 U_{ab} 应为（　　）。

a）-12V　　　　b）-4V　　　　c）4V　　　　d）12V

2）图 13-33 所示电路中电压源的功率为（　　）。

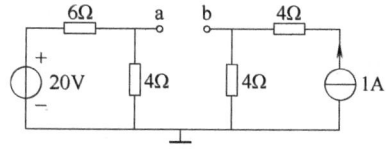

图 13-32 题 1-1）图

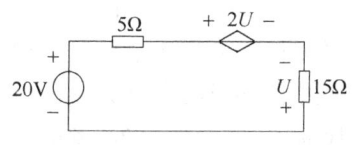

图 13-33 题 1-2）图

a）吸收 40W 　　　b）发出 20W 　　　c）吸收 60W 　　　d）吸收 120W

3）在图 13-34 所示电路中，U_s、I_s 均为正值，其工作状态是（　　）。

a）电压源发出功率　　　　　　　　　b）电流源发出功率

c）电压源和电流源都不发出功率　　　d）不确定

4）已知图 13-35 所示电路中的电压表内阻为无穷大，电流表内阻为零，当开关 S 处于位置 1 时，电压表的读数为 10V，当开关 S 处于位置 2 时，电流表的读数为 5mA，则 S 处于位置 3 时电流表的读数为（　　）。

a）4mA 　　　b）3.3mA 　　　c）2mA 　　　d）1mA

图 13-34　题 1-3）图　　　　　　　　　　图 13-35　题 1-4）图

5）图 13-36 所示正弦稳态电路，电源电压 u_s 与电流 i 的相位差 φ 为（　　）。

a）$0 < \varphi < 90°$ 　　　b）$-90° < \varphi < 0$ 　　　c）$\varphi = 90°$ 　　　d）$\varphi = -90°$

6）三相对称电路中的电源为星形联结，已知 $\dot{U}_{BN} = 220\angle 0°V$，则线电压 $\dot{U}_{CA}$ 为（　　）。

a）$380\angle 90°V$ 　　　b）$380\angle -30°V$ 　　　c）$380\angle 150°V$ 　　　d）$380\angle -90°V$

7）图 13-37 所示三相对称电路，电流表读数为 4A，电压表读数为 380V，则阻抗 $|Z|$ 为（　　）。

a）$55\sqrt{3}\,\Omega$ 　　　b）55Ω 　　　c）$95\sqrt{3}\,\Omega$ 　　　d）95Ω

图 13-36　题 1-5）图　　　　　　　　　　图 13-37　题 1-7）图

8）图 13-38 所示对称三相电路，负载阻抗 $Z = j190\Omega$，$\dot{I}_{AB} = 2\angle 0°A$。则功率表读数为（　　）。

a）760W 　　　b）$380\sqrt{3}\,W$ 　　　c）$-760\sqrt{3}\,W$ 　　　d）0

9）如图 13-39 所示电路已达稳态，$t = 0$ 时开关 S 断开，则 $i_C(0_+)$ 为（　　）。

a）$-1A$ 　　　b）$-2A$

c）2A 　　　d）1A

10）如图 13-40 所示电路已达稳定状态，$t = 0$ 时开关 S 闭合，则电路的时间常数 τ 为（　　）。

a）16ms 　　　b）8ms

c）8s 　　　d）16s

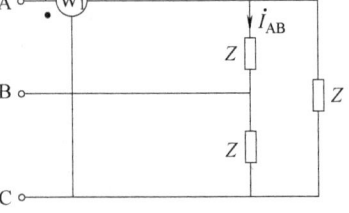

图 13-38　题 1-8）图

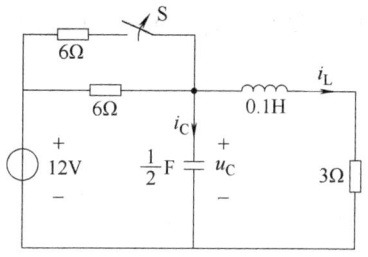

图 13-39　题 1-9）图

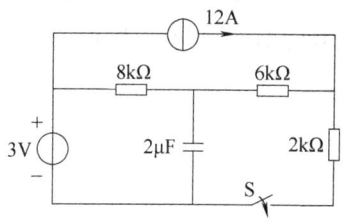

图 13-40　题 1-10）图

11）有一交流铁心线圈，当电源电压大小不变，而频率减小时，其磁感应强度 B 和线圈中电流 I 的变化为（　　）。

　　a）$B\downarrow$，$I\downarrow$　　　　b）$B\downarrow$，$I\uparrow$　　　　c）$B\uparrow$，$I\downarrow$　　　　d）$B\uparrow$，$I\uparrow$

12）两个铁心线圈除了匝数不同（$N_1 < N_2$）外，其他参数都相同，若将这两个线圈接在同一交流电源上，它们的磁通 Φ_1 和 Φ_2 的关系为（　　）。

　　a）$\Phi_1 > \Phi_2$　　　　b）$\Phi_1 < \Phi_2$　　　　c）$\Phi_1 = \Phi_2$　　　　d）难以确定

13）一台理想照明变压器，额定容量 $S_N = 20\text{kV} \cdot \text{A}$，一次侧和二次侧电压为 6600V/220V，则该变压器可以为 220V、40W、功率因数为 0.5 荧光灯供电的盏数为（　　）。

　　a）500 盏　　　　b）400 盏　　　　c）250 盏　　　　d）125 盏

14）一台额定值为 10kW、50Hz 和 1450r/min 的 4 极三相异步电动机，其额定转矩和转子电流频率分别为（　　）。

　　a）63.7N·m，0.04Hz　　　　　　　　b）65.9N·m，1.67Hz

　　c）65.9N·m，2.5Hz　　　　　　　　d）69N·m，50Hz

15）图 13-41 所示的控制电路中，具有的保护功能为（　　）。

　　a）短路和过载　　　b）限位和零电压　　　c）过载和零电压　　　d）过载和限位

2. 试用节点电压法求图 13-42 所示电路的支路电流 I。

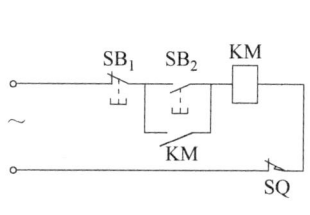

图 13-41　题 1-15）图

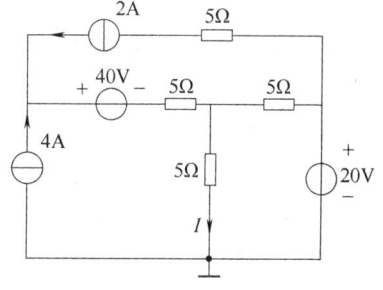

图 13-42　题 2 图

3. 试用叠加原理求图 13-43 所示电路中的电流 I_1。

4. 图 13-44 所示正弦稳态电路，已知 $\dot{I} = 4\angle 0° \text{A}$，求：1）电压 $\dot{U}_1$、$\dot{U}_2$ 和 $\dot{U}$；2）电路的视在功率 S。

5. 图 13-45 所示正弦稳态电路中，$\dot{U} = 220\angle 0° \text{V}$，$Z_1$ 的有功功率 $P_1 = 220\text{W}$，$\cos\varphi_1 = 0.5$（感性），$Z_2 = (55 - j55\sqrt{3})\,\Omega$，求：1）电流 $\dot{I}_1$、$\dot{I}_2$、$\dot{I}$；2）电路的性质。

6. 已知图 13-46 所示电路换路前已处稳态，$t=0$ 时开关 S 闭合，求 $t \geq 0$ 时的电流 i_L，并定性画其随时间变化的曲线。

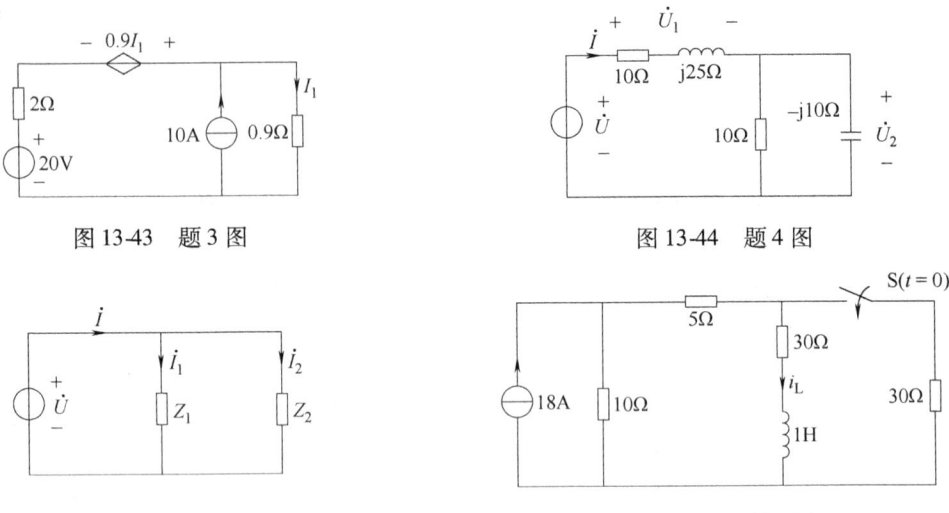

图 13-43　题 3 图　　　　　　　　　　　图 13-44　题 4 图

图 13-45　题 5 图　　　　　　　　　　　图 13-46　题 6 图

7. 某台三相异步电动机，铭牌数据如下：$P_N = 5.5\text{kW}$，$n_N = 1440\text{r/min}$，$f_1 = 50\text{Hz}$。试求这台电动机在额定运行时：1）极对数；2）额定转矩；3）额定转差率；4）定子旋转磁场相对定子的转速；5）转子旋转磁场相对转子的转速。

8. 有两台电动机 M_1 和 M_2，试绘出起动时 M_1 先起动、M_2 后起动，而停止时 M_2 先停止、M_1 后停止的顺序控制主电路和控制电路。用接触器 KM_1、KM_2 分别控制电动机 M_1 和 M_2，要求具有短路、过载和零电压三种保护功能。

电工技术基础试题试卷（Ⅳ）

1. 单项选择题：在下列各题中，有 4 个备选答案，请将其中唯一正确的答案填入题干的括号中。（本大题共 15 小题，总计 30 分）

1）图 13-47 所示电路中电压源的功率为（　　　）。

a）发出 4W　　　　b）吸收 4W　　　　c）吸收 5W　　　　d）发出 5W

2）图 13-48 所示电路中的电压 U 和电流 I 分别为（　　　）。

a）-20V，1A　　　b）0V，3A　　　c）20V，1A　　　d）40V，3A

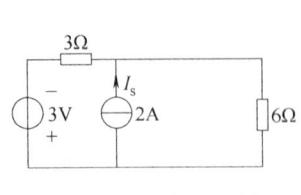

图 13-47　题 1-1）图

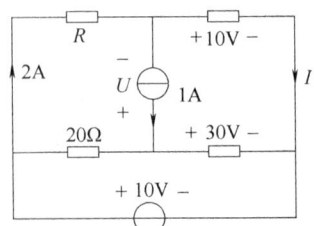

图 13-48　题 1-2）图

3）图 13-49 所示电路中 A、B 两点的电压 U_{AB} 为（　　）。

a）5V　　　　　　　b）-5V　　　　　　c）-15V　　　　　　d）15V

4）图 13-50 所示电路中节点 2 的节点方程为（　　）。

a）$-U_1 + 9U_2 - 8U_3 = 10$

b）$-U_1 + 9U_2 - 8U_3 = -10$

c）$-U_1 + 1.125U_2 - 0.125U_3 = -10$

d）$-U_1 + 1.125U_2 - 0.125U_3 = 10$

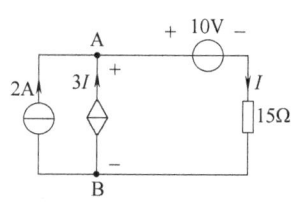

图 13-49　题 1-3）图

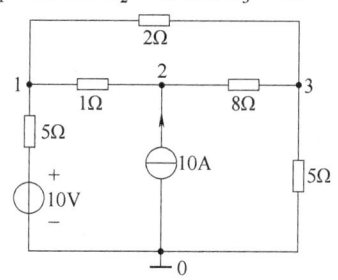

图 13-50　题 1-4）图

5）图 13-51 所示正弦稳态电路，电源电压 u_s 与电流 i 的相位差 φ 为（　　）。

a）$0 < \varphi < 90°$　　　b）$-90° < \varphi < 0$　　　c）$\varphi = 90°$　　　d）$\varphi = -90°$

6）对称三相电路，已知线电压 $\dot{U}_{AB} = 380\angle 10°$V，则相电压 $\dot{U}_{CN}$ 为（　　）。

a）$220\angle 100°$V　　b）$380\angle 100°$V　　c）$220\angle -10°$V　　d）$380\angle -10°$V

7）图 13-52 所示三相对称电路，电流表读数为 4A，电压表读数为 380V，则阻抗 $|Z|$ 为（　　）。

a）$95\sqrt{3}\Omega$　　　　b）95Ω　　　　c）$55\sqrt{3}\Omega$　　　　d）55Ω

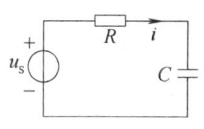

图 13-51　题 1-5）图

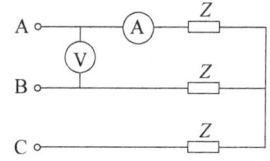

图 13-52　题 1-7）图

8）图 13-53 所示对称三相电路，负载阻抗 $Z = \mathrm{j}190\Omega$，$\dot{I}_{BC} = 2\angle 0°$A。则功率表读数为（　　）。

a）-760W　　　　b）380W　　　　c）$-380\sqrt{3}$W　　　　d）0

9）如图 13-54 所示电路已达稳态，且电容无初始储能，$t = 0$ 时开关 S 闭合，则 $u_L(0_+)$ 为（　　）。

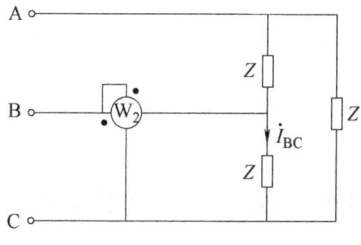

图 13-53　题 1-8）图

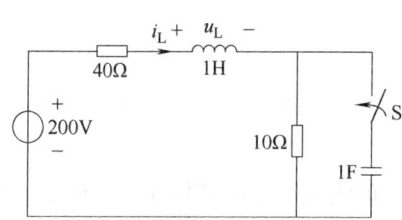

图 13-54　题 1-9）图

a）40V　　　　　　b）-40V　　　　　　c）25V　　　　　　d）0

10）如图 13-55 所示电路已达稳定状态，$t=0$ 时开关 S 闭合，则电路的时间常数 τ 为（　　）。

a）3s　　　　　　　b）$\dfrac{1}{3}$s

c）2s　　　　　　　d）$\dfrac{1}{2}$s

11）一交流铁心线圈，当电源电压大小和频率不变，而线圈匝数增加时，其磁感应强度 B 和线圈中电流 I 的变化为（　　）。

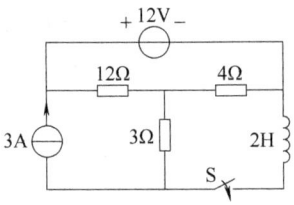

图 13-55　题 1-10）图

a）$B\uparrow$，$I\downarrow$　　　　b）$B\downarrow$，$I\uparrow$　　　　c）$B\downarrow$，$I\downarrow$　　　　d）$B\uparrow$，$I\uparrow$

12）一个 $R_L=8\Omega$ 的负载，经理想变压器接到信号源上，已知信号源的内阻 $R_0=800\Omega$，变压器一次绕组的匝数 $N_1=1000$ 匝，若要通过阻抗匹配使负载得到最大功率，则变压器二次绕组的匝数应为（　　）。

a）100 匝　　　　　b）200 匝　　　　　c）300 匝　　　　　d）400 匝

13）一台容量 $S_N=15kV\cdot A$ 的照明变压器，额定电压为 6600V/220V，它能够供应 220V、60W 白炽灯的盏数为（　　）。

a）400 盏　　　　　b）300 盏　　　　　c）250 盏　　　　　d）200 盏

14）额定电压为 380V/220V 的三相异步电动机，在联结成 Y 形和 △ 形两种情况下运行时，其额定输出功率 P_Y 和 $P_\triangle$ 的关系为（　　）。

a）$P_Y=\dfrac{P_\triangle}{\sqrt{3}}$　　　　b）$P_Y=\sqrt{3}P_\triangle$　　　　c）$P_Y=\dfrac{1}{3}P_\triangle$　　　　d）$P_Y=P_\triangle$

15）电动机继电控制中"自锁"环节的功能是保证电动机控制系统（　　）。

a）点动功能　　　　　　　　　　b）起动后连续运行功能

c）定时控制功能　　　　　　　　d）过载保护功能

2. 用电源等效变换法求图 13-56 所示电路中的电流 I。

3. 用戴维南定理求图 13-57 所示电路中的电流 I。

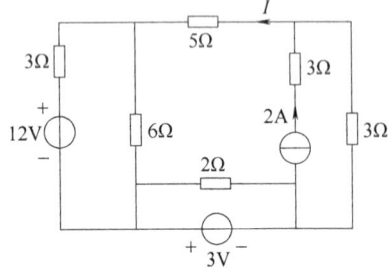

图 13-56　题 2 图

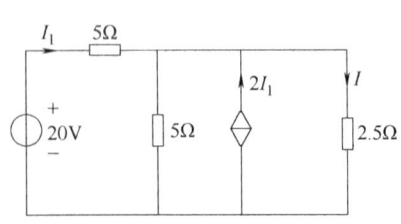

图 13-57　题 3 图

4. 正弦稳态电路如图 13-58 所示，已知 $\dot{I}_1=2\sqrt{2}\angle45°A$，求：1）总复阻抗 Z；2）电压源电压 $\dot{U}_s$；3）电路的无功功率 Q。

5. 图 13-59 所示正弦稳态电路中，$\dot{U} = 220\angle 0° \text{V}$，$f = 50\text{Hz}$，$Z_1$ 的有功功率 $P_1 = 440\text{W}$，$\cos\varphi_1 = 0.5$（感性），求：1）电流 $\dot{I}_1$；2）若将电路的功率因数提高到 1.0（$\cos\varphi = 1.0$），求并联电容 C 值；3）并联电容后的总电流 $\dot{I}$。

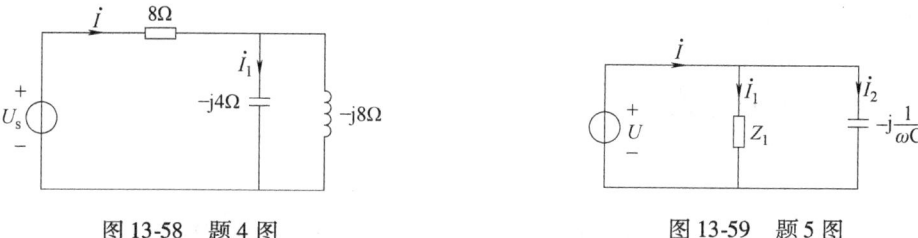

图 13-58　题 4 图　　　　　　　　　图 13-59　题 5 图

6. 已知图 13-60 所示电路换路前已处稳态，$t = 0$ 时开关 S 闭合，求 $t \geqslant 0$ 时的 u_C，并定性画其随时间变化的曲线。

7. 一台 15kW 三相异步电动机，接在 50Hz 的三相交流电源上，已知额定电压下满载运行时的转速为 940r/min，起动系数为 1.5。求：1）满载时的转差率；2）额定转矩；3）转差率为 0.04 时的转速和转子电流的频率；4）当负载转矩为 80N·m，定量说明能否采用丫-△换接起动？

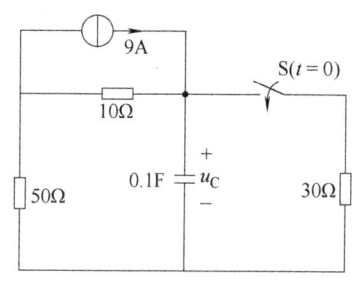

图 13-60　题 6 图

8. 笼型异步电动机丫-△换接起动的主电路和控制电路如图 13-61 所示，时间继电器整定时间为 8s，要求电路中有短路、过载和失电压保护，并希望丫-△换接起动结束后，时间继电器线圈断电，试回答如下问题：

1）按下 SB_2 瞬间，应该得电的线圈有：_____；此时电动机的运行方式（丫联结或△联结）为：_____；

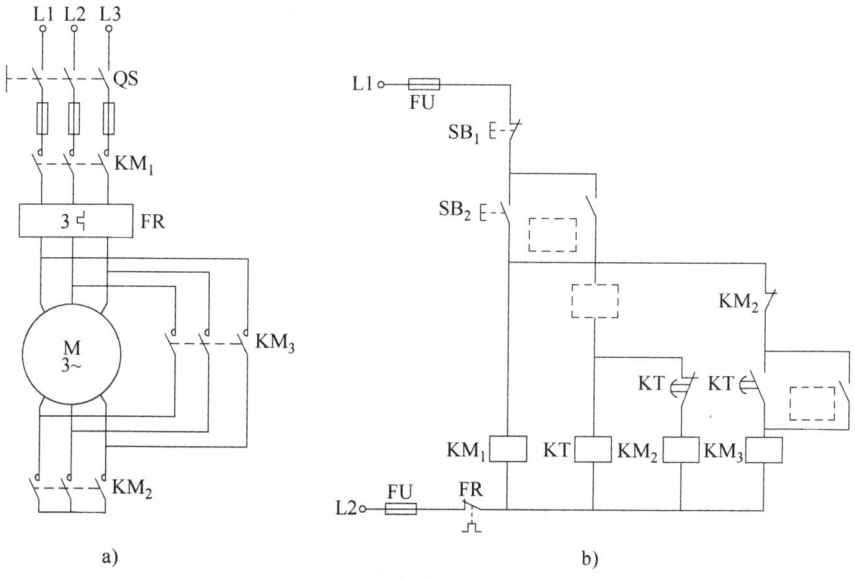

图 13-61　题 8 图

a）主电路　b）控制电路

2）延时 8s 后，应该通电的线圈有：_____ ；8s 后电动机的运行方式（丫联结或△联结）为：_____；

3）控制电路中有三处疏漏，其中一处漏画图形符号，两处未标注文字符号，试在图中三处虚线框里填上合适的符号。

13.2　答案及评分标准

电工技术基础试题试卷（Ⅰ）答案及评分标准

1. 单项选择题（30 分）

1～5 bbdac　　6～10 bccdb　　11～15 caabd

2.（10 分）

1）2A 电流源单独作用的电路如图 13-62a 所示。

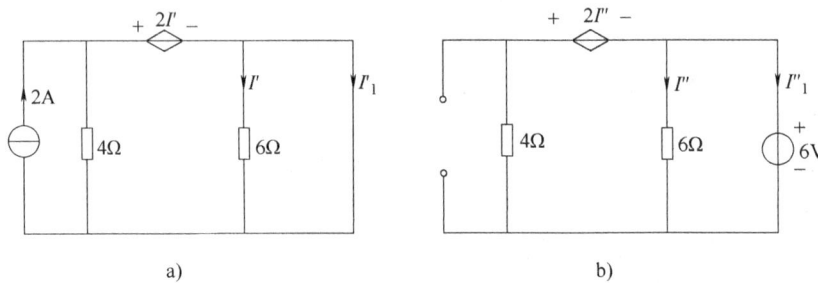

a)　　　　　　　　　　　　　　b)

图 13-62　题 2 答图

由图 13-62a 可知：$I_1' = 2\text{A}$　　　　　　　　　　　　　　　　　　　　4 分

2）20V 电压源电流源单独作用的电路如图 13-62b 所示。

$$I'' = \frac{6}{6}\text{A} = 1\text{A}$$

$$2I'' + 6 + 4 \times (I'' + I_1'') = 0$$
$$I_1'' = -3\text{A}$$　　　　　　　　　　　　　　　　　　　4 分

3）共同作用

$$I_1 = I_1' + I_1'' = -1\text{A}$$　　　　　　　　　　　　　　　　2 分

3.（10 分）

$$\frac{1}{5}U_{10} - \frac{1}{5}U_{20} = 2 + 1 + \frac{20}{5}$$　　　　　　　　　　2 分

$$-\frac{1}{5}U_{10} + \left(\frac{1}{5} + \frac{1}{5} + \frac{1}{5}\right)U_{20} - \frac{1}{5}U_{30} = -4$$　　　　2 分

$$U_{30} = 10\text{V}$$　　　　　　　　　　　　　　　　　2 分

解得　　　　　　　　　　$U_{10} = 47.5\text{V}$　　　　　　　　　　　　1 分

$$U_{20} = 12.5\text{V}$$　　　　　　　　　　　　　　1 分

$$I = \frac{U_{20}}{5} = 2.5\text{A}$$

2分

4.（10分）

$$\dot{U}_2 = (10 + j10)\dot{I}_2$$

$$\dot{U}_2 = (10\sqrt{2}\angle 45° \times 10\sqrt{2}\angle -45°)\text{A} = 200\angle 0°\text{A}$$

2分

$$\dot{I}_3 = \frac{\dot{U}_2}{10 - j10}$$

$$\dot{I}_3 = \frac{200\angle 0°}{10\sqrt{2}\angle -45°}\text{A} = 10\sqrt{2}\angle 45°\text{A}$$

2分

$$\dot{I}_1 = \dot{I}_2 + \dot{I}_3 = (10\sqrt{2}\angle -45° + 10\sqrt{2}\angle 45°)\text{A} = 20\angle 0°\text{A}$$

2分

$$\dot{U}_s = \dot{I}_1 (6 + j8) + \dot{U}_2 = 320 + j160$$

$$\dot{U}_s = 357.77\angle 26.57°\text{V}$$

2分

电路呈电感性质

2分

5.（10分）

1)
$$I_p = \frac{380}{|Z|} = 38\text{A}$$
3分

2)
$$I_l = \sqrt{3}I_p = 65.82\text{A}$$
2分

3)
$$Q = \sqrt{3}U_lI_l\sin\varphi = \sqrt{3} \times 380 \times 65.82 \times 0.8\text{var} = 34.6\text{kvar}$$
3分

$$\cos\varphi = 0.6$$
2分

6.（10分）

$$u_C(0_+) = u_C(0_-) = 12\text{V}$$
2分

$$u_C(\infty) = \frac{6}{6+3} \times 12\text{V} = 8\text{V}$$
2分

$$\tau = RC = (6//3 + 4) \times \frac{1}{9}\text{s} = \frac{2}{3}\text{s}$$
2分

$$u_C(t) = (8 + 4e^{-1.5t})\text{V}$$
2分

响应曲线如图13-63所示。 2分

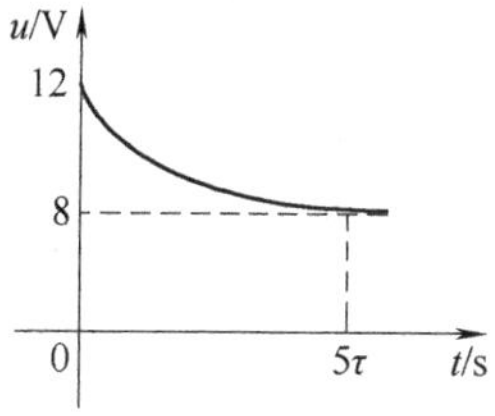

7.（10分）

1)
$$s_N = \frac{1000 - 980}{1000} = 0.02$$
2分

2) $P_1 = \sqrt{3}U_NI_N\cos\varphi = \sqrt{3} \times 380 \times 77.2 \times 0.87\text{W} = 44.2\text{kW}$ 2分

$$\eta_N = \frac{P_N}{P_1} \times 100\% = \frac{40}{44.2} \times 100\% = 90.5\%$$
2分

图13-63 题6答图

3)
$$T_N = 9550 \times \frac{40}{980}\text{N}\cdot\text{m} = 389.9\text{N}\cdot\text{m}$$
2分

$$T_{max} = 1.8T_N = 1.8 \times 389.9\text{N}\cdot\text{m} = 701.63\text{N}\cdot\text{m}$$
2分

8.（10分）

1）按下 SB_2→ $\left[\begin{array}{l}\text{圈 KM 得→触 KM 合} \\ \text{KM}_Y \text{得→触 KM}_Y \text{合} \\ \text{KM}_T\end{array}\right]$→电动机 丫 起动　　　　　　6 分

2）动断触点 KM_Y 和 $KM_\triangle$ 的作用为互锁　　　　　　2 分

3）线圈 KM、$KM_\triangle$ 通电　　　　　　2 分

电工技术基础试题试卷（Ⅱ）答案及评分标准

1. 单项选择题（30 分）

1～5 dcdca　　6～10 bcbda　　11～15 bcadb

2. （10 分）

电路的等效变换过程如图 13-64 所示。

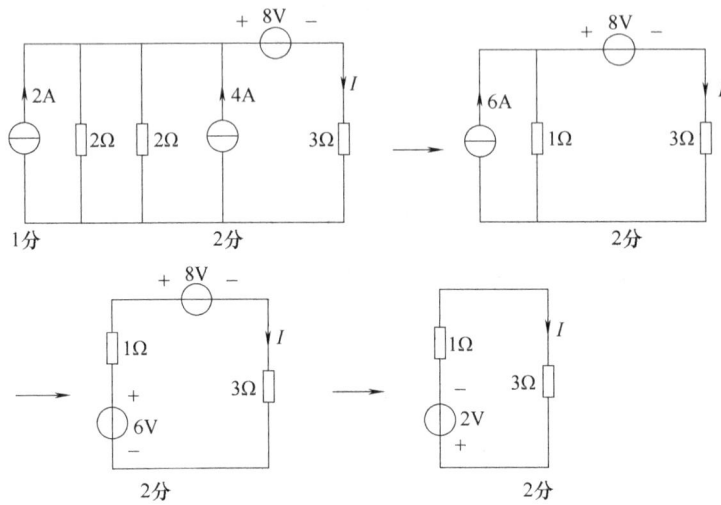

图 13-64　题 2 答图

由图 13-64 可知：

$$I = \frac{-2}{1+3}A = -0.5A$$　　　　　　1 分

3. （10 分）

1）求开路电压 U_{oc}，电路如图 13-65a 所示。

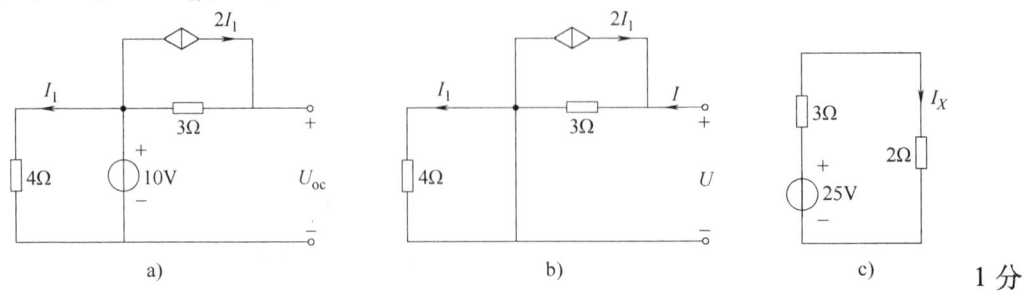

图 13-65　题 3 答图　　　　　　1 分

$$I_1 = \frac{10}{4}A = 2.5A \qquad U_{oc} = 6I_1 + 10, \quad U_{oc} = 25V \qquad\qquad\qquad 4\,分$$

2）求等效电阻 R_0，用外加电源法，如图 13-65b 所示。

$$I_1 = 0 \qquad 则：R_0 = 3\Omega \qquad\qquad\qquad 3\,分$$

3）画戴维南等效电路，如图 13-65c 所示。

$$I = \frac{25}{3+2}A = 5A \qquad\qquad\qquad 2\,分$$

4．（10 分）

1）
$$\dot{I}_1 = \frac{\dot{U}}{R_1 + jX_1} = \frac{220\angle 0°}{10 + j10\sqrt{3}}A = 11\angle -60°A \qquad\qquad 1\,分$$

$$\dot{I}_2 = \frac{\dot{U}}{R_2 + jX_2} = \frac{220\angle 0°}{5 + j5\sqrt{3}}A = 22\angle -60°A \qquad\qquad 1\,分$$

$$\dot{I} = \dot{I}_1 + \dot{I}_2 = 33\angle -60°A \qquad\qquad 2\,分$$

2）
$$P = UI\cos\varphi = 220 \times 33 \times \cos 60°W = 3630W \qquad\qquad 2\,分$$

$$\lambda = \cos\varphi = \cos 60° = 0.5 \qquad\qquad 1\,分$$

3）
$$C = \frac{P}{\omega U^2}(\tan\varphi - \tan\varphi') = \frac{3630}{314 \times 220^2}(\tan 60° - \tan 30°)F = 276\mu F \qquad 3\,分$$

5．（10 分）

1）
$$\dot{U}_{AB} = 380\angle 30°V \qquad\qquad 2\,分$$

$$\dot{I}_{UAB} = \frac{380\angle 30°}{6 + j8}A = 38\angle -23.1°A \qquad\qquad 2\,分$$

$$\dot{I}_A = 38\sqrt{3}\angle -53.1°A \qquad\qquad 2\,分$$

2）
$$P = \sqrt{3}U_l I_l \cos\varphi = \sqrt{3} \times 380 \times 65.82 \times \cos 53.1° \approx 26kW \qquad 2\,分$$

$$Q = \sqrt{3}U_l I_l \sin\varphi = \sqrt{3} \times 380 \times 65.82 \times \sin 53.1°var \approx 34.66kvar \qquad 2\,分$$

6．（10 分）

$$i_L(0_+) = i_L(0_-) = \frac{10}{10}A = 1A \qquad\qquad 2\,分$$

$$i_L(\infty) = \frac{10}{2}A = 2A \qquad\qquad 2\,分$$

$$\tau = \frac{L}{R} = \frac{0.5}{5}s = 0.1s \qquad\qquad 2\,分$$

$$i_L(t) = i_L(\infty) + [i_L(0_+) - i_L(\infty)]e^{-t/\tau}$$
$$= (2 - e^{-10t})A \qquad\qquad 2\,分$$

响应曲线如图 13-66 所示。

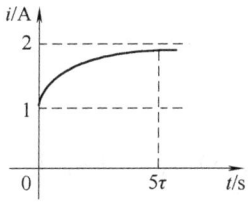

图 13-66   题 6 答图   2 分

7.（10 分）

1)
$$s_N = \frac{1500 - 1470}{1500} = 0.02$$
2 分

2)
$$T_N = 9550 \times \frac{P_N}{n_N} = 9550 \times \frac{40}{1470} \text{N} \cdot \text{m} = 259.86 \text{N} \cdot \text{m}$$
2 分

$$T_{st} = 1.2 T_N = 311.84 \text{N} \cdot \text{m}$$
2 分

3)
$$f_2 = s f_N = 0.02 \times 50 \text{Hz} = 1 \text{Hz}$$
2 分

4)
$$T'_{st} = 0.9^2 T_{st} = 252.6 \text{N} \cdot \text{m} > T_L，所以能直接起动$$
2 分

8.（10 分）

1) 行程控制；
2 分

2) 动合触点 KM_F 和 KM_R 的作用为自锁
1 分

动断触点 KM_F 和 KM_R 的作用为互锁；
1 分

3) 过载、短路和失电压保护；
3 分

4) 改进的控制电路如图 13-67 所示。

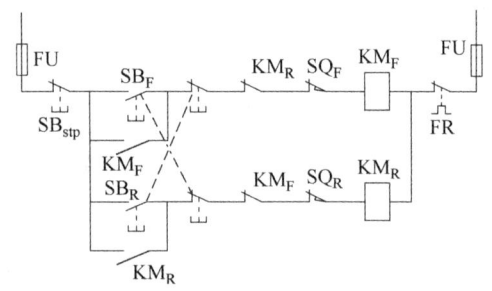

图 13-67　题 8 答图
3 分

电工技术基础试题试卷（Ⅲ）答案及评分标准（略）

1. 1 ~ 5 cabca　6 ~ 10 dcbab　11 ~ 15 dacbb

2. 5A

3. 20A

4. 1) $\dot{U}_1 = (40 + \text{j}100) \text{V}, \dot{U}_2 = 20\sqrt{2} \angle -45° \text{V}, \dot{U} = 100 \angle 53.1° \text{V}$

2) $S = 400 \text{V} \cdot \text{A}$

5. 1) $\dot{I}_1 = 2 \angle -60° \text{A}, \dot{I}_2 = 2 \angle 60° \text{A}, \dot{I} = 2\text{A}$

2) 电阻性质

6. $i_L(t) = (3 + \text{e}^{-40t}) \text{A}$

7. 1) $p = 2$；2) $T_N = 36.48 \text{N} \cdot \text{m}$；3) $s_N = 0.04$；4) $n = 1500 \text{r/min}$；5) $\Delta n = 60 \text{r/min}$

8. 主电路和控制电路如图 13-68 所示。

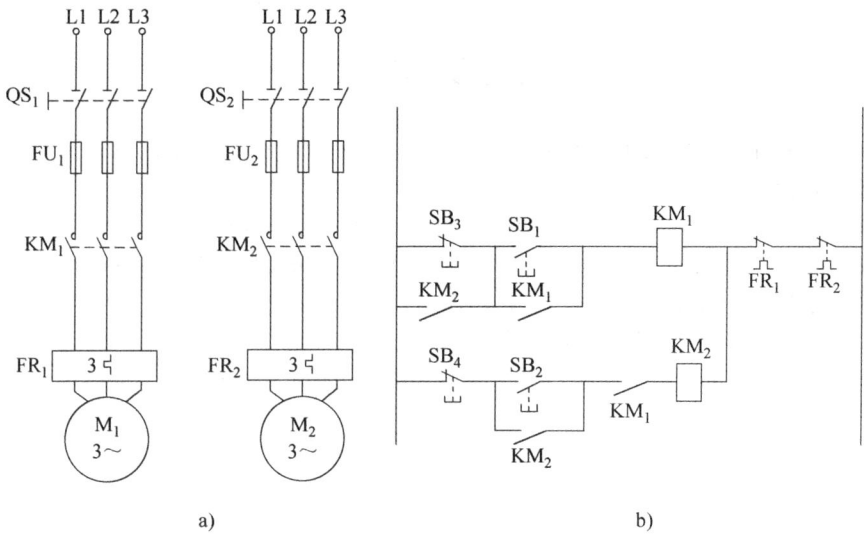

图 13-68　题 8 答图

a) 主电路　b) 控制电路

电工技术基础试题试卷（Ⅳ）答案及评分标准（略）

1. 1 ~ 5 dcbdb　6 ~ 10 adcab　11 ~ 15 cacdb

2. $-0.5A$

3. 4A

4. 1）$Z =（8 - j8）\Omega$；2）$\dot{U}_s = 16V$；3）$Q = -16var$

5. 1）$\dot{I}_1 = 4\angle -60°A$；2）$C = 50.1\mu F$；3）$\dot{I} = 2\angle 0°A$

6. $u_C(t) =（30 + 60e^{-0.5t}）V$

7. 1）$s_N = 0.06$；2）$T_N = 152.39N \cdot m$；3）$n = 960r/min$；4）不能采用Ｙ-△换接起动

8. 1）KM_1　KM_2　KT，Y 运行；2）KM_1　KM_3，△运行；3）如图 13-69 所示。

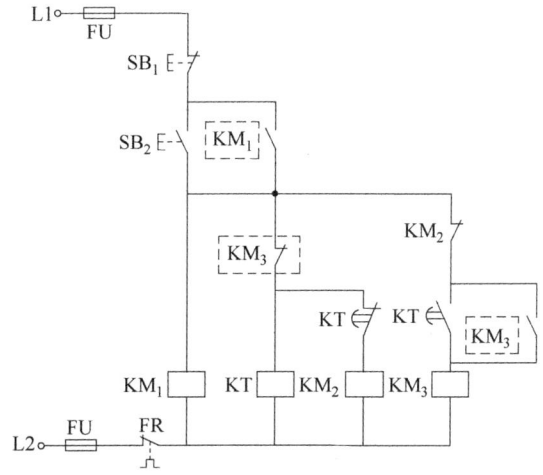

图 13-69　题 8 答图

参 考 文 献

［1］ 王卫. 电工学（上册） 电工技术习题解答［M］. 北京：机械工业出版社，2014.

［2］ 秦曾煌. 电工学［M］. 7 版. 北京：高等教育出版社，2009.

［3］ 高有华，袁宏. 电工技术［M］. 2 版. 北京：机械工业出版社，2010.

［4］ 申永山，高有华. 现代电工电子技术［M］. 2 版. 北京：机械工业出版社，2014.

［5］ 秦曾煌. 电工学简明教程学习辅导与习题解答［M］. 北京：高等教育出版社，2004.

［6］ 唐介. 电工学（少学时）学习辅导与习题解答［M］. 3 版. 北京：高等教育出版社，2009.

［7］ 赵莹. 电工学学习指导与习题解答［M］. 北京：中国电力出版社，2012.